CHRONIQUE

du Monastère de Saint-Pierre

DE SOLIGNAC

PUBLIÉE PAR

L'Abbé A. LECLER

Chanoine honoraire
Aumônier de l'Asile de Naugeat

LIMOGES

IMPRIMERIE ET LIBRAIRIE LIMOUSINE

Vᵉ H. DUCOURTIEUX

Libraire de la Société archéologique et historique du Limousin

7, RUE DES ARÈNES, 7

1896

CHRONIQUE

du monastère de Saint-Pierre

DE SOLIGNAC

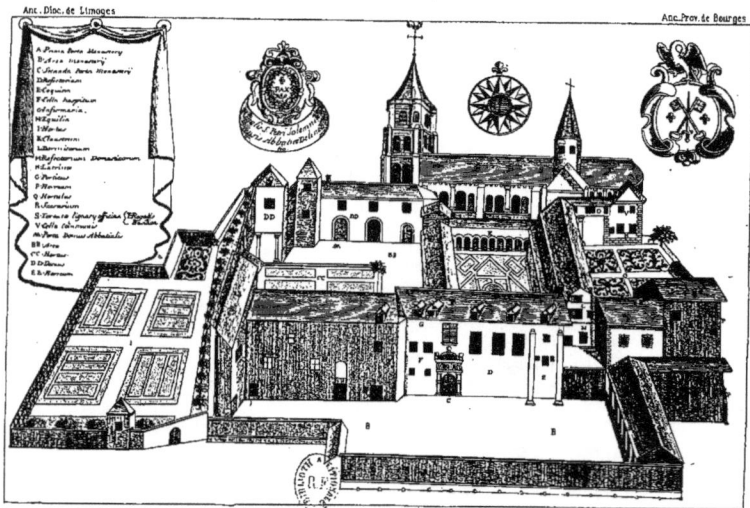

VUE GÉNÉRALE DE L'ABBAYE DE SOLIGNAC, d'après le *Monasticon gallicum*.

CHRONIQUE

du Monastère de Saint-Pierre

DE SOLIGNAC

PUBLIÉE PAR

L'ABBÉ A. LECLER

Chanoine honoraire
Aumônier de l'Asile de Naugeat

LIMOGES

IMPRIMERIE ET LIBRAIRIE LIMOUSINE

Vᵉ H. DUCOURTIEUX

Libraire de la Société archéologique et historique du Limousin

7, RUE DES ARÈNES, 7

1896

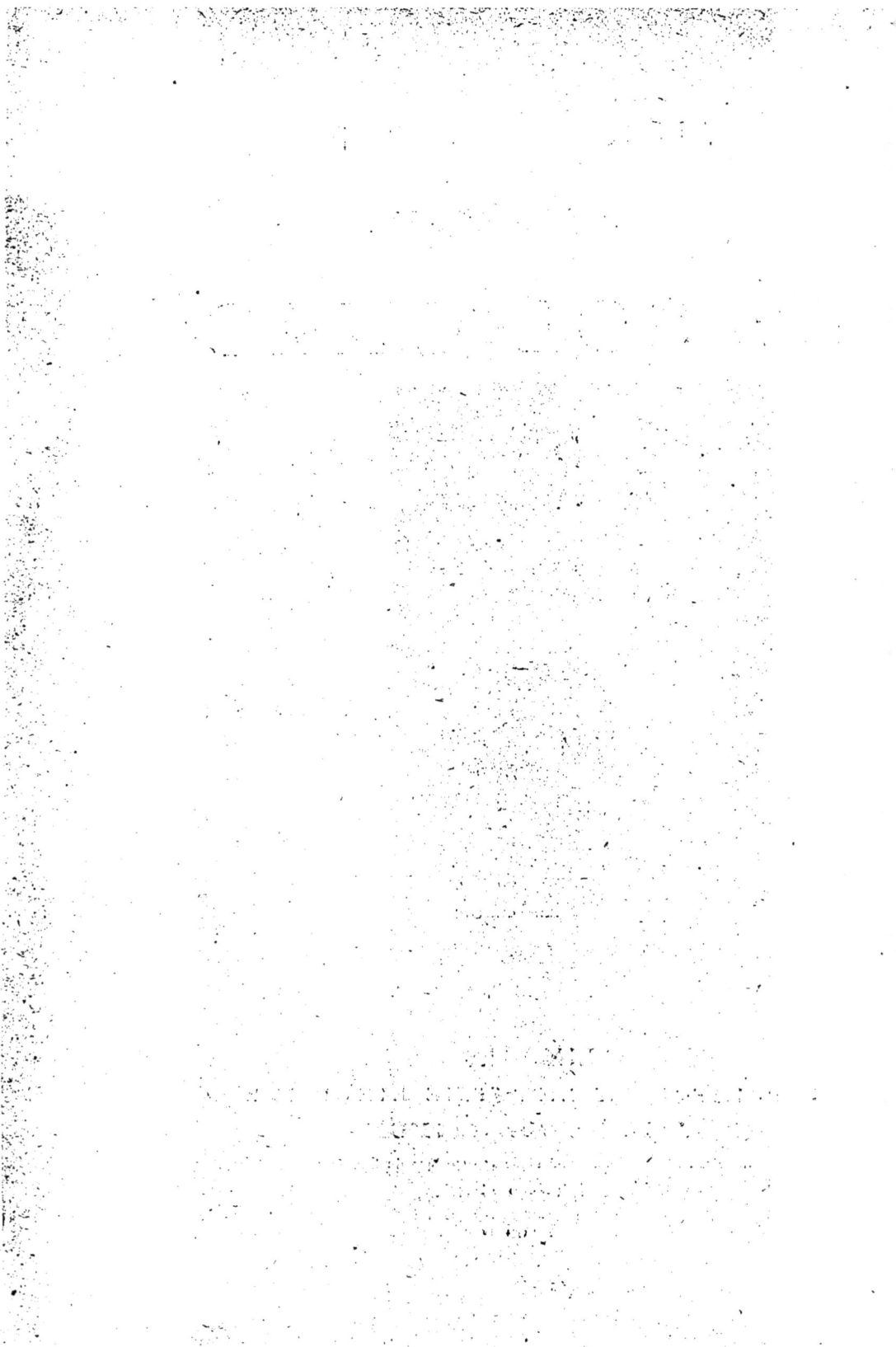

CHRONIQUE DU MONASTÈRE DE SAINT-PIERRE

DE SOLIGNAC

On sait fort peu de chose sur Dom Jean-Laurent Dumas, l'auteur de cette chronique. Par principe, les Mauristes aimaient à faire l'oubli autour des membres de leur congrégation, et c'est à peine s'ils ont fait exception pour quelques-uns de leurs confrères les plus marquants. Leurs nécrologes sont d'une concision désespérante. Faut-il s'étonner, après cela, qu'un humble moine, qui coula ses jours à Solignac, ait laissé à peine quelques souvenirs.

Il naquit en 1609 à Lubersac, qui était alors le chef-lieu d'un archiprêtré dans l'ancien diocèse de Limoges, et qui est aujourd'hui le chef-lieu d'un canton dans le département de la Corrèze. Peut-être appartenait-il à une famille noble de ce pays dont le berceau est Le Mas, paroisse de Saint-Eloi, et qui à cette époque était très répandue dans les environs de Lubersac, à Ségur, à Ayen, à Payzac, etc. C'est dans l'archiprêtré de Lubersac que les religieux de Solignac avaient le plus grand nombre de leurs possessions; leur voisinage a pu contribuer à développer la vocation qui conduisit Laurent Dumas dans leur monastère. De plus, lorsqu'il entra dans l'ordre de Saint-Benoît, il y avait parmi les religieux de Solignac Dom Elie Dumas, qui peut bien être son parent, et qui semble être originaire de la même contrée à en juger par ses rapports avec Eymoutiers et les environs.

Dom Dumas était encore jeune lorsqu'il embrassa la vie religieuse. Le monastère de Saint-Augustin à Limoges venait d'être donné aux Bénédictins réformés de France en 1617, « pour estre doresnavant le chef et le premier monastère de la très florissante congrégation de Saint-Maur (1) ». C'est là qu'il fit profession, à l'âge de dix-neuf ans, le 15 août 1628. Il nous dit lui-même dans sa Chronique que ce fut le R. P. Dom Maur Dupont qui reçut sa profession.

En 1619 la réforme fut introduite à Solignac, où le Révérend Père Rorice Limougeaud fut le premier prieur; Dom Dumas nous fait connaître tous les détails de ce changement. Il semble avoir passé sa vie entière dans ce monastère. Il y était en 1643 puisqu'il décrit le service funèbre qu'on y célébra à la mort de Joubert de Barraud, à qui on devait l'union de Solignac à la congrégation de Saint-Maur. Les différents événements qu'il rapporte

---

(1) C'est ainsi que s'exprime le P. Bonaventure de Saint-Amable, tome III, page 355. Ces mots ont besoin d'une explication : Le monastère de Saint-Augustin de Limoges est bien le premier qui ait accueilli la réforme, mais il ne fut jamais chef de la congrégation de Saint-Maur, toutes les maisons étant sur le même pied d'égalité, et le domicile du Supérieur général dans l'une ou dans l'autre ne changeant rien à cette situation.

prouvent qu'il y était en 1648, 1658, 1663, 1665, 1670 et 1672. Enfin il y mourut le 8 mai 1678 à l'âge de 69 ans.

Dom Estiennot l'appelle *érudit* et semble avoir consulté sa *Chronique* pour la rédaction du cartulaire de cette abbaye ; voici ses expressions : *Hujus cœnobii varios eventus ac historiam texuit eruditus noster D. Laurentius du Mas, cujus etiam ad commodiorem et faciliorem seriem breve Chronicum instruxit.*

Le manuscrit de Dom Dumas que je possède et que je tiens de M. le baron de Verneilh-Puiraseau, est un petit in-4° carré de 89 feuillets numérotés seulement au recto. Il est entièrement écrit de sa main et a pour titre : *Chronique du monastère de Saint-Pierre de Solignac.* Les événements qu'il rapporte s'étendent depuis l'origine du monastère jusqu'à l'année 1672. C'est dans les archives mêmes de l'abbaye que le religieux bénédictin a puisé tout ce qui est antérieur à son temps, mais il est témoin oculaire et acteur pendant plus d'un demi-siècle, et au moment où la congrégation de Saint-Maur remplace les anciens religieux.

L'auteur nous dit lui-même : « Copie du présent manuscrit a été tirée, revue et augmentée, laquelle le Révérend Père Prieur a prêtée à M. Colin, chanoine de Saint-Junien, ce 1er mai 1658, lequel travaille aux Chroniques du Limousin, et a promis de la rendre dans deux mois. — Il l'a rendue, par les mains de M. le Curé du Vigen, après l'avoir gardée un an tout entier. »

Il ajoute encore : « Depuis, assavoir l'année 1665, je l'ai envoyé au Très Révérend Père Supérieur-Général, Dom Bernard Audebert, et ce par la main du Révérend Père Dom Claude Boytard, visiteur en la province de Gascogne, duquel je n'ay entendu aucune nouvelle. *Ad majorem Dei gloriam.* » Il n'est pas surprenant que Dom Audebert n'ait pas rendu au moine de Solignac la copie prêtée, car ce personnage s'est beaucoup employé à recueillir de divers côtés les matériaux qui devaient servir à l'Histoire de la Congrégation de Saint-Maur.

Cette copie de 1665 est le manuscrit que possède la Bibliothèque nationale sous le n° 19857 du fonds français, manuscrit qui s'arrête en effet à l'année 1665, et dont les Archives du département de la Haute-Vienne ont fait faire une copie en 1876. Dans cette dernière un certain nombre de chapitres ont été omis, volontairement sans doute, et le copiste s'est contenté d'en donner le titre. C'est un petit in-4° de 185 pages.

Dom Dumas a aussi fourni au *Monasticum Benedictinum* un autre manuscrit que possède encore la Bibliothèque nationale au n° 12691 (fonds lat.). Il est intitulé : *Abrégé des choses les plus remarquables arrivées, ou qui se rencontrent au monastère de Solignac depuis la fondation d'iceluy.* Il contient plusieurs parties de la *Chronique*, mais on y trouve en outre plusieurs lettres de l'auteur, le procès-verbal du R. P. Placide Rousset visiteur en 1642 des reliques du monastère, un tableau historique, par dates, de ce qui s'est passé dans le monastère, etc. C'est un petit in-4°, qui, dans le volume où il est placé, commence à la page 137 et finit à la page 193.

Ces deux manuscrits proviennent de l'abbaye de Saint-Germain-des-Prés.

A. LECLER.

CHRONIQUE

DU MONASTÈRE DE St-PIERRE

DE SOLEMNAC

*lequel autrefois fut établi chef dans tout l'Occident de tout l'Ordre,
duquel à la parfin plusieurs ont pris exemple et imitation.* (Saint
Ouyn, en la Vie de saint Eloy). (1).

Au grand saint Eloy, fondateur du monastère de Solemnac,

Glorieux saint vous m'excuserez, s'il vous plaist, si estant ce que
je suis, je prends la hardiesse et la témérité de vous offrir ce petit
œuvre que j'ai ramassé des antiquités de vostre monastère. La douceur et la bénignité qui a paru autrefoys en vous m'a donné cette
hardiesse, estant bien assuré qu'encore que vous soyez la haut eslevé
dans la gloire, et cynivré du torrent de volupté qui resjouyt tous les
citoyens de ceste noble cité, vous n'avez pourtant rien perdu de
ceste mesme douceur : Je vous offre donc ce qui vous appartient par
tant de titres, estant le travail d'un qui fait gloire d'estre tout à vous,
et d'avoir demeuré longtemps dans ce monastère dans lequel vous
avez autrefois logé vostre cœur. Recepvez le donc pour un témoi-

(1) Au bas de la première page du manuscrit où est écrit le titre ci-dessus
on trouve les notes suivantes :

« Copie du présent manuscrit a été tirée, revue et augmentée, laquelle
le Révérend Père Prieur a prêtée à Monsieur Colin, chanoine de Saint-Junien,
ce 1er mai 1658, lequel travaille aux chroniques du Limousin, et a promis
de la rendre dans deux mois.

» Il l'a rendue, par les mains de Monsieur le curé du Vigen, après l'avoir
gardée un an tout entier. — Fr. Laurent DUMAS.

» Depuis, assavoir l'année 1665, je l'ai envoyée au Très Révérend Père
Supérieur général Dom Bernard Audebert, et ce par la main du Révérend
Père Dom Claude Boylard, visiteur en la province de Gascogne ; duquel je
n'ay entendu aucune nouvelle. *Ad majorem Dei gloriam.* »

gnage asseuré et irrévocable des obligations que je confesse vous
avoir, et des hauts sentiments que j'ay de vostre sainteté et grands
mérites. Et puisque vous avez été si amoureux des pauvres durant
votre vie, jettez les yeux sur votre pauvre monastère de Solemnac,
qui, par la grace de Dieu et vostre intercession, semble commencer
un peu à respirer. C'est ce monastère, que vous avez fondé et qui
vous devoit servir d'eschelle et au roy Dagobert pour monter au
celeste séjour. C'est ce monastère que vous avez daigné visiter si
souvent de vostre sacrée personne, pour l'estroite observance de la
sainte règle qui y estoit en vigueur, observance qui provenoit des
ferventes exhortations que vous faisiez aux religieux d'iceluy tant
en public qu'en particulier, taschant selon vostre possible de les
faire advancer toujours de vertu en vertu. C'est ce monastère que
vous avez anobli et enrichi tout autant que vous avez peu, tandis
que vous estiez ici-bas, y ramassant tant de saintes et précieuses
reliques, et fournissant tout ce qui estoit nécessaire pour l'entretien
du service de Dieu. Ne luy refusez donc pas une de vos œillades,
par le moyen de laquelle les religieux d'iceluy soyent animés de
plus en plus à mettre en pratique les celestes documents de leur
sainte règle, et que toute la congrégation dont ils sont membres
puisse faire revivre l'esprit de la mesme règle, laquelle vous avez
tant dilatée autrefoys, fondant divers monastères qui faisoient profession de l'observer parfaitement. Ce sont les souhaits et les désirs
que vous représente le plus misérable de tous.

Fr. Laurent Dumas, benedictin indigne.

Aux Religieux de Solemnac, présents et à venir,

Mes Révérends Pères et Chers Fils,

Pour satisfaire à l'ordonnance qui fut faicte ès années passées,
par le très Révérend Père Supérieur général de notre congrégation,
à tous les supérieurs d'icelle, et à la sollicitation de quelques-uns à
qui je suis obligé d'obeyr, je me suis employé à la recherche des
antiquités de ce monastère, et après avoir leu le peu qui nous reste
des dépouilles d'iceluy, j'ay jugé qu'il y avoit une infinité de choses
très notables qui estoient ensevelies dans l'oubli, ou par l'humilité
de nos prédécesseurs qui désirant estre cognus de Dieu seul, se
cachaient des yeux du monde, refuyant les vains applaudissements
qu'on a accoutumé de faire aux plus notables actions, ou par le

malheur des guerres par lesquelles les papiers et escritures ont été bruslés, et ainsi nous ont privés du bonheur et contentement que nous eussions eu, voyant ce qui s'étoit passé autrefoys en ce monastère, où nous avons le bien de consommer nos jours au service de celuy, lequel estant le roy du ciel et de la terre, ne laisse pas de prendre plaisir de demeurer parmi les enfants des hommes. Quoy donc que la plupart de ces choses particulières nous demeurent incognues, je n'ay pas laissé d'en trouver plusieurs dont nous pouvons tirer un grand profit et édification, comme vous pouvez remarquer si vous prenez la peine de jeter les yeux sur ce petit recueil que j'ay fait, où vous verrez la chose la plus importante à ce monastère, qui est l'observance de la règle, de laquelle les religieux d'iceluy ont fait profession. Vous la verrez, dis-je, si exacte, qu'au rapport du grand archevesque de Rouen, saint Ouyn, elle surpassoit celle de tous les monastères de France, ce qui le rendoit le premier et le chef entre tous les monastères d'icelle. Vous y verrez comme cette observance y persévérera plusieurs siècles, ce qui luy acquit la faveur de plusieurs grands personnages, des roys et des papes, qui à ce subjet le prirent en leur protection particulière, luy communiquant plusieurs beaux privilèges. Vous verrez qu'enfin cette sainteté s'éclipse, et cette si grande observance s'évanouyt, et au lieu d'icelle un grand relasche se glisse, en sorte que je puis dire avec un grand ressentiment, qu'il estoit devenu comme la risée et l'opprobe du peuple. Car ayant quitté ce qui l'avoit rendue si remarquable, et qui luy avoit acquis tant de réputation, il estoit comme devenu au dernier periode de la vie. Or, puisque par une particulière providence de Dieu, les désordres sont a present exterminés, ce monastère ayant été ung des premiers à la très réformée et florissante congrégation de Saint-Maur, et ce par le soing et diligence de Messire Jean Jaubert de Barrauld, abbé commendataire d'iceluy, c'est à nous à prendre garde que le désordre n'y rentre de rechef, car par ce moyen nous ferions tort non seulement à ce monastère, ains à toute une congrégation, de laquelle le Bon Dieu a un soing si particulier, et sur laquelle il a versé si abondamment ses grâces et bénédictions, et attirerions sur nos testes les vengeances et punitions que Dieu réserve à ceux qui causent du relasche et dereglement, lesquels s'augmenteront tout autant que le relasche durera. Remettons-nous souvent devant les yeux les exemples admirables de ces grands saints qui ont vescu en ce monastère et l'ont sanctifié par la sainteté de leur vie, je veux dire du grand saint Eloi, nostre fondateur, saint Remacle et saint Téau, religieux d'iceluy, qui ont esté de très beaux miroirs de la vie monastique, laquelle nous avons professée aussi bien qu'eux. Encourageons-nous a les suyvre et les imiter par la considération de la récompense que Dieu promet à ses fidèles serviteurs. *In disciplina donec perseveremus quæ quamvis non gaudii sed mœroris in presenti videatur, fructum pacatissimum reddet per eam postea justitia.* Soyons exacts à l'observance de nostre sainte règle, puisqu'elle nous attirera en abondance les bénédictions du ciel, et si cette mesme observance semble à présent causer quelque tristesse, enfin cette tristesse se convertira en joye, ses pleurs en consolations, et ses mortifications en récompenses, et autant de couronnes que nous aurons un jour dans le ciel. Au reste *si præcepta, si disciplinam servaverimus ordo ipse servabit nos.* Si nous gardons seigneusement les saintes pratiques de la religion, les mesmes règles nous conserveront : Conserveront, dis-je, voire augmenteront les possessions du monastère ; le conserveront en lustre et en sainteté, et nous conserveront en la grace de Dieu. *Egestas et ignominia illi qui deserit disciplinam.* Si donc, par malheur, il se trouvoit quelqu'un qui avec le temps, oublieux de son devoir et de ce qu'il a promis à Dieu, voudroit de rechef introduire le relasche dans ce mesme monastère, que la nécessité et les misères l'accablent de toutes parts, qu'il soit maudit de Dieu et des hommes : *Deleatur de libro viventium, et cum justis non scribatur :* Que son nom soit rayé du livre de la vie, en un mot que toutes les maledictions que le grand saint Eloy a fulminées dans son testament contre les usurpateurs des biens du monastère tombent sur sa teste, puisqu'il ravit à iceluy cequ'il y a de plus recommandable et precieux. Au contraire, *qui acquiescit illi, glorietur.* Que celui qui avec humilité soubmettra son esprit et son jugement aux saintes pratiques de la religion et qui sera désireux de son profit et advancement : *glorietur,* qu'il soit comblé d'honneur et de gloire. *Dominus conservet eum et vivificet eum, et beatum faciat eum in terra, et non tradat eum in animam inimicorum ejus. Dominus opem ferat illi super lectum doloris ejus.* Que Nostre Seigneur le console et le vivifie, et le rende bienheureux au ciel et sur la terre, et qu'il soit sa consolation dans sa plus grande nécessité. Enfin qu'il soit participant de toutes les bénédictions que Dieu a promises aux parfaits observateurs de sa loy ; et que le Père de Jésus le chérisse comme son fils, la Sainte Vierge le protège comme sa mère, et que son saint ange à l'heure de sa mort conduise son âme en paradis. *Amen. Amen. Amen.*

PRÉFACE

Si la promesse que N. S. a faite de donner le centuple et la vie éternelle à celui qui aura laissé père et mère ou autre chose pour l'amour de lui à jamais esté accomplie en quelque saint, nous pouvons véritablement dire que ça esté bien particulièrement en notre bienheureux patriarche sainct Benoist, lequel dès son jeune aage, ayant quitté le monde et tout ce qu'il y pouvoit prétendre, et chercher quelque lieu âpre et solitaire pour se donner à Dieu, ainsi qu'écrit le grand saint Grégoire, son fils, au second livre de ses dialogues, est devenu père et fondateur de l'ordre le plus excellent qu'ait esté en la sainte Eglise, car notre grand Dieu, qui se plaist d'exalter ceux qui s'humilient, et d'honorer ceux qui l'honorent, ne s'est pas contenté de luy faire prendre possession avec une solennité qui luy est si particulière, qu'il luy avoit préparée de toute éternité, a voulu encore rendre son nom célèbre par tous les quatre coins de la terre, et pour un palais qu'il avoit laissé, lui donner ou à lui ou à ses enfants en possession la troisième partie de toute la terre, et ce par la fondation d'un nombre sans nombre de monastères, lesquels ont durant sa vie ou après sa mort, esté fondés par tout le monde, èsquels la piété et saincteté a relui longtemps, et la gloire accidentelle de notre Bienheureux Père augmentée par le service que ses saincts enfants ont rendus et rendent encore au Dieu et au monde.

CHAPITRE Ier

La fondation du monastère de Solemnac.

Entre les monastères qui furent fondés quelque temps après la mort de saint Benoist, à savoir l'an 641, nous pouvons mettre celui de Solemnac, lequel quoique à présent de peu de considération, ne laisse pas d'avoir esté un des plus célèbres de toute la France, comme nous pouvons voir par quelques escritures qui nous sont restées et que je rapporterai ici fidèlement, pour les conserver à la postérité, étant bien marri que le reste se soit perdu, ou par le malheur des guerres, ou par la négligence de nos prédécesseurs, lesquels ne se soucient guère que du principal, qui est l'observance régulière ; il ne se faut pas étonner s'ils n'ont tenu compte de tout le reste.

Une des choses que nous trouvons du monastère de Solemnac (non pas de Soliac ou Soloignac, comme on écrit d'ordinaire) est sa fondation, laquelle a été fidèlement décrite par sainct Ouen, archevêque de Rouen, en la vie qu'il a écrite du grand sainct Eloy, son contemporain et ami intime (1). Il dit que le roy Dagobert portoit une telle affection et bienveillance à saint Eloy, que bien souvent quittant la compagnie des princes, ducs et grands seigneurs de sa cour et mesme des évêques, il se retiroit et enfermoit avec le saint, pour jouir de sa conférence et de son doux entretien, de sorte que tout ce que lui demandoit sainct Eloy lui étoit incontinent accordé. Or, entre autres choses qu'il demanda au Roi, il luy fit requeste de lui donner une certaine terre, nommée Solemnac, sise au pays de Limoges. « Monseigneur et mon roi, luy dit-il, qu'il plaise à Votre Majesté m'accorder ce lieu, afin que je puisse dresser et construire une échelle par laquelle vous et moi, montions au Ciel. » Laquelle demande agréa très volontiers selon sa coutume, et commanda aussitôt qu'on expédiat toutes lettres et patentes à ce nécessaires. C'estoit alors le temps auquel on levoit l'impôt public dans cette même ville, pour de là le porter à l'épargne. Or, la collecte ayant été faite, l'officier du roy et le monnayeur, désirant faire passer l'or par le feu, avant de l'envoyer, afin que suivant la coutume lors pratiquée, le métal en fût plus pur et plus beau pour être présenté en la cour du roi, car on ne savoit pas encore que cette terre eût été donnée à sainct Eloy, ils employèrent trois ou quatre jours continuels à ce travail avec beaucoup de soins et d'efforts, sans pourtant qu'ils eussent jamais pu venir à bout de leur intention, Notre Seigneur l'empêchant, ce qu'ils continuèrent jusqu'à ce qu'un message, envoyé de la part de sainct Eloy, leur fit cesser l'ouvrage et vindiqua le tout au domaine du saint.

Cette donation étant venue à la connaissance des habitants du lieu, ils en demenèrent grande joie et liesse, et demeura ainsi cette terre en la puissance et possession de sainct Eloy, en laquelle il érigea un grand et ample monastère, où ayant institué un abbé et supérieur, il envoya plusieurs de ses serviteurs et domestiques pour être consacrés à Dieu, et y assembla grand nombre de religieux des diverses provinces jusques à plus de cent cinquante, à la nourriture

(1) Voir: *Vie de Saint Eloi*, écrite par saint Ouen, chapitre XIV et suivants. *Apud, Vie de tous les Saints de France*, par M. Charles Barthé ny, tome VIII, page 458.

et entretien desquels il affecta le revenu de la terre qui étoit très suffisant.

Il aima cette maison et l'affectionna si passionnément, que tout ce qu'il pouvoit avoir et tirer du roy, acquérir du sien, obtenir par courtoisie, soit des princes ou autrement, il envoyoit le tout en ce lieu. Vous eussiez vu marcher des charriots pleins de gros fardeaux, chargés de vaisselle, de meubles de bois et de cuivre, d'habits, des vêtements, des couvertes, des linceuls, des nappes, même d'un grand nombre de livres et de volumes de l'Ecriture Sainte, et de toutes autres choses requises et nécessaires pour l'usage du monastère, qu'il envoyoit en ce lieu, de sorte que les enfants du siècle en avoient de la jalousie et du dédain. Sa résolution étoit de se retirer en cette maison, pour se vouer à Dieu si la disposition du Ciel ne l'eût reservé ailleurs pour la plus grande gloire de Sa Majesté.

. J'ai été moi-même en ce monastère de Solemnac, ajoute sainct Ouen, où j'ay reconnu une observance de la règle si entière parmi les religieux, qu'il faut avouer que leur vie est singulière, et du tout différente des autres monastères de France. Cette Compagnie est grande à présent et nombreuse, laquelle est remarquable en beaucoup de notables avantages qu'elle a, car plusieurs d'entre eux ont la connaissance des arts, et travaillent de diverses sortes d'ouvrages, lesquels étant tous fondés en la charité et en l'amour de Dieu sont toujours prêts à tout ce qu'on leur commande. Il n'y a point de propriété entre eux, mais suivant ce qui est porté aux actes des apôtres, toutes choses y sont communes et appartiennent également à tous. Le lieu est si fertile et plaisant que lorsque quelqu'un y aborde et qu'il considère ses beaux jardins et ses agréables plants d'arbres fruitiers, qui semblent une forêt, il est contraint de s'écrier : *Que vos tabernacles sont beaux, ô Jacob ; et vos tentes plaisantes, ô Israël.* Ce sont bois verdoyants et touffus qui donnent un agréable ombrage à ceux qui s'y reposent ; ils ressemblent aux cèdres plantés au long du courant des eaux. Ce sont jardins arrosés de continuelles fontaines et comme un paradis terrestre. Salomon semble parler de pareilles demeures quand il dit : *Les tabernacles des justes seront loués et bénis.*

Ce monastère est proche de la ville de Limoges, distant seulement de trois lieues du côté du midi, bien clos, et fermé non de murailles, mais d'un fossé garni d'une forte haie qui porte de circuit trois quarts de lieue; d'un côté, il est avantagé d'une très belle rivière (1) qui coule au pied d'une haute montagne couverte

(1) La Briance, qui, née au pied du mont Gargan (731 mètres), passe à Saint-Vitte, Pierrebuffière, Le Vigen et Solignac, et se jette dans la Vienne par 200 mètres d'altitude.

de bois, au long d'une grande plaine. Tout l'enclos du monastère est planté de beaux arbres fruitiers de diverses espèces, et ainsi un esprit pour triste et mélancolique qu'il soit s'égaye en ce lieu et lui semble posséder une partie du paradis terrestre.

Jusques ici sont les paroles de sainct Ouen à la louange du momastère de Solemnac qu'il rapporte comme tesmoin oculaire, auxquelles il ne semble pas qu'on puisse rien ajouster pour relever l'honneur et la louange d'iceluy ; car tout ce qui peut rendre un monastère célèbre se rencontre ici fort avantageusement. Et ce n'est pas une de ses plus petites louanges qu'un si grand et si sainct personnage comme sainct Ouen nous ait donné connaissance de ce que ce monastère a été en ses commencements et au temps de sa fondation, par ce qu'il en a laissé à la postérité dans ses escrits. Or, quoique nous puissions tirer beaucoup de choses de ces paroles, je désire seulement d'en remarquer deux ou trois. La première, c'est qu'il est vrai de dire que ce monastère fut un des plus célèbres de toute la France. Car puisque comme nous avons appris de sainct Ouen, sainct Eloy avoit un tel aveu auprès du roy Dagobert qu'il ne l'éconduisoit de choses qu'il lui demanda, et que d'ailleurs il avoit comme logé son cœur dans ce monastère, y envoyant tout ce qu'il pouvoit tirer du roy, des princes et grands seigneurs ou même de son patrimoine, faisant état de s'y retirer pour mener une vie religieuse, c'est chose indubitable que cela rendit ce monastère grandement célèbre.

La seconde, c'est, vu le grand nombre de religieux, qui étoit de cent cinquante au moins, et l'étendue que lui attribue saint Ouen qui est de trois quarts de lieues, qu'il faut croire ce qu'on dit d'ordinaire, à savoir que ce qu'on appelle à présent la ville, n'était autrefois qu'une partie de l'enclos du monastère, et que la ville étoit alors du côté du Pont-Rompu (1), comme le disent quelques-uns ; et où se trouvent quelquefois en fossoyant de vieilles masures qui le donnent à connaître, et du même côté, il y a un certain endroit qu'on appelle les *Pierres argentées,* là où peut-être demeuroient les monnayeurs du roi.

La troisième et la plus considérable chose que nous devons remarquer est la grande observance de la règle qui se gardoit dans ce monastère, au rapport de sainct Ouen. Je dis la plus considérable, car de dire qu'en ce monastère il y avoit plus de cent cinquante religieux, c'est à la vérité quelque chose ; de dire que sainct Eloy

(1) Le Pont-Rompu est sur la Briance, à deux kilomètres à l'ouest de Solignac ; c'est là où passait la voie romaine de Limoges à Périgueux. La chaussée de cette voie, conservée jusqu'à nos jours entre Limoges et Solignac, a été détruite en 1861 et remplacée par la route actuelle.

aimoit uniquement ce monastère, c'est bien digne de remarque ; de voir toutes ces merveilles que sainct Ouen nous a fait paraître en la description si particulière et si exacte qu'il nous a rapporté ci-dessus, tout cela nous doit apporter de la consolation ; mais de dire que la Sainte Règle s'y gardoit exactement, c'est tout dire, aussy est ce comme l'épilogue ou l'abrégé des merveilles du monastère de Solemnac.

Je disois tantôt que par l'affection que saint Eloy avoit en ce monastère, on pouvoit colliger combien il avoit été celèbre ; mais à présent je dis que toutes ses excellences se doivent tirer comme de leur source de l'observance de la règle qui y étoit, car si sainct Eloi aimoit ce monastère et s'il le visitoit souvent, cela provenoit de la sainteté des religieux qui y habitoient, car les saincts se plaisent de converser avec les saincts. Saincteté si grande et observance si exacte qu'elle surpassoit celle de tous les autres monastères de France ; c'est un sainct qui nous en assure. Que sauroit-on dire de plus beau à la louange de ce monastère ? Car si en ce siècle doré, il se trouvoit tant de saincteté parmi les religieux, et si la règle étoit si exactement gardée, que dirons-nous de la saincteté de nos premiers pères et de la discipline monastique de ce monastère, puisque au rapport de sainct Ouen, elle surpassoit celle de tous les autres. Certes ces paroles mériteroient d'êtres écrites en lettres d'or en quelque lieu apparent, afin que ceux qui viendroient à les lire fussent invités à vivre sainctement en un lieu qui a été la demeure et la retraite de tant de saints.

C'est sans doute cette saincteté qui avoit gagné le cœur non seulement de sainct Eloy, mais encore de plusieurs autres seigneurs et gentilshommes du pays, qui du depuis ont fait tant de donations au monastère, et y ont choisi le lieu de leur sépulture, voulant donner leur corps, après leur mort, à ceux auxquels ils avaient donné leurs cœurs durant leur vie, pour être faits participants de leurs prières. C'est ce que nous apprenons d'un ancien manuscrit(1) où sont rapportées plusieurs personnes de marque qui ont été enterrées en ce monastère, et encore de notre temps, on voyoit dans l'église de Nostre Dame les tombeaux de MM. Descars. Les autres qui sont dans le dit livre sont en si grand nombre, que si je voulois en rapporter quelques-uns, je ne saurois par où commencer. Et présent il n'y a que MM. de Ventoux qui aient droit de sépulture dans notre église, devant l'autel de saint Denis, où se voit leur tombeau.

(1) Des extraits de nécrologes manuscrits de Solignac, des xiiie, xive et xve siècles, ont été publiés par M. A. Leroux, archiviste de la Haute-Vienne dans les *Archives historiques du Limousin*, tome VI, p. 338.

CHAPITRE II

*Quelle règle on observoit dans ce monastère
en ses commencements et après.*

Puisque nous vivons dans un siècle auquel il se trouve des esprits
qui poussés de l'envie qu'ils portent, ce semble, à l'ordre de sainct
Benoist, et pour établir leurs opinions erronées font profession de
révoquer en doute, les choses les plus assurées, et que d'ailleurs,
il n'est pas fait mention par sainct Ouen de la règle en particulier
qui s'observoit si exactement dans ce monastère, il sera bon de le
savoir. Or demander quelle règle s'observoit au monastère de
Solemnac lors de sa fondation, c'est demander sy la règle de sainct
Colomban étoit différente de celle de sainct Benoist, et sy notre glorieux patriarche ne fit pas garder sa règle dans les monastères que
lui-même fonda, ou si elle ne fut promulguée que longtemps après
par le soin et le zèle d'un certain Simplice, abbé de Montcassin,
mais d'autant que tout cela a été très bien disputé par le Révérend
Père Dom Antoine de Yepes dans les Chroniques générales de
l'ordre de Saint-Benoist, et montré très clairement comme il faisoit
garder sa règle dans les monastères qu'il bâtit, et que la règle de
sainct Colomban n'étoit différente de celle de saint Benoist, je ne
ferai autre chose que d'apporter un témoignage irrévocable et très
authentique pour confirmer son opinion, et par ce moyen fermer la
bouche à ceux qui ne se contentent pas de ravir à saint Benoist, son
bien, mais lui veulent encore oster ses saints et ses monastères. Ce
témoignage est d'une très grande autorité, estant de la Charte de la fondation du monastère faite par sainct Eloy, l'an
de Nostre Seigneur 641, le 10ᵉ du règne de Dagobert, roi
de France, signée de sainct Eloy et de vingt autres évêques.
Je la rapporterai ailleurs tout au long, car elle est très belle,
pour le présent, je ne mettrai que ce qui sert à mon propos. Elle
commence : *In nomine Patris...* etc., *ego Eligius*, etc..., et après
avoir raconté fort au long ce qu'il donne, il ajoute : *ea tamen conditione interposita, ut vos vel successores vestri tramitem religionis
sanctissimorum virorum Luxoriensis monasterii consequamini, et
regulam beatissimorum patrum Benedicti et Colombani firmiter
teneatis*, etc. Voilà la règle qui s'observoit l'an 641 au monastère
de Solemnac avec sy grande perfection, à savoir la règle de sainct
Benoist et de sainct Colomban. Il ne dit pas *regulas* mais *regulam*,

car la règle de sainct Colomban n'étoit autre que celle de Sainct-Benoist, ains seulement quelques déclarations qu'il avoit faites sur icelle qu'il faisoit garder en son monastère de Luxeuil et que sainct Eloy vouloit estre observées en ce monastère aussi bien qu'en celui de Luxeuil, dont il fit venir les premiers religieux qui peuplèrent ce monastère. C'est pourquoi après une vingtaine de lignes il ajoute : *Te, beatissime Remacle abba, tuosque successores vel subjectos postulo per individuæ Trinitatis majestatem obtestor, et per illam innumerabilem omnium sanctorum, angelorum, archangelorum, patriarcharum, prophetarum, apostolorum, martyrum et confesserum catervam exoro, ut regulam supradictorum patrum quam in sæpe memorate monastero Luxoviense tenent, omni custodia teneatis.* Voilà comme sainct Eloy veut que la règle de sainct Benoist soit observée en ce monastère, à savoir comme on la gardoit au monastère de Luxeuil, comme à présent quand nous réformons quelque monastère, nous y gardons la règle de sainct Benoist selon les déclarations de la congrégation de Saint-Maur.

Or non seulement la règle de sainct Benoist fut établie par sainct Eloy dans ce monastère en son commencement, mais elle y a toujours depuis persévérée, sans que nous trouvions aucune mention de la règle de sainct Colomban, ni d'aucune autre dans les mémoires qui nous sont restés, ains seulement toujours de la règle de notre Bienheureux Père sainct Benoist, laquelle nous y conservons encore escrite à la main il y a plus de cinq cents ans, comme nous dirons ailleurs.

C'est donc la règle de sainct Benoist, laquelle a été durant longtemps exactement gardée en ce monastère, et non seulement par des religieux, ains encore par des religieuses, mais par succession du temps les religieuses furent mises aux Alois (1) à deux lieues d'ici où elles sont encore à présent. Il est souvent parlé de cette façon de monastère dans les Chroniques générales de l'ordre, et encore voit-on dans nos vieilles masures la façon de quelque petit cloître, et on diroit que l'église de Notre-Dame dont on voyoit encore quelques restes de notre temps étoit leur église, où elles faisoient le divin service, mais à présent elle est toute ruinée et n'y paroît aucun vestige.

---

(1) Les Allois, abbaye de filles de l'ordre de Saint-Benoît, connue en 1480 ; elle fut transférée en 1750 du bourg des Allois, où elle avait été fondée, dans le monastère des grandes Claires de la cité de Limoges. Les Allois sont dans la commune de La Geneytouse, canton de Saint-Léonard (Haute-Vienne).

CHAPITRE III

Description de l'église de Solemnac

Quant à l'autre pour les religieux bâtie par saint Eloi, elle subsiste encore à présent (1), car bien que le monastère ait été ruiné, comme nous dirons, néanmoins l'église a toujours demeuré sur pied, nobnostant la force et la rage des huguenots qui s'essayèrent de la mettre par terre, ayant pour ce sujet mis le feu au bas du clocher, ainsi qu'il paroit et à un pilier qui a été réparé de nos jours à cause qu'il menaçoit ruine. Elle est très belle et d'une façon fort particulière estant composée de quatre grands dômes qui font la longueur et deux autres qui font la croix (2).

Il est vrai que celui du côté de la chapelle Nostre-Dame n'est pas un dôme mais un berceau comme les voûtes ordinaires. Tous ceux qui la voient ne la peuvent assez admirer, comme aussi la charpente qui supporte la couverture ; le petit clocher a été autrefois sur le dôme qui est du côté de Saint-Denis (3). Il y a aussi un autre beau clocher qu'on ne peut pas conduire à la perfection qu'on prétendoit, car on y vouloit faire une grande flèche avec quatre petites à l'entour, mais étant arrivés où devoit commencer la grande flèche, il se fendit de haut en bas et furent contraints de le laisser ainsi et le couvrir, et tel est-il encore de nos jours (4).

(1) L'auteur confond l'église bâtie par saint Eloi et détruite depuis longtemps, avec celle qui subsiste encore.

La dédicace de cette dernière fut faite en 1143. En 1178, un incendie, dont parle la *Gallia christiana*, dévora les bâtiments du monastère et la toiture de l'église, ce qui donna lieu, en l'an 1200, à une nouvelle dédicace. (Félix DE VERNEILH. *L'architecture bizantine*, p. 265.)

« Anno gracie Mº CCº XIº, nona die maii, monasterium solemnaciense consecratur a Johanne, episcopo Lemovicensi. » (*Chronique de Saint-Martial*, p. 77.)

(2) On peut voir la description de cette église dans *l'architecture bizantine en France*, par M. Félix de Verneilh, Paris 1851, p. 264, et la *Notice historique et descriptive sur l'abbaye de Solignac*, de M. Texier, publiée à Paris en 1860 par M. Didron.

(3) Ce clocher, qui surmontait le dôme du transept nord où était primitivement l'autel de la paroisse, a été démoli à une époque déjà éloignée, peut-être 1460, lorsque Martial de Bony fit exécuter différents travaux.

(4) C'est le clocher élevé sur le porche à la porte occidentale, construit en partie par Hugues de Maumont (1195 à 1228) et tombé en 1783 Il n'a pas été relevé.

Il y a eu autrefois jusqu'à quatorze autels dans l'église, à savoir :
le grand autel qui estoit où est à présent le grand pupître, sous la première arcade du second dôme ; on l'appeloit *altare majestatis,* et
estoit entouré de grilles de fer ; à l'entour d'iceluy il y avoit diverses
chapelles et autels : la chapelle et autel de Sainct-Denis où il est
encore ; l'autel de Saincte-Catherine qui étoit élevé de dix ou douze
degrés, où est à présent l'autel de Saint-Eloy, nommé ordinairement
l'autel de Sainte-Anne, pour son tableau qui y est ; l'autel des Ames
du purgatoire, autrefois de Saint-Eloy, étoit vis-à-vis du grand
autel au côté droit ; la chapelle et autel de Saint-Nicolas où est
l'armoire des reliques, vis-à-vis de la chapelle par laquelle nous
entrons au chœur ; un peu à côté étoit l'autel de Saint-Cloud, la
chapelle de Saint-Théau où est à présent le grand autel et la vitre
en laquelle il est représenté, derrière le rétable qu'on y a fait à nos
jours ; l'autel de Saint-Benoist étoit vis-à-vis de l'autel de Saint
Cloud ; la chapelle et autel de Saint-Jacques, apôtre, par où nous
entrons au chœur ; l'autel de Saint-Pierre soubs la vitre où il est
représenté ; l'autel de Saint-Christophe où est l'autel de Saint-Cloud ;
la chapelle et autel de Saint-Martin où est à présent l'autel de Nostre-
Dame. Il y avoit encore un autel dans le chapitre et un autre dans
un petit lieu souterrain, sous le grand autel, qu'on croit avoir été le
sépulcre de saint Théau, appelé Notre-Dame du Civori, où on
disoit la sainte messe. Quant au chœur, il étoit entre les quatre
piliers du second dôme.

Outre tous ces autels, il y en avoit encore deux autres, l'un dédié
à saint Martial, apôtre, et l'autre dans une chapelle bien élabourée
et embellie, appelée Notre-Dame de la moitié, à cause qu'elle étoit
environ le milieu de l'église, où il y avoit une grande muraille qui
faisoit la séparation. A cet autel, d'ordinaire le sacristain disoit, tous
les dimanches à sept heures, la messe de paroisse, faisoit les pro-
clamations, le prône et le reste des fonctions curiales ; depuis notre
introduction à la grande église tout cela s'est fait à la paroisse par
le vicaire ou curé ; mais d'autant que cette séparation et tant
d'autels ôtaient la beauté de l'église, la plupart ont été démolis et
n'en reste plus que cinq ; à savoir le grand autel, l'autel de Nostre-
Dame, l'autel de Saint-Cloud, la chapelle de Saint-Denis et l'autel
de Saint-Eloy qu'on appelle d'ordinaire l'autel de Sainte-Anne à
cause d'un tableau de la sainte qui y est.

De plus dans l'église que nous avons dit estre tombée de nos
jours, il y avait quatre autels ; l'un de Nostre-Dame à laquelle
l'église étoit dédiée et avoit sa dédicace particulière, car dans l'ancien martyrologe du monastère, il y a le 24 septembre. *Solemniaco :
dedicatio ecclesie Sainte-Marie* ; un de Saint-Jean-Baptiste, un de

Sainte-Anne et un de Saint-Georges, dont nous pouvons colliger en passant la grande dévotion que nos ancêtres avoient à la mère de Dieu, car nous trouvons qu'ils avoient dédié plusieurs autels à sa mémoire, à savoir Nostre-Dame de la moitié, l'autel qui étoit dans le chapitre, celui qui étoit dans le sépulcre de saint Théau de l'église qui est en ruines. Mais ce n'est pas particulier à ce monastère ains à tout l'ordre de Saint-Benoist, duquel un grand nombre de monastères, ou à tout le moins les principales chapelles sont dédiées à sa mémoire, et c'étoit assez ordinaire au commencement qu'aux monastères les plus célèbres, outre la principale église, il y en avoit une autre dédiée à la Très Sainte-Vierge, la dévotion de laquelle est la fille aînée de l'ordre de saint Benoist, lequel pour donner exemple à ses enfants l'avoit en singulière recommandation, car comme le remarque le R. P. Yepes, entre les médailles qu'il avoit dans sa solitude attachées à une croix, il y en avoit une de la glorieuse Vierge, sa très chère patronne, et un des douze monastères qu'il bâtit à Sublage fut dédié à icelle.

Il y a encore apparence qu'il y avoit une autre église ou chapelle au lieu où est à présent le pressoir de l'abbaye, car il y en a plusieurs vestiges, peut-être que c'étoit la chapelle de l'abbé. Or notre église a une prérogative bien particulière qui est d'avoir été consacrée par saint Eloi, accompagné de vingt-deux évêques. C'est ce que nous trouvons dans le susdit martyrologe, *eodem die* (le 9e de mai), *Dedicatio ecclesie sancti Petri quam beatus Elegius Noviomagensis èps cum vigenti duobus episcopis in honorem Beate Marie et apostolorum Petri et Pauli consecravit.*

Il est vraisemblable qu'à l'occasion de sainct Eloy le roy Dagobert affectionna grandement ce monastère, comme en effet il signa de sa propre main la donation faite par saint Eloy, et exempta de la juridiction de l'ordinaire, et il est probable qu'en quelque occasion il le visita. Au moins est-il représenté en une des vitres d'un côté, et saint Eloy de l'autre, revêtu en évêque, et les religieux revêtus d'aubes, qui lui viennent au-devant. Tous les ans, on avoit accoutumé de lui célébré un anniversaire solennel comme à un grand bienfaiteur du monastère, comme il est marqué en un ancien livre des anniversaires que les religieux de ce monastère avoient accoutumé de célébrer tous les ans.

Conformément aux célèbres monastères, il y avoit un hôpital proche d'icelui, mais à présent il est tout ruiné.

Intérieur de l'église de Solignac

CHAPITRE IV

Catalogue des bénéfices et prieurés dépendant de Solemnac

Nous avons vu le grand nombre de religieux que saint Eloy mist dans ce monastère, où, à proportion d'icelui, il y avoit un grand revenu pour l'entretien et nourriture d'iceux, comme nous pouvons voir, tant par les paroles que nous avons rapportées ci-dessus de saint Ouen, que par le nombre des bénéfices qui en dépendoient autrefois, dont voici le catalogue :

En l'archiprêtré de Combrailles :

Le prieuré de la Celle, près Gouzon, avec la cure d'icelle (1).

En l'archiprêtré de Chirouze :

Le prieuré d'Anède avec la cure (2).

En l'archiprêtré de Brivezat :

La prévôté de Brivezat avec la cure, c'étoit autrefois un prieuré conventuel (3).

En l'archiprêtré de Brive :

La cure de Chaufour (4) est de la collation du prévôt de Brivezac ou de l'abbé de Solemnac.

En l'archiprêtré de Rosiers :

Le prieuré de Saint-Théau-de-Ségur, proche de Pompadour (5).

En l'archiprêtré de Lubersac :

La cure de Saint-Cyprian ;

La cure de Saint-Bonnet ;

La prévôté d'Ayen et la cure d'iceluy d'Ayen ;

La prévôté de Perpezat-le-Blanc (6).

En l'archiprêtré de la Porcherie :

Le prieuré de la Celle et la cure d'iceluy (7) ;

(1) Aujourd'hui La Celle-sous-Gouzon, canton de Jarnages (Creuse).
(2) Nedde, canton d'Eymoutiers (Haute-Vienne).
(3) Brivezac, canton de Beaulieu (Corrèze).
(4) Chaufour, canton de Meyssac (Corrèze).
(5) Le prieuré de Saint-Théau-de-Ségur était dans l'archiprêtré de Lubersac, au sud d'Arnac-Pompadour et Rosiers, une paroisse du même archiprêtré.
(6) Saint-Cyprien et Perpezac-le-Blanc sont du canton d'Ayen, et Saint-Bonnet de celui de Juillac (Corrèze).
(7) La Celle, canton de Treignac (Corrèze).

La cure de Saint-Hilaire-Bonneval (1) :

En l'archiprêtré de Saint-Paul :

Le prieuré de Sussac et la cure d'iceluy ;

Le prieuré de Linards (2).

En l'archiprêtré de la Meyze :

La cure de Saint-Michel (3) ;

La cure du Vigen ,

La prévôté d'Artou (4) ;

La prévôté de Pierre-Buffière avec la cure ;

La prévôté de Fayes (5).

En l'archiprêtré de Nontron :

Le prieuré de Choumélie (6).

On trouve encore outre les bénéfices dépendants de ce monastère, Sainte-Marie-de-Grauges, proche de Brantôme, dans le Périgord.

De tous ces bénéfices nous ne jouissons à présent que de Faye, de Choumélie, de Sussac et de Vaulx, qui n'est pas pourtant dans ce catalogue.

Il y a quelques années que la prévôté de Pierre-Buffière nous fut résignée, mais après nous avoir bien coûté, elle fut remise à celuy qui en avoit fait la résignation.

Outre cela il y a les officiers de l'église, à savoir le prieur, le sacristain, le chambrier et l'aumônier. Tous les ans, le neuvième de mai, jour de la dédicace de notre église, tous ces prieurs et officiers du monastère devoient se trouver ici, ou en cas d'empêchement envoyer leurs excuses, pour, avec l'abbé ou son grand vicaire, célébrer le chapitre général et examiner comment un chacun se comportoit en l'administration de sa charge, et par des remèdes convenables, pourvoir au bien et avancement d'un chacun, mais depuis quelques années cette coutume n'est plus en usage.

(1) Saint-Hilaire-Bonneval, canton de Pierrebuffière (Haute-Vienne).

(2) Sussac et Linards, canton de Châteauneuf (Haute-Vienne).

(3) La cure de Saint-Michel de Solignac et Le Vigen sont du canton de Limoges. L'église de Saint-Michel était près et à l'ouest de l'abbaye. Il n'en reste rien.

(4) Artou, commune de Saint-Martin-le-Vieux, canton d'Aixe (Haute-Vienne).

(5) La Faye, commune de Flavignac, canton de Châlus (Haute-Vienne).

(6) Le prieuré de Choumeil était dans la paroisse de Saint-Pardoux-la-Rivière, aujourd'hui canton de Nontron (Dordogne). Le *Pouillé* de Nadaud nous dit : « Choumeille, ou Choumeil, ou Chommeille placé sur le diocèse de Limoges, est sur celui de Périgueux, et la paroisse de Saint-Pardoux-la-Rivière, limitrophe de celle de Nontron. La chapelle est totalement en ruine, saint Barnabé est son patron. L'abbé de Solignac y faisait des nominations en 1557, 1558. »

CHAPITRE V

Des saintes reliques qui ont été conservées au monastère de Solemnac

Il n'y a point de doute qu'un des plus riches ornements que puisse avoir un monastère est la possession des saintes reliques, car c'est ce qui le rend grandement recommandable, aussi est-ce cela même qui a rendu la plupart, pour ne pas dire tous les monastères de notre ordre, tant dignes de vénération. Car s'il y a un ordre en l'église de Dieu qui puisse se vanter d'avoir conservé en ses monastères un plus grand nombre de plus saintes et précieuses reliques et conserve encore, c'est l'ordre de Saint-Benoist, comme on peut voir dans les authentiques. Aussi est-ce en cela que ce monastère de Solemnac a été fort avantagé, ayant possédé durant un longtemps de très saintes reliques. Or d'autant qu'en ce sujet il y a quelques choses douteuses et d'autres qui sont plus assurées, je dirai premièrement ce que nous ne savons que par le témoignage de personnes pourtant dignes de foi.

§ 1. — CINQ CHASSES

M'ayant donc été persuadé de chercher les antiquités de ce monastère, je m'adressai à deux anciens religieux, qui sont encore en vie et fort âgés, me persuadant qu'ils ne pourroient donner quelques éclaircissements en ce que je cherchois, mais tout ce que je pus apprendre d'eux fut qu'ils savoient par tradition qu'il y avoit eu autrefois cinq châsses dans ce monastère (1), si couvertes de pierres précieuses, que pour cela elles étoient gardées fort soigneusement dans une chapelle de l'église, qui pour ce sujet étoit toute grillée de fer, et que c'étoit la chapelle de Saint-Théau, où est à présent le grand autel comme nous avons dit ci-dessus. Voilà ce qui me fut assuré par ces deux religieux. Et véritablement si nous considérons ce que nous avons dit, cela ne semblera pas incroyable, voyant la grande affection que saint Eloi avoit pour ce

(1) Cela rappelle le grand autel de l'abbaye de Grandmont, dont sept grandes châsses entouraient le tabernacle. Voir la description qui en a été donnée par M. Louis Guibert dans le *Bulletin de la Société archéologique et historique du Limousin*, t. XXXVI, p 51. Une de ces châsses est encore conservée dans l'église d'Ambazac.

monastère, auquel il envoyoit ce qu'il pouvoit y avoir de plus rare; considéré aussi que lui étant orfèvre, il se plaisoit à faire particulièrement de belles chasses pour faire reposer les corps saints comme il est porté en sa vie.

Ce qui est bien certain est que, de notre temps, nous avons vu trois ou quatre châsses en ce monastère, mais vides de saintes reliques, qui témoignent avoir été faites par quelque personne fort expérimentée en cet art.

§ 2. — UNE CHASUBLE DE SAINT DENIS TEINTE DE SON SANG ET AUTRES RELIQUES DE SAINT MARTIN, SAINT ÉLOY, ETC.

Ce qui nous est encore bien assuré, c'est que nous avons eu une chasuble de saint Denis, teinte de son sang ; c'est ce que nous apprenons d'un livre écrit à la main il y a plus de cinq cents ans, dans lequel entre un martyrologe et la règle de notre Bienheureux Père saint Benoist, il y a quelques autres écritures entre lesquelles est celle-cy.

§ 3. — DONUM BOSONI DESCHASADORIO

« Gratulare vinea fertilis, lætare ecclesia Solemniacensis, quia pro patribus tuis nati sunt tibi filii, de quorum profato numero frater Boso Deschasadorio. Dum adhuc esset in petragorica binio, tactus est sentientia que in evangelio dicitur : omnis arbor quæ non facit fructum bonum excidetur et in ignem mittetur. Denique quia preterit generatio et generatio advenit, prædictus frater hujus boni operis fructu, memoriale suum in libro vitæ celestis adscripsit, eam quæ in æternum stat cum beatorum spiritibus volens possidere terram, addidit thesauro hujus ecclesia Caput ab humeris et supra (1) in honore beati Martini Turonensis fabricatum, laminis argenteis circumlatum, superposito ex lapidibus preciosis diademate, et utrumque opus tam mirifice quam decenter in superficie variatum in pallore auri. Huic donario addidit, ejusdem operis, Capsam in

(1) Le diocèse de Limoges possède encore plusieurs de ces bustes-reliquaires dont un des plus remarquables est celui de saint Etienne de Muret, conservé à Saint-Sylvestre. On peut aussi citer celui de saint Ferréol à Nexon, celui de saint Yrieix dans l'église de cette ville, celui de saint Aurélien dans la chapelle de ce nom à Limoges, celui de sainte Valérie à Chambon, etc., etc. Celui qui existe actuellement à Solignac est appelé de saint Théau ; il semble remonter à une date antérieure aux autres.

honore beati Dionisii ariopagytæ fabricatam ; addidit et presentem beati Benedicti regulam.

Et in capite quidem prædicti Beati Martini faciem cum dentibus, Petrus archiepiscopus Bituricensis, qui tunc forte apud nos venerat, cum reliquiis de ossibus et capillis S^{ti} patroni nostri Elegii, missa solemniter celebrata inclusit. In capsa vero casulum S^{ti} Dionisii ipsius sanguine cruentatam recondidit; fratribus benedictionem dedit duo decimo calendus januarii, Verbi autem Incarnati 1143. Proinde quia laborantem agricolam opportet primum de fructibus percipere, concessum est ei a venerabili hujus loci abbate Gerardo, totius assensu Capituli, ut ejus anniversaria dies cum classe quot annis celebretur solemniter. »

Par cette escriture, nous voyons le précieux trésor qui étoit autrefois en ce monastère, à savoir une chasuble de saint Denis teinte de son sang. Aussi de tout temps y a-t-il eu une dévotion toute particulière à ce grand saint, lequel y a une chapelle et autel dédié à son nom, et à la vitre d'icelle son image fort ancien (1), comme on le peint ordinairement portant sa tête entre ses mains ; nous en faisons office double le jour de sa fête. Et la porte par laquelle le peuple entre à présent dans l'église s'appeloit la porte de Saint-Denis et l'autre qui est murée la porte de Saint-Eloi.

Outre la chasuble de saint Denis, l'escriture fait mention d'autres reliques, à savoir des cheveux et ossements de notre patron saint Eloy.

Quant au Chef de saint Martin, pourroit bien être celui que nous gardons à présent, quoiqu'il ait bien perdu de son lustre dont il est ici parlé. Il y a encore quelques dents et quelques petits ossements du saint, comme aussi le diadème ou couronne, mais dégarni des pierres précieuses, car il n'y a que la place.

Je trouve qu'il fut donné une dent au monastère de Saint-Martin de Limoges, possédé autrefois par des Bénédictins et présentement par des Feuillants, car dans les chroniques du même monastère il est rapporté : In chasto ubi ac sapphirus est dens beati Martini quem habuimus de Solemniaco quando volebamus ædificare monasterium.

§ 4. — UN CORPS DES SAINTS INNOCENTS

Il se trouve que nous avons possédé un corps des Saints Innocents, car dans le Catalogue des reliques du Limosin, il y a ces

---

(1) C'est Martial de Bony de la Vergne, élu abbé de Solignac le 2 mars 1456 (v. s.), qui avait fait faire ces vitraux. Il en existe encore quatre qui ont été parfaitement réparés en 1886.

mots : « Sanctus Tillo monachus cum uno de Innocentibus Solemniacum monasterium ornat, qui Emericum episcopum Lemovicensem
ad suas exequias properantem et præ senio cœcum factum, meritis
suis illuminavit. »

De ce miracle et du corps de saint Théau, nous parlerons plus
bas.

§ 5. — Un bras de Saint Eloy

Nous avons eu encore un bras de saint Eloy qui fut donné par
Baldouyn, évêque de Noyon, car dans le martyrologe, il y a sur la
fin : « Anniversarium Baldoini Noviomagensi episcopi, qui dedit
nobis brachium dextrum S^{ti} Elegii. »

Et c'est la même relique dont il est fait mention dans le susdit
martyrologe, le cinquième de juillet, à la marge *Eodem die*, il y a
quelques mots coupés : « Translatio reliquiarum scilicet brachii
dextri beatissimi Elegii.....a Noviomo, ubi episcopatum tenuit.:....
.Solemniacense Cænobium ab ipso primitus digne, et laudabiliter
fondatum, ubi cooperante divina gratia pervenientibus multa et
præclara miracula fiant. »

Nous en parlerons plus bas plus au long.

§ 6. — Des reliques de Saint Gérald

Dans le même martyrologe, il est fait mention, le dixième septembre, de quelques reliques de saint Gérald par ces mots : « Translatio reliquiarum S^{ti} Geraldi de Auriliaco apud Solemniacum
monasterium. »

Il n'est point parlé de quelles reliques cette translation fut faite.

§ 7. — Un bras de Saint Remacle et autres reliques

Et le troisième novembre : « Translatio reliquiarum S^{ti} Remacli de
Stabulans (1) apud Solemniacum monasterium. » Mais d'autant que
nous pouvons savoir plus au long ce qui se passa en cette translation et de quelles reliques il est ici fait mention, je désire les
descrire comme il est rapporté dans un grand bréviaire de parchemin manuscrit, dont je dois tirer d'autres choses que je dirai en ce
petit recueil :

(1) Stavelo, petite ville des Pays-Bas, entre Limbourg, le Luxembourg,
et l'évêché de Liège, jadis abbaye de Bénédictins. Un moine de cette
abbaye a écrit la vie de saint Remacle.

« Venerabilibus patribus, confratribus, et amicis in filio Dei præ-electis, Archambaudo abbati Solemniacensi, totique collegio ejus-dem loci, Joannes decanus humilis, totusque conventus ecclesiæ Stabulensis, salutem, et in abscondito vultus Dei, consolationis fonte, fræquentius confoveri. Innotuit nobis 'quod vestra devotio summo aspirat desiderio ad aliquas habendum reliquias de patrono nostro glorioso, videlicet beato Remaclo, aliquando in terris deco-rato gloria pastorali, verum quia de corpore ejus ad præsens aliquid consolatorium vestræ paternitati sincere sicut desiderii nostri affectus expostulat transmittere non valemus, ne vestra tamen precatio apud nos frustari videatur, cum illam summo proponamus studio adimplere, de baculo pastorali, de casula in qua jacuit tumulatus, et de sandaliis ejus, vestræ devotioni transmittimus ista vice, scientes indubitanter quod de corpore memorati patroni nostri vestræ pietati condecentem transmittemus portionem, cum de capsa in capsam quam gloriosam fieri fecimus transferri conti-gerit corpus, quod erit in brevi, Domino disponente. Datum Stabu-lans, anno Domini millesimo ducentesimo sexagesimo tertio, idibus Junii.

« Reverendis in Christo patribus ac dominis suis amantissimis, venerabili patri domino Archambaudo abbati, totique conventui So-lemniacensi, decanus humilis, totumque collegium monasterii Sta-bulensis Sti Remacli in Ardenia, salutem et se totos ad amorem inti-mum fœdere sempiterno. Quamquam locorum intervallum perso-nalem nobis divisionem indixerit, individuæ tamen dilectionis inter nos sinceritas elucescens, ope Dei, indivisos per secula conserva-bit; hinc est, patres ac domini reverendi quod toto cordis ac men-tis affectu veneramur atque adoramus collaudantes Altissimum, qui nos et vos, mediante nostro patrono beato Remaclo, cum suavi ac firmo vinculo, imo inviolabili mutua charitate firmiter et adeo dulci-ter combinavit, quod nec tribulatio, nec persecutio, seu gladii pavor, a charitate, divina bonitate comperta, poterit separare, Dei miseri-cordia sufragante. Propterea nos, vestris receptis nuntiis, revera confratribus, videlicet dominis Clemente vestro celerario, atque Viviano sacrista vestro, simulque vestris litteris, perfusi gaudio sumus indicibili, et prosperitate vestri conventus cognita, in illis, jucunditatem et exultationem nostris cordibus, super aurum et topa-zium, super odorem lilii et balsami infudistis. Assurgimus itaque vestræ reverentiæ pro litteris tam affectuosis, plenis charitate mellifllua, per fratres nostros ac vestros prænotatos nobis trans-missis, vobis humiliter inclinantes, quorum etiam videlicet fratrum dictorum conversatione ac morum honestate potuimus et debui-mus..... emendari, per quos etiam vestræ dilectioni transmittimus brachium venerabilis patris nostri Beati Remacli et de reliquiis undecim millium virginum, nec non et de reliquiis Thebeorum martyrum, rogantes suppliciter ut memoratas reliquias honore debito, cum solemnitate congrua, dignemini honorare. Datum anno Domini millesimo ducentesimo sexagesimo octavo, dominica ante Ascentionem Domini. »

Par ces escritures, on voit l'affection des religieux de saint Remacle envers ceux du monastère de Solemnac, laquelle les porta à leur faire présent d'une relique si notable, d'un bras de leur glorieux patron saint Rémacle et d'autres, desquelles il est ici fait mention.

Il y avoit aussi une sainte confraternité entre ces deux monastères comme nous verrons ci-après ; autrefois on célébroit solennellement et avec octave cette translation du bras de saint Remacle, le vingt-cinquième de juin.

CHAPITRE VI

La translation du corps de sainte Fauste, vierge et martyre

Une autre très insigne relique qui se trouve avoir été en ce monastère, ou pour le moins en une de ses dépendances, à savoir Brivezac, autrefois prieuré conventuel, est le corps de sainte Fauste, vierge et martyre. La translation de laquelle est bien au long dans le susdit bréviaire telle que s'ensuit mise en français.

L'an huit cent soixante-quatre, le monastère de Solemnac ayant été brûlé par les Normands, peuple féroce et barbare, qui mettoit tout à feu et à sang, un certain duc de Gascogne nommé Arnauld, courageux et vaillant capitaine, qui étoit souvent venu aux mains avec les Normands, grandement marri de la ruine du monastère, pour la grande observance de la sainte règle qu'il savoit y avoir été gardée autrefois, et pour avoir été bâti par le glorieux saint Eloy, évêque de Noyon, auquel il portoit si grande dévotion qu'il avoit fait vœu de quitter le monde et prendre l'habit de religieux au même monastère. Mais la mort inopinée l'empêcha de le mettre à exécution. Ayant donc un grand soin du dit monastère, il avertissoit souvent les religieux d'icelui d'aller du côté de Gascogne pour en emporter quelques saintes reliques, leur promettant de les secourir et de les aider en leur voyage. Il les sollicita tant que l'abbé et ses religieux se résolurent d'y envoyer quelqu'un ; pour cet effet, ils firent choix d'un bon religieux-prêtre du même monastère, lequel accompagné de Gotafridus, nepveu du susdit duc, entreprit le voyage avec quelques autres qui lui furent donnés pour compagnons.

Ils passèrent par le château du dit Arnauld, où ils furent reçus fort charitablement; mais y ayant séjourné quelques jours, Aldarius (c'étoit le nom de celui qui avoit été choisi pour cette entreprise) fut saisi d'une grande tristesse intérieure, croyant ne pas réussir en son entreprise, et que son dessein ne vienne à être divulgué parmi les habitants du pays. C'est pourquoi il prit au plustôt congé du duc et ayant voyagé en beaucoup d'endroits, sans pouvoir rencontrer ce qu'il cherchoit, il faisoit état de s'en retourner. Mais enfin ils arrivèrent au territoire Fidennac (1) où il y avoit eu une belle église, bastie à l'honneur de sainte Fauste, laquelle avoit été brulée par les Normands, et ses saintes reliques y avoient été conservées longtemps en vénération par les Chrétiens.

Pour lors reprenant courage, se confiant en la miséricorde de Dieu, un jour de grand matin, auparavant qu'il puissent être aperçus des habitants du pays, le susdit Aldarius avec ses complices s'en va proche du sépulcre de sainte Fauste, où ayant fait sa prière avec larmes et gémissements, et imploré l'aide de Dieu et l'intercession de la sainte, ils découvrirent avec une grande crainte les précieux ossements. Mais au même temps qu'ils furent découverts, il s'éleva subitement de si grands tonnerres qu'ils pensoient tous mourir, et le bon Aldarius voyant ses compagnons tous pâmés les encouragea et exhorta d'achever heureusement ce qu'ils avoient commencé. Etant donc revenus à eux, ils levèrent les précieuses reliques, et les ayant enveloppées dans de beaux linceuls qu'ils avaient apportés avec dessein, ils les emportèrent avec grande réjouissance.

Or Notre Seigneur fit quelques miracles en cette translation en faveur de la sainte. Entre autres, étant arrivés à une rivière fort profonde par l'abondance des pluies précédentes, ils eurent bien de la peine à la passer, même sur leurs chevaux, et celui qui portoit les saintes reliques n'étant encore passé et les autres ne pouvant de l'autre côté de la rivière, lui renvoyer un cheval pour le grand danger auquel ils s'étoient vus, il eut son recours à Dieu et à la sainte, les reliques de laquelle il portoit, le suppliant par les mérites de sainte Fauste qu'il pût commodément passer cette rivière sans danger. A l'instant muni du signe de la sainte

(1) Aujourd'hui Vic-Fezenzac, chef-lieu de canton dans le département du Gers.

croix, il entre courageusement dans la rivière et par un grand
miracle, l'eau qui auparavant étoit si grande que ceux qui étoient à
cheval ne l'avoient passée qu'avec beaucoup de peine, ne lui venoit
pas jusqu'aux genoux, dont ils prirent occasion de louer à jamais
Dieu qui est si admirable en ses saints, et continuèrent joyeusement leur chemin. Après quelques jours, ils arrivèrent à un certain
lieu nommé Nonnaris (1) et s'y reposèrent quelque temps.

Or proche de ce lieu, il y avoit un petit monastère habité par
des religieux qui s'y étoient retirés pour éviter la persécution des
Normands et y vivoient sous l'obéissance de leurs supérieurs, gar-
dant exactement leur règle. Le fonds dans lequel le monastère
étoit bâti s'appelait Brivezac (2) et étoit dependant du monastère
de Solemnac. Les religieux donc de ce monastère, sachant l'arrivée
de leurs confrères et le précieux trésor qu'ils portoient, furent
remplis d'une joie inconcevable, et furent au-devant les recevoir avec
croix, ostensoir, chandeliers, cierges, et accompagnés d'un grand
concours de peuple qui s'étoit assemblé des environs au lieu où
étoient les saintes reliques. Et d'abord une lumière descendit du ciel
qui alluma tous les cierges, lesquels demeurèrent tous allumés
jusqu'à ce que entrant dans l'église où ils déposèrent les saintes
reliques sur l'autel, où se sont faits plusieurs miracles.

Jusqu'à présent tout ce que dessus a été tiré d'un grand bréviaire
qui se garde au monastère de Solemnac.

Nous célébrons la translation de sainte Fauste le quinzième juin,
laquelle se trouve marquée dans l'antien martyrologe dudit monastère : *Brivaziaco translatio sanctæ Faustæ virginis*. Elle fut instituée par un abbé de Solemnac à la sollicitation d'un bon religieux
de ce monastère et prieur de Brivezac qui s'appelait Hugues de
Pandrinha, comme il se voit dans le livre des anniversaires. Tout
ce que dessus touchant la translation de sainte Fauste se confirme
par le catalogue des reliques du Limousin où il est dit: *Sancta Fausta
virgo et martyr cœnobium de Brivaziaco favore et honore insignit
quœ ab Arnaldo principe Wasconum illuc delata, debita venerationi
habetur.* Or quoyque la translation aye esté faicte à Brivezac,
neantmoins on apporta en ce monastère une partie de ses reliques,
comme on collige de l'antien inventaire des reliques de ce monastère.

Dans la mesme escriture est encore fait mention de quelques
reliques de la Sainte Vierge et de saint Martin qui furent apportées avec le corps de sainte Fauste.

(1 et 2) Nonars et Brivezac, canton de Beaulieu, arrondissement de
Brive (Corrèze). Voir le *Dictionnaire des paroisses du diocèse de Tulle*,
par M. l'abbé Poulbrière. Article : Brivezac.

Qui n'admirera ici le zèle et la dévotion de nos antiens peres a aller chercher les saintes reliques pour en decorer leurs monastères, et avoir les saints, desquels ils avoient les ossements, pour advocats et intercesseurs auprès de Dieu. Ils savoient certes que c'estoient des grands trésors, desquels ils taschoient d'enrichir leurs monastères, saichant indubitablement que c'estoit un moyen bien efficace pour attirer du ciel de grandes bénédictions sur eux. Quel courage a ce bon religieux pour surmonter toutes les difficultés qui se présentèrent en son entreprise et pour animer ses compagnons, lorsque estonnés par ce grand ténèbre qui se fist à l'ouverture des saintes reliques, ils pensoient que c'estoit fait de leur vie ; aussi Dieu qui estonne parfoys au commencement, console par après la fin, comme il fist à ceux-cy par le moyen des miracles qui arrivèrent en ceste translation, dont j'en ay laissé quelques uns pour éviter prolixité.

Or puisque outre la translation nous célébrons la feste de sainte Fauste vierge et martyre, j'estime qu'il sera a propos de donner sa vie, laquelle est remplie de merveilles et de motifs pour porter ceux qui la liront a louer et magnifier Dieu.

CHAPITRE VII

La vie de sainte Fauste, vierge et martyre

Sainte Fauste, dès son jeune aage, fut instruite à la prière et à la vertu. Ses parents la laissèrent estant encore fort jeune. Son père s'appeloit Gemellus. L'empereur Maximian ayant entendu parler de la vie que menoit sainte Fauste et qu'elle estoit chrestienne, envoya Evilasius le premier de son palais pour lui persuader de renoncer à la foy chrestienne et d'adorer ses dieux, que si elle refusoit, de la faire mourir cruellement. Evilasius l'ayant rencontrée, aagée seulement de treize ans, fit son possible pour la porter à la volonté de l'empereur, lui persuadant en père de lui obéir, car autrement elle ne pouvoit attendre que de cruels tourments. A quoi la sainte fille répondit courageusement qu'elle ne sacrifieroit pas à ses dieux qui sont sourds et aveugles, et qu'elle ne pouvoit délaisser son cher époux Jésus-Christ, ni la récompense qu'elle attendoit de luy. Ne pense pas, dit-elle à Evilasius, de m'étonner par tes menaces, car quoyque je sois jeune d'aage, je suis pourtant toute consacrée à mon Seigneur, qui me donnera des forces pour surmonter tous les cruels tourments. Pour lors Evilasius fit apporter divers instruments devant elle afin de l'estonner, la menaçant de la faire cruellement tourmenter ; mais voyant qu'elle ne faisoit que se moquer de ses menaces, il la fit suspendre en hault, et exerça sur la sainte diverses sortes de tourments. Mais elle, jetant les yeux au ciel, fist ceste prière : O Père de mon Seigneur Jésus-Christ, qui avez délivré les trois enfants de la fournaise, sainte Barbe du feu, David de la gueule des lions affamés, et saint Pierre de la prison, qui regardez la terre et la faites trembler, soutenez moi par vostre miséricorde. A cette prière s'élevèrent subitement des esclairs et tonnerres qui en firent mourir plusieurs. Evilasius croyant que cela se faisoit par art magique et craignant de mourir avec ses ministres, luy reprocha d'estre une magicienne et sorcière. Et la sainte sans s'esmouvoir luy dit de faire une image toute semblable à elle et faire exercer sur cette figure tout ce qu'il vouloit exercer sur elle mesme. Ce qu'ayant esté exécuté, et apporté la figure, Evilasius luy demanda à quelle intention elle avoit commandé tout cela. Si tu avois tant soit peu de jugement, lui répondit la sainte, tu le connoistrois bien facilement ; par là je te veux donner à cognoistre que tu ne fais que te donner de la peine à credit, car tout de mesme que ceste figure qui ne sent rien pour tous les tourments qu'on exerce sur elle, ainsi il en est de moy. C'est pourquoi fais tout ce que tu voudras, exerce sur moi toute ta cruauté, tu n'as de pouvoir que sur mon corps, mais Dieu l'a sur mon ame. A ces paroles Evilasius tout forcené de rage commande qu'on la sciast par le milieu. Mais o merveille, les cruels ministres de ceste impiété furent l'espace de six heures sans pouvoir rien advancer, et ainsi tout lassés furent trouver le tyran pour scavoir ce qui s'étoit passé, et comme ils avoient changé de scies sans pouvoir l'endommager en aucune façon. Lequel estonné de ce qu'il avait vu et entendu, parla plus doucement, la conjurant de condescendre à la volonté de l'empereur, duquel il ne pouvoit attendre que la mort, s'il ne la faisoit sacrifier aux dieux, et de luy dire par quelle vertu elle faisoit tant de merveilles. La sainte lui respondit que ce n'estoit pas par art magique comme il pensoit, mais par la vertu de Notre Seigneur qui brise les idoles et est le seul vrai Dieu, et qu'il a un soing particulier de ceux qui le servent. A ces paroles le cœur d'Evilasius commença à s'adoucir, il voulust estre chrestien, et sans craindre la sévérité de l'empereur il commanda qu'on mist incontinant la sainte en liberté. Ce qui estant parvenu aux oreilles de Maximian, il pensa mourir de rage et envoya promptement un préfet, après avoir exigé auparavant de lui serment de fidélité et qu'il n'embrasseroit pas la foy de Jésus Christ.

Le préfet ayant d'abord rencontré Evilasius, comment, lui dit-il, as-tu esté si osé que de quitter le service de nos dieux pour te ranger du costé de chrestiens fols et insensés ? Si tu savois, o préfet, luy respond Evilasius, ce que j'ay connu, que tu serois heureux. Les dieux que tu dis ne sont que des diables qui nous trompent. Pour moy je crois en Jésus-Christ. Ce qu'entendant le préfet commanda qu'il fust cruellement tourmenté. Et iceluy se tournant vers sainte Fauste la prioit d'interceder pour luy envers Nostre Seigneur. O Fauste, luy dit-il, épouse de Jésus-Christ, pure et innocente comme une colombe, c'est par vous que j'ay eu cognoissance de Jésus-Christ, par vous j'ay esté délivré des ténèbres dans lesquelles j'estois gisant, et du pouvoir et de la puissance du diable. Hélas, pardonnez moi le mal que je vous ay fait, en vous faisant tourmenter et priez vostre cher espoux qu'il me recoive au nombre de ses serviteurs.

Le préfet cognoissant par là qu'Evilasius avoit embrassé la foy de Nostre Seigneur Jésus-Christ par le moyen de sainte Fauste, tourna contre elle toute sa rage. Il l'envoya chercher en prison. Elle fust trouvée en prière. Elle se présenta à luy avec un maintien et face angélique et joyeuse, et après plusieurs reproches qu'il luy fist d'avoir seduit Evilasius et ravi aux dieux celui qui les adoroit si bien. Enfin après avoir exercé sur elle plusieurs autres tourments, il la fit exposer, à la persuasion d'un certain Claudius, à une lyonne, laquelle oubliant sa ferocité naturelle, vint à se prosterner aux pieds de la sainte, comme firent plusieurs austres bestes farouches auxquelles elle fust exposée.

De quoy grandement estonné le préfet croyant lui causer de la confusion la fist tondre et commanda qu'on la fist sortir de rechef de la prison toute nue. Mais à la prière de la sainte une nuée descendit du ciel qui la couvrit toute en guise d'un vestement ; et inventant et rencherissant de nouveaux tourments, il en excogita un horrible et espouvantable, par la persuasion d'un autre de ses ministres nommé Eusebe, auquel il avoit promis une grande récompense s'il pouvoit la faire condescendre à sa volonté, qui fust de lui faire mettre quantité de cloux dans la tête, dans le front, dans la face et dans la poitrine. La sainte, pendant un si cruel tourment, levant les yeux au ciel, fist sa prière en ceste sorte : O mon Seigneur Jésus-Christ vray soleil de justice, qui estes la couronne de vos saints, et qui, par moy, quoique pescheresse, avez donné à Evilasius la cognoissance de vostre saincte foy, je vous demande encore que le préfet vous cognoisse et vous adore comme le seul vray Dieu du ciel et de la terre. Ce que Nostre Seigneur luy accorda, car Eusebe voyant qu'il avoit esté surmonté par la sainte, et que nonobstant l'atrocité de son tourment, elle estoit saine et entière, il fist allumer un grand feu avec poix et résine et apporter une grande chaudière, et commandat qu'on jettat dedans sainte Fauste et Evilasius. Mais voyant qu'au lieu de brusler ils jouissoient d'un grand rafraîchissement, admirant la foy des chrestiens, il pria Nostre Seigneur de le vouloir recepvoir avec ces deux champions. Et à ceste prière les cieux furent ouverts, et Jésus-Christ, accompagné des anges s'apparust à eux. Le préfet encouragé de plus en plus par ceste vision, accourut à la chaudière, leur disant qu'au nom du Père, du Fils, et du Saint-Esprit, il vouloist estre leur compagnon. Il fut reçu joyeusement par sainte Fauste, laquelle remercia Nostre Seigneur de ce qu'il avoit daigné exaucer son oraison. Et estant tous troys dans la chaudière bouillante et bénissant Dieu, une voix fut entendue du ciel, laquelle disait : Venez, mon père vous appelle ; et à ces paroles tous troys rendirent leur âme à Dieu, pour aller recepvoir la couronne qu'il leur avoit préparée de toute éternité. Leur martyre arriva le vingtiesme de septembre, auquel jour le martyrologe romain fait une honorable mention de sainte Fauste et d'Evilasius, comme aussy le cardinal Baronius aux annotations qu'il a faites sur les martyrologes romains. Petrus de Natalibus a aussi escrit leur vie. Tout ce que nous avons dit icy a esté tiré d'un grand bréviaire qui se garde au monastère de Solemnac.

Les chrestiens ayant entendu ce qui s'estoit passé, ensevelirent leurs saints corps honorablement. L'an huict cent soixante-quatre, le corps de sainte Fauste fut transferé au monastère de Brivezac, dépendant de celui de Solemnac, par un religieux du mesme monastère, comme nous avons dit, le jour de sa translation. On dit qu'à présent le corps de sainte Fauste et d'Evilasius sont au monastère de la Piee (1) possédé par des Bernardins, et qu'au mesme monastère on garde une ceinture de sainte Fauste, par laquelle Dieu fait de grands miracles, particulièrement envers les femmes enceintes. On n'a pourtant pu savoir par quy, ny comment, ny depuis quand ces saints corps reposent dans ce monastère, seulement qu'ils tiennent cela par tradition.

(1) Probablement La Piété-lez-Rameru, ancienne abbaye régulière de Bernardins, département de l'Aube.

CHAPITRE VIII

Du corps de St Théau

Une relique bien certaine, que ce monastère a possédée autrefois, est le corps du grand St Théau, religieux d'iceluy. Il y en a qui pensent qu'il y repose encore quoiqu'on ignore le lieu, à cause que dans l'ancien catalogue des saintes reliques de ce monastère il y a : *Corpus beati Tillonis requiescit in cripta,* qu'on pense être un certain lieu où les religieux le cachoient, craignant qu'il ne tombât entre les mains des hérétiques et qu'ils le brûlassent, comme ils faisoient aux autres qu'ils rencontroient. Mais d'autres estiment qu'il ne pût échapper à leurs hordes, ainsi, qu'il fut brûlé avec les autres reliques du monastère. Quoiqu'il en soit, il est certain qu'il y étoit l'an mille soixante-sept, car je trouve qu'en cette année il arriva un grand miracle à raison de ses Saintes Reliques. Le voici tel qu'il est :

« Nota quod anno ab Incarnatione Domini millesimo sexagesimo septimo, die vero tertia mensis septembris, festivitate S^{ti} Remacli, fuit et erat tam magna siccitas caloris, deffectu aquæ et pluviæ, quod herbæ, blada, vineæ prata, arbores, animalia grossa et minuta, homines et fontes, putei et flumina, moriebantur et cursu carebant.

» Quibus visis, ecclesia et plebs Solemniacensis vovit et ordinavit ad honorem Dei, Beatæ Mariæ, omnium Sanctorum, præcipue ad honorem beatissimi confessori Tillonis, cujus corpus in præsenti requiescit ecclesia, cum onni devotione et reverentia portare Vicanum (1) corpus beati Tillonis, ut consuetum est fieri in tali necessitate, cum processione et lacrimarum efusione ; et hoc facto et dicto, corpore reposito in proprio loco, eademque hora et momento miraculose et ad honorem dicti S^{ti} Tillonis, pluvia in tam magna abundantia et largitate cecidit, ut et arbores vixerint, vineæ produxerint fontes irrigaverint, flumina fluxerint, animalia et homines vixerint ; pro quibus omnibus gratias agimus in sæculorum sæcula. »

Mais je trouve encore un mémoire beaucoup plus récent du corps de St Théau en ce monastère, à savoir en l'an 1502, comme on

---

(1) Le Vigen est à un kilomètre à l'est de Solignac, et comme ce dernier sur la rive droite de la Briance. Le fief presbytéral du Vigen avait été cédé à Solignac en 1071.

pourra voir par ce que je rapporterai ici, ainsi qu'il est dans un parchemin qui ne contient autre chose que ceci.

A Verbo Domini mille quingentum ac duo pleni
Fluxerunt anni, ultima nempe mensis Julii.
Dudum aurata Tillonis Pignora sacra
Sed per anglica olim certamina prisca
Incultu diu steterant, per hos tunc qui aderant
Abbatem et monachos quos vocant Solemniacos
Sportella de veteri, solemnitate mirabili,
Gloriose sunt translata, sœpuisque venerata,
Non tamen e propria chripta per hos est reformata
Tota nam materies ab hiis est sacrario reperta
Tanti eia largitioris, nomen cujus ignoramus.
O Tillo felix animam tibi nunc commendamus
Aerem salubrem, imbrisque temperiem,
Pacem et gloriam sempiternam exoramus.

Voilà ce que j'ai pu trouver touchant le corps de St Théau; nous en parlerons plus au long en sa Vie. Nous en célébrons deux translations, la première le 19e d'avril, et la seconde le 19e de juin. La première est marquée dans le martyrologe par ces paroles : *Eadem die Solemniaco monasterio, translatio sancti Tillonis monachi et confessoris;* mais qu'elles translation c'est, je n'en ay rien pu trouver.

CHAPITRE IX

De la Translation du corps de St Eloy célébrée le 25e de juin

Saint Ouen, archevêque de Rouen, après avoir décrit le glorieux décès de St Eloy et rapporté fidèlement les larmes dont la S^{te} princesse Bathilde et tout le peuple, tant de Noyon que des environs, accompagna ses funérailles, ajoute les paroles suivantes : Que l'on compare, s'il vous plaît, dit-il, non les obsèques et funérailles, mais le triomphe de ce bienheureux personnage avec les pompes et les vanités du siècle, que l'on mette en parallèle, s'il se peut, toutes les grandeurs des hommes riches avec la gloire de notre défunt vivant ici-bas comme pèlerin, pour voir s'il n'y a rien de pareil, ni qui en approche. Une foule populaire, à la vérité, applaudit à ces gens là et les publie bienheureux au milieu de leurs misères et de leurs malheurs, mais les anges du ciel conduisent S¹ Eloy affranchi des calamités de la vie présente au royaume éternel avec louanges et bénédictions. Ceux-là, après les vains contentements et délices momentanées du siècle sont renvoyés aux enfers, et saint Eloy, après les afflictions de ceste vie est reçu au sein des patriarches. Ceux-là opprimés du poids de leurs richesses, sont abymés dans la gesne éternelle, et saint Eloy est rehaussé et relevé par ses aumosnes jusqu'au ciel. Ceux-là endurent les souffrances et la mort éternelle pour leurs démerites, et saint Eloy repose bienheureux dans le sein d'Abraham pour récompense de sa bonne vie, exempt de toute tristesse et apprehension. Enfin ces pauvres misérables relegués pour jamais avec les damnés se lamentent inconsolablement au profond de l'enfer et mon Eloy couronné de gloire en toute éternité jouyst du paradis avec les bienheureux du ciel. Jusques icy sont les paroles de saint Ouyn.

Or saint Eloy a surpassé tous les grands du monde qui mettent leur cœur et affections aux biens caduques et périssables de cette vie, non seulement en toutes ces choses rapportées ici par l'auteur de sa vie, mais encore en l'honneur que Dieu a voulu estre rendu au saint corps de son fidèle serviteur, car, au lieu que la plupart de ceux-là, quelques jours après leur trépas, sont ensevelis dans l'oubli et l'on ne se souvient pas plus d'eux que s'ils n'avoient jamais esté, la mémoire de saint Eloy a toujours esté en bénédiction; et leurs corps ayant esté faits la curée des vers dans leur sépulture triste et effroyable, le corps de nostre saint Eloy a tousjours esté vénéré par les fidèles, son sépulchre rendu glorieux par un grand nombre de miracles que Dieu y a voulu faire par les mérites de son saint, et ses ossements sacrés conservés dans de très riches et magnifiques chasses, qui de temps en temps lui ont esté faites, pour les tenir plus honorablement, à l'occasion desquelles se sont ensuyvies diverses translations, lesquelles je rapporterai icy, selon ce qu'en a écrit Monsieur de Montigni aux notes qu'il a faites sur la vie de saint Eloy.

La première translation fust faicte un an après son décès, l'an six cent soixante-six ; car comme remarque saint Ouen, le corps de saint Eloy ayant esté inhumé à côté du grand autel de l'église du monastère Saint-Loup, l'évêque trouva à propos et la reine aussi, de faire bâtir au-delà de l'autel une belle voûte en arcade où l'on le transféra pour y reposer plus honorablement. Ensuite duquel projet et dessein s'estant porté sur le lieu et convenant entre eux de la manière et façon qu'il conviendroit y procéder, l'on aperçut soudain à la muraille sous la grande vitre, une rupture en forme d'arcade en demi-rond, de sorte qu'il fut constant à tous que ce qu'ils

3

résolurent étoit conforme à la disposition du Ciel et qu'ils devoient abattre la maçonnerie par l'endroit où cette fente et ouverture paraissoit. Ce que considérant tous ceux qui y étaient présents avec grande admiration et étonnement, ils avouèrent que Dieu témoignoit par là sa volonté en faveur du saint, de sorte qu'ayant entrepris cet ouvrage avec beaucoup de confiance et s'efforçant de percer la muraille en cet endroit pour accomplir leur dessein, la maçonnerie, de soi-même et sans aucun leur travail, se fendit sy proprement et tomba sy à propos que la chute et les débris ne blessèrent personne et n'endommagèrent en aucune manière le tombeau qui étoit tout proche et contigu. Ensuite de quoi et par l'assistance des mérites du saint, ils construisirent un beau et riche sépulcre propre pour recevoir le corps de ce grand serviteur de Dieu.

Cependant le jour anniversaire auquel étoit décédé le saint, approchant, les citoyens de Noyon se disposoient en toute affection pour faire une honorable et glorieuse translation, la Reine aussi préparoit des vêtements de soie très riches et précieux en intention d'ôter ceux dont elle l'avoit revêtu au jour de ses funérailles pour le couvrir de ces nouveaux. Enfin le jour anniversaire étant venu, une grande multitude de peuple aborda de toutes parts dans la ville et alors tout le clergé chantant une grande mélodie accompagné du peuple qui avoit passé la nuit en veilles et oraisons, on ôta la tombe de dessus le corps du saint. Et comme on eut levé le couvercle du sépulcre il arriva un grand miracle, car au même instant une odeur très suave se répandit partout, et le corps parut aussi beau et si entier sans aucune lésion ni corruption de tous ses membres, qu'il sembloit être vivant dans le tombeau. Alors les évêques levant avec grand respect et honneur le corps, le revêtirent des habits précieux que la reine avoit préparés, après avoir ôté ceux dont il avoit été couvert auparavant, lesquels avec un grand sentiment de piété et de vénération ils mirent sous la clé et le sceau et ainsi le corps du saint fut enlevé à la vue de tout le peuple du lieu où il avoit esté mis, et fut emporté avec un grand respect et ramené et déposé honorablement au sépulcre préparé pour rendre sa mémoire plus auguste et son tombeau plus vénérable à la postérité. Notre Seigneur fit plusieurs miracles en cette translation qu'on pourra voir dans Saint-Ouen qui les décrit fort amplement.

La seconde translation du corps de saint Eloy arriva l'an huit cent huitante un, au temps de l'évêque Heidilon, lorsque les Normands s'étant répandus en divers quartiers de la France, tant en la Neustrie qu'au pays d'Artois, et de Thérouane, et autres lieux adjacents, où ils mettoient tout à feu et à sang. Ce bon pasteur appréhendant que ce riche et précieux trésor ne vint à tomber entre les mains de ces profanes et infidèles, ou à passer par les flammes, le transporta de l'église de Saint-Loup dans la ville, le neuvième de janvier et le déposa honorablement dans l'oratoire de notre bienheureux père saint Benoist, lieu assez souterrain, plus dévôt que plaisant, entre la grande église et l'hostel de l'évêque. Cet oratoire s'appelle à présent la chapelle épiscopale ou la chapelle de Saint-Nicolas, en laquelle l'évêque a accoutumé de conférer les ordres. Cette translation ne fut pas avantageuse pour l'ordre, car par son moyen, il perdit la possession de ce précieux trésor. Il est croyable pourtant qu'elle se fit par le consentement des religieux, lesquels le voulant mettre en assurance, permirent qu'on l'emportât dans la ville où il est demeuré depuis, nonobstant les violentes poursuites qu'ils ont faites durant longtemps afin qu'il leur fût restitué.

Quant à l'oratoire dans lequel il fut déposé, il sera bon de savoir ce qu'en a écrit l'auteur des annales de Noyon, docteur en théologie et doyen de la cathédrale de la même ville. Il est fort probable, dit-il, que saint Eloy fit bâtir cet oratoire, lors de la grande vogue de ce patriarche des religieux, et lui en fit porter le nom, pour à son exemple s'y exercer en la vie spirituelle, y vaquer à l'oraison mentale, à la mortification et au mépris du monde, bref à l'entière observation de la règle bénédictine qu'il avoit juré. Il anoblit ce lieu d'un des ossements de ce grand saint, duquel ont hérité les religieux du dit monastère, qu'ils exposent encore à présent parmi leurs reliquaires avec ceux du dit saint Eloy.

Le grand amour qu'il avoit à ce père des moines le fit tant poursuivre qu'il impétra des Pères de l'ordre ce précieux gage, argument très clair (poursuit le même auteur), de son crédit entre eux et qu'ils ne lui refusoient rien, le reconnaissant de leur profession.

Le corps de saint Eloy ayant demeuré dans cet oratoire durant deux cent seize ans, il en sortit l'an mille soixante six, au temps de l'évêque Baldoin premier, lequel par l'avis unanime de tout le clergé et sur le désir du peuple le transporta du susdit oratoire dans l'église Notre-Dame, qui est la cathédrale, de laquelle saint Eloy avoit été autrefois évêque, ce qui fut résolu tant afin que l'obscurité du lieu, car il avoit été exposé dans la voûte d'en bas, ne vint à ternir l'éclat et la splendeur des mérites de ce grand confesseur, et diminuer l'honneur qu'on vouloit lui rendre, qu'aussi que les ecclésiastiques et chanoines de la cathédrale eussent moyen de le révérer présent et résidant dans sa chaire, et les habitants de la ville le posséder comme leur juste défenseur et patron tutélaire, ainsi qu'ils l'ont expérimenté en plusieurs occasions.

La quatrième translation du corps de saint Eloy fust faite par Baldoin second, qui ne fust qu'un simple changement de châsse, le saint corps ayant été transféré non d'un lieu à un autre, mais d'une ancienne châsse en une nouvelle plus belle et magnifique. L'ancien cartulaire des évêques de Noyon porte ceci : « Hic Balduinus corpus beati Eligii e theca eductum, populo monstravit, et ad aliam thecam ornatiorem transtulit. » Cette cérémonie fust faite par l'archevêque de Reims nommé Samson, le vingt-cinquième de juin de l'an mil cent cinquante-sept.

La cinquième, que nous pouvons aussi plustôt appeler une décoration et enrichissement qu'une translation, arriva au temps de l'évêque André de Cressy, frère du cardinal Le Moine, lequel assisté de Guydo, évêque de Senlis, en la présence d'un grand nombre d'ecclésiastiques et de noblesse, fit ce transport et pour perpétuelle mémoire éleva le corps, la veille de saint Barthélemy, l'an mil trois cent six. Or, la châsse étoit très somptueuse et faite par la libéralité de Messieurs les doyen et chanoines de la dite église, hic Andreas corpus beati Eligii in thecam auream, id est auratam, quæ adhuc est. reposuit, est-il dit dans le susdit cartulaire. Mais le malheur des guerres civiles qui a spolié l'église de ses plus beaux ornements et de ce qui lui étoit resté après la fin des guerres étrangères, l'a encore privée de ce riche joyau, par le transport qui fut fait dans Compiègne, de toute l'argenterie, sans aucun respect des ossements sacrés, ni des saintes reliques qui en étoient couvertes et revêtues.

La dernière, fort solennelle, fut célébrée l'an mil six cent vingt-six, à l'entrée épiscopale de R. Messire Henri de Barradat, Messieurs du Chapitre ayant voulu attendre son arrivée pour s'acquitter de leurs vœux plus solennellement, rendre la dite translation plus auguste et signaler à jamais les prémisses de l'épiscopat de l'illustre prélat par une action si sainte et si religieuse. Ce fut pour lors que ses ossements sacrés furent mis dans cette châsse si magnifique qui par sa beauté, richesse et élégance, a arrêté les yeux de toute la France dans Paris, et a été admirée comme le chef-d'œuvre du siècle présent, pour les y faire reposer aussi dignement, comme ils avoient fait auparavant les guerres civiles et étrangères, et ainsi que méritoit la piété de ce grand saint, lequel a honoré pendant sa vie les corps des serviteurs de Dieu par tant de riches châsses et magnifiques mausolées qu'il leur a dressés et fabriqués de ses propres mains, et d'autant qu'elle fut faite en reconnaissance de la faveur particulière qu'ils avoient reçue par les mérites de saint Eloy, ayant été tous préservés d'une grande contagion qui infectoit toute la ville de Noyon, et qu'elle commença à diminuer dès qu'ils eurent fait leur vœu, quoiqu'en la saison la plus dangereuse de toute l'année. Pour mémoire à la postérité, ils y ont fait graver ce distique :

> Incubuit pestis : sua votum ecclesia vovit
> Eligio, currens noxa, luesque fugit.

Le susdit vœu fut fait, tous les chanoines assemblés capitulairement, le vingt-huitième jour de juillet de l'an mil six cent vingt-trois. Qui désirera voir ceci plus amplement qu'il lise la vie de saint Eloy, mise en français par le sieur de Montigny, archidiacre de l'église de Noyon, aux notes qu'il a faites sur icelle et en l'épitre dédicatoire de son livre.

Or, quoique comme nous avons vu, les translations du corps de S¹ Eloy ayent esté si diverses, néanmoins nous ne célébrons que celle du vingt-cinq de juin, le lendemain de S¹ Jean-Baptiste, fête établie par Baldoin second ; nos prédécesseurs ne la célébroient que trois jours après, à savoir le vingt-septième du même mois, car au vingt-cinquième ils célébroient la translation du bras de S¹ Remacle, premier abbé de ce monastère, qui leur avoit été envoyé par les religieux de S¹ Remacle, ainsi que nous avons vu ci-dessus. Néanmoins pour se conformer avec les églises qui en font fête, ils la célèbrent le même jour depuis quelque temps.

Mais outre cette translation, ils célébroient fort solennellement, et avec octave, la translation du bras du glorieux S¹ Eloy, le cinquième de juillet, car à l'occasion du changement des reliques de notre bienheureux fondateur d'une châsse en une autre, faite par le susdit évêque Baldouin, sa charité fut si grande envers ce monastère, qu'il leur fit présent du bras droit de S¹ Eloi, afin que comme il avoit honoré ce monastère durant sa vie déjà sainte, présent aussi après sa mort, il l'ennoblit par cette sainte relique.

C'est ce que nous apprenons de notre ancien Martyrologe, sur la fin duquel il y a : « Anniversarium Baldoini Noviomagensis episcopi qui dedit nobis brachium dextrum S¹¹ Elegii. » Ce précieux trésor fut apporté par l'abbé Archambaud, comme on peut voir dans le livre des anniversaires, où se lisent les paroles suivantes : « Anniversorium Petri de S¹⁰ Martino monachi et comerarii, qui apportavit una cum Dom. Archambaudo abbate apud Solemniacum brochium dextrum beatissimi patris nostri Elegii », indice et signe manifeste des bénédictions du ciel que notre glorieux patron devoit obtenir pour son monastère qu'il auroit si libéralement fondé, et tant chéri autrefoys, par le moyen de cet ossement sacré ; mais par un secret jugement de Dieu, nous en avons été privés au siècle dernier, par la fureur et impiété des huguenots, lesquels instruits à l'école de l'impie et détestable Calvin, ou pour mieux dire de Satan, brûlèrent cette sainte relique avec les autres qui étoient en grand nombre, et il ne nous reste que le reliquaire de cuivre dans lequel on croit qu'elle estoit enchâssée, qu'on appelle encore le bras de St Eloy. Nous avons néanmoins grand sujet de nous consoler et de remercier le bon Dieu, lequel, en nos jours, nous a voulu honorer d'un petit ossement du chef de ce grand saint, et ce par la libéralité des religieux bénédictins du royal monastère de Chelles, lequel nous reçûmes l'an mil six cent quarante-quatre, comme nous dirons ailleurs plus amplement. Cependant puisqu'il semble que Dieu veut exalter de nouveau et magnifier son serviteur pour allumer au cœur des fidèles la ferveur de la dévotion envers St Eloy que le temps pouvoit avoir diminuée, coopérons à ce dessein de Dieu et faisons notre petit possible pour honorer ce très grand serviteur de Dieu; ayons recours à lui dans nos nécessités, et puisque nous avons des signes certains de l'affection qu'il a pour nous et pour son monastère, rendons-nous de plus en plus dignes de ses faveurs, par l'observance de notre s^te règle, qu'il avoit prise pour niveau de sa vie, en sorte que, comme dit un auteur, ceux qui auroient le bonheur de jouir de sa sainte conservation, *Cuncta quæ in S^ti Benedicti regula legebantur, in hujus viri factis videbantur.*

Il mettoit en pratique tous les enseignements de notre très saint patriarche, et par ce moyen il est arrivé à ce si haut degré de sainteté que nous remarquons en sa vie. C'est l'unique moyen pour nous le rendre favorable auprès de Dieu et pour attirer les grâces du ciel en abondance sur ce monastère. Comme autrefois il y avoit logé son cœur pour l'étroite observance qui y étoit en vigueur, c'est sans doute que si à présent il la voit refleurir, il ne nous refusera pas l'assistance de ses intercessions.

Armoiries de saint Eloy, évêque de Noyon et fondateur du monastère de Solemnac (1) :

De gueules à la croix cantonnée aux 1er et 4e d'une couronne, et aux 2e et 3e d'un ciboire, le tout d'or ; au chef cousu d'azur semé de fleurs de lis d'or.

(1) A la fin de ce chapitre se trouve un écusson accompagnant ce titre. Si ces armoiries ont été attribuées à saint Eloi, comme le dit l'auteur du manuscrit, ce ne peut être que plusieurs siècles après l'époque où il vivait, car au VIIe siècle l'usage des armoiries n'existait pas encore.

CHAPITRE X

De la translation du corps de saint Martial, apôtre

Dans ce monastère a reposé, au moins pour un temps, une très précieuse relique, à savoir le corps du glorieux saint Martial, apostre de la Guienne. C'est ce que nous enseignent les chroniques de Limoges, et tous ceux qui ont traité des diverses translations qui ont été faites de temps en temps de ce saint corps, et nouvellement Monsieur Bandel, en son livre qu'il a composé de la Dévotion à saint Martial (1), où il dit que les habitants de Limoges entreprindrent d'un commun consentement de transporter le corps de saint Martial en des lieux forts, sur la crainte qu'ils avoient des payens qui se jettoient encore dans leur pays. Ce que Dieu tesmoigna n'avoir pas agréable. Ils furent à Solemnac et s'y arrestèrent pour loger. Mais comme ils voulurent passer outre, il leur fut impossible de remuer ces reliques, ni de les rapporter à Limoges durant deux ans qu'elles demeurèrent fixes et immobiles. Enfin les évesques de Guienne estant assemblés pour savoir la cause pour laquelle saint Martial ne vouloit pas être remis en son sépulchre, après un jeusne de trois jours, indict pour ce subjet, il y eut révélation que le saint ne vouloit pas que son corps fut rapporté en son premier lieu jusques à ce que ceux qui le gardoient changeassent de vie, de mœurs et d'habit. Ce qu'ils promirent avec serment, pourvu qu'il plût à Dieu que leur patron fust remis en son sépulchre : et cela arriva selon leur souhait. Quelque temps après, les principaux de cette église estant fort réjouis de la présence de leur saint titulaire, se ressouvenant de leur promesse prirent l'habit de religieux et portèrent les autres, à leur exemple, en réformant l'intérieur, de se rendre conformes à l'extérieur. Ils commencèrent à renoncer à toute propriété, à tenir tout en commun, quelques efforts que put faire Satan pour empescher et traverser l'exécution de ce que Dieu leur avoit inspiré, et nonobstant les contradictions d'une grande partie des seigneurs

---

(1) *Traité de la dévotion des anciens chrétiens à saint Martial, apôtre de Guienne*, par Jean Bandel, docteur en théologie de la Société de Sorbonne, chanoine de l'église cathédrale, official et vicaire général en l'évêché de Limoges, † 1639. — Seconde édition augmentée de recherches sur le culte et sur l'authenticité des reliques de saint Martial, par l'abbé Texier, supérieur du petit séminaire du Dorat. — Paris et Limoges, 1858.

séculiers qui taschoient de tout leur pouvoir de renverser les commencements de cette bonne œuvre. C'est ce que dit l'auteur sus allégué, en son livre imprimé à Limoges l'an mil six cent trente-huict.

Heureux certes le monastère de Solemnac pour avoir quelque temps conservé cette si précieuse relique. Nous célébrons cette translation le dixième d'octobre. Il y a eu autrefois dans l'église un autel dédié à la mémoire du glorieux saint Martial. Il est rapporté dans les Antiquités de Lymoges que Solemnac estoit lors une grande forteresse et un lieu de franchise.

Pour ce qui est dit icy du changement de mœurs et d'habit, après avoir demeuré sept cents ans en cest estat, et vescu de la façon avec une observance de la règle très parfaite, comme il est parlé au second tome des chroniques générales de l'ordre, ils ont de rechef quitté le froc de saint Benoit, pour reprendre l'aumusse, et en l'an mil cinq cent quarante-six, ne se ressouvenant, ou pour le moins faisant semblant d'ignorer ce qui estoit arrivé à leurs prédécesseurs, et que jamais un mauvais moine ne sera un bon chanoine, comme dit très doctement nostre Tritheme (1), en un livre qu'il a composé contre ces apostats, ces défroqués et sacrilèges, qui osent bien par une sévérité inouïe et par une malice diabolique oster à saint Benoit ce qu'ils ne luy ont pas donné. Mais Dieu a son temps, il laisse un chacun vivre à sa volonté, mais à la fin il châtie et récompense selon ses œuvres, permettant que la plupart de ces misérables finissent leurs jours avec des marques de leur condamnation, comme remarque l'auteur sus allégué qu'on pourra voir.

Pour finir ce qui concerne les reliques de ce monastère, je vais mettre ici un catalogue que nous trouvâmes à notre introduction, écrit sur du parchemin, mis sur une planche et attaché à un coffre de bois dans lequel étaient anciennement conservées les saintes reliques.

CHAPITRE XI

Hæ sunt reliquiæ quæ habentur in abbatia sancti Petri de Solemniaco

Unus panis de Cæna domini, et amplius de Sepulchro, de loco ascensionis Domini.

(1) Jean Tritheme, 1462-1516, religieux bénédictin, historien et théologien, né à Trittenheim, près Trèves.

De S^{to} Petro apostolo.

De S^{to} Paulo apostolo,

De S^{to} Stephano protomartyre et de Sepulcro ejus.

De S^{to} Eligio et de baculo ejus.

De S^{to} Symphoriano.

De S^{to} Clemente.

De S^{to} Felicio.

De S^{to} Innocentio.

De S^{to} Remaclo, episcopo.

De S^{to} Germano, episcopo.

De S^{to} Austrogisilio.

De S^{to} Clodoaldo, confessore.

De S^{to} Martino, episcopo.

De S^{to} Paulino, episcopo.

De S^{to} Dionisio et de Capite ejus.

De S^{to} Pancratio.

De S^{to} Leodegario.

De Sta Lucia.

De Sta Eugenia.

De Thebæis martyribus.

De S^{tis} Innocentibus.

De Lancea Domini.

De Donis trium magorum.

De Ligno S^{tæ} Crucis.

De S^{to} Eligio episcopo et patrono hujus abbatiæ brachium.

De S^{to} Remaclo qui fuit primus abbas hujus abbatiæ et post episcopus Leodiensis.

Corpus beatissimi confessoris S^{ti} Tilllonis qui fuit monachus hujus abbatiæ, requiescit in cripta.

De S^{to} Laurentio.

De S^{to} Petro, martyre.

De S^{to} Sebastiano.

De S^{to} Antonio.

De S^{to} Vincentio.

De S^{to} Primo et Feliciano.

De S^{to} Audoeno.

Omnes S^{ti} orate pro nobis.

De Capillis virginis Mariæ.

De Capillis beatæ Magdalenæ.

De Oleo tumuli beatæ Catharinæ.

De Sta Columba.

De Sta Fausta.

De undecim mille virginibus.

Tel étoit le catalogue trouvé comme nous avons dit ci-dessus, dans lequel néanmoins il n'est pas fait mention de la chasuble de St Denis, qui est pourtant bien assurée, pourroit bien estre que cy-dessus où il y a : « *De Sancto Dionisio et capite ejus*, il faudroit lire : « *De Sancto Dionisio et de Casula ejus.* » Quel monastère peut donc se vanter d'avoir de plus belles reliques.

CHAPITRE XII

De la confraternité de ce monastère avec d'autres

Nous avons vu cy-dessus, comme les religieux du monastère de St Remacle envoyèrent un bras du dit saint à Solemnac, et d'autant que par ce moyen la société qu'il y avoit entre ces deux monastères fust renouvelée; j'ay pensé être à propos de la rapporter ici avec quelques autres, en en laissant plusieurs que je n'ay pu lire à cause de l'antiquité.

§ 1er. — AVEC LE MONASTÈRE DE SAINT REMACLE

Anno dominicæ Incarnationis millesimo ducentesimo trigesimo quarto, indictione decima tertia, venit Solemniacum dominus Guibaldus abbas Cænobii S[ti] Remacli in Arduenna siti, in loco qui ab incolis dicitur Stabulans, cum tribus fratribus ecclesiæ suæ, ductus amore et desiderio patris et patroni sui, videlicet Remacli, qui utrisque cænobii primus rector fuit et fundatoris adjutor. Igitur in communi Capitulo, post sermonem quem de caritate ad fratres devotissime habuit, ab utroque abbate, domno videlicet Mauricio Solemniacensi et domno Guibaldo Stabulensi, renovata et confirmata est societas, atque fraternitas, inter Solemniacense et Stabulense Cænobium, et communi fratrum consensu ad memoriam posterorum scripto mandata. Statutum est igitur ut, quamvis præfata loca longis terrarum spatiis separentur, sit tamen inter fratres unum cor et anima una, præbenda Communis et oratio, tam pro vivis quam defunctis, ut si forte alterius cænobii frater ad alterum transierit, non tanquam peregrinus, sed tanquam ecclesiæ filius in omni conventu, oratione et præbenda habeatur et tractetur. Sed quia ob itineris longitudinem fratrum obitus ad utramque monasterium pervenire nequit, provisum est ut ab utroque conventu, singulis annis, septem plena officia pro defunctis generaliter celebrentur, et a sin-

gulis sacerdotibus septem missæ canantur; ab iis vero qui.....
psalmi dicantur, et omnes ecclesiæ campanæ tam ad vespertinas
vigilias, quam ad matutinalem missam, solemniter compulsentur.
Nomina vero defunctorum fratrum Stabulensis Cænobii martyro-
logio Solemniacensi conscripta per singulos dies cum suorum fratrum
anniversariis recitabuntur, eisque debitum plenæ fraternitatis obse-
quium exolvetur, Stabulensibus hoc propria stabilitate pro Solemniacensi congregatione agendum; quod si abbatum obitus compertus
fuerit, utraque congregatia sicut proprii abbatis exequias ejus et
officia celebrabit. Curabunt autem successores ut in sua vice missis
nuntiis ecclesiarum, videlicet prememorata fraternitate novos fratrum obitus significent; omnibus igitur fratribus præsentem constitutionem observantibus pax et salus a domino, contra vero negli-
genter et violatores nostri Domini et apostolorum Petri et Pauli
offensam et Sti Eligi, Remacli atque Tillonis occurant. Nos vero ad
petitionem domini Clementis cellarii Solemniacensis præsentem
paginam sigillavimus. Datum anno domini 1238 dominica ante Pen-
tecosten.

§ 2. — Avec le Monastère de Noyon

Domnus Hugo abbas Solemniacensis concessit ecclesiæ Sti Eligii
et Conventui ipsius loci hanc societatem, quod singulis annis in
crastino Lætare Jérusalem, pro eis fiat solemne officium cum tricena-
rio, et unusquique sacerdotum tres missas, et alii psalterium, antiqua
nihilominus societate non mutata. Præterea concessit domnus Hugo
Solemniacensis abbas, domno Rodulpho, abbati Noviomensis, quod
pro decessu ejus fiet pro eo annuale in ecclesia Solemniacensi; et
idem concessit domnus Rodulphus Noviomensis abbas domno
Hugoni abbati Solemniacensi. Præterea concessum est ab utrisque
monasteriis, quod si aliqui monachorum utriusque monasterii ad
alterutrum venerit, tam diu detinebitur donec ordini satisfactum
fuerit literis testimomalibus abbatis vel capituli.

§ 3. — Avec le Monastère de la Chèze-Dieu

Casæ Dei ecclesia et Solemniacensis mutuæ fraternitatis et dilectionis nodo nodatæ usque adeo permanent. Quatenus si brevis qui
pro defuncto fratre, ut solet fieri, congregationis alterius alteri defe-
ratur, absolvatur in capitulo et in ecclesia cum septem pœnitentia-
libus psalmis, omnia signa pulsando, et septem officia cum totidem
missis..... et trigenta diebus verba mea consequenter persolvantur.
Die autem quo brevis recitatus fuerit, panis et vinum cum reliquis
de eodem..... in refectorio ac si vivo apponantur eidem.

On peut voir par ce qui se pratiquoit entre les monastères de Solignac et de la Chaise-Dieu à la mort de quelques religieux, que ce qui s'observe dans notre congrégation avec d'autres réformées n'est pas une chose nouvelle, mais ancienne et partiquée de long-temps, à savoir, de mettre à la place du religieux décédé les mêmes viandes qu'on lui donnoit, étant en vie, pour être par après distribuées aux pauvres et servir au salut de son âme.

De ces confraternités nous colligeons une ste coutume qui s'observoit autrefois entre les monastères de notre ordre lesquels n'étant point en congrégation, comme sont la plupart à présent, mais indépendants les uns des autres, ils s'unissoient néanmoins quelques-uns par ensemble, pour être participants des prières qui se faisoient en iceux, et pour ce ils écrivoient à la fin du martyrologe les noms des défunts et les annoncoient chaque jour qu'ils tomboient, à ce que la mémoire ne s'en perdit, ainsi en trouvons-nous plusieurs à la fin de notre martyrologe.

Le trentième janvier, Commemoratio fratrum defunctorum Sti Benedicti Fleuriaci.

Le 2 de février, Commemoratio fratrum defunctorum Sti Michaelis de Clusa.

Le 26, Commemoratio fratrum defunctorum Sti Dionisii Parisiensis.

Le 15 de mars, Commemoratio fratrum defunctorum Sti Elegii Noviomensis.

Le 19, Commemoratio fratrum defunctorum Sti Martialis Lemovicensis.

Il y en a plusieurs autres qu'il seroit trop long de rapporter, même il y en a une d'un couvent de religieuses, car au 1er de juin il y a : Commemoratio sororum nostrarum Stæ Mariæ de Ligueno.

La plus célèbre de toutes étoit celle de St Rémacle, car tous les ans, le quatrième de novembre, pourvu qu'il ne tombât pas un dimanche, on célébroit un anniversaire fort solennel : « pro fratribus nostris congregationis de Sto Remaclo », est-il dit dans le livre des anniversaires qui nous est resté.

CHAPITRE XIII

Quelques bulles des Souverains Pontifes en faveur du monastère de Solemnac

Quoiqu'un père qui a plusieurs enfants naturellement soit porté d'une grande affection envers tous, néanmoins il ne laisse pas d'en aimer quelqu'un plus tendrement, et ce de tant plus qu'il le voit porté à son devoir et zélé à son bien et service ; ainsi quoique le Souverain Pontife qui est père de tous les chrétiens les aime tous d'une affection vraiment paternelle, si ne laisse il pas de témoigner plus d'affection envers les personnes consacrées à Dieu, et ce de tant plus qu'il les voit portées au service de Dieu et de son église, comme nous voyons en tant de grâces et privilèges qu'ils ont concédés et concèdent tous les jours aux religieux et à leurs monastères, les prenant en leur particulière protection, qui est une grâce qui mérite d'être grandement estimée. C'est de cette grâce qu'a joui le monastère de Solemnac, car nonobstant l'injure du temps qui ruine tout, nous avons encore conservé deux bulles qui confirment la vérité de ce que je dis et que je rapporterai ici fidèlement.

CHAPITRE XIV

Bulle du pape Adrien IV

Adrianus Episcopus, servus servorum Dei, dilectis filiis Geraldo abbati et universis fratribus Solemniacensis ecclesiæ salutem et apostolicam benedictionem. Piæ postulatio voluntatis effectu debet prosequente compleri, ut devotionis sinceritas laudabiliter enitescat, et utilitas postulata vires (?) indubitanter assumat. Ea propter dilecti in Domino filii vestris justis postulationibus grato concurrentis assensu præfatam ecclesiam in quo divino estis mancipati obsequio, cum omnibus bonis quæ, in præsentiarum, juste et canonice possidet, aut in futurum justis modis præstante Domino poterit adipisci, sub beati Petri et nostra protectione suscipimus, et præsentis scripti patrocinio communimus. Statuens ut nulli omnino hominum liceat hanc paginam nostræ protectionis infringere, aut vi aliquatenus contraire. Si quis autem hoc attentare præsumpserit indignationem omnipotentis Dei, et beatorum Petri et Pauli apostolorum ejus, se noverit incursurum. Datum.. .. VIII..... K. mart.

CHAPITRE XV

Bulle du pape Eugène III

Eugenius episcopus, servus servorum Dei, dilectis filiis Geraldo abbati monasterii sanctorum Petri et Pauli de Solemiaco, ejusque

fratribus tam præsentibus quam futuris, regularem vitam professis
in perpetuum. Quoniam sine veræ cultu regionis, nec caritatis uni-
tas potest subsistere, nec Deo gratum exhiberi servitium : expedit
nobis religiosa loca cum ipsis personis diligere, et apostolicæ sedis
munimine confovere. Quocirca, dilecti in Domino filii, vestris justis
postulationibus clementer annuimus, et præfatum Solemnaciense
Monasterium, in quo divino mancipati estis obsequio, sub Beati
Petri et nostra protectione suscipimus, et præsentis scripti privilegio communimus. Statuentes ut quascumque possessiones, quæ-
cumque bona, in præsentiarum, juste et canonice possidetis, aut in
futurum concessione pontificum, largitione regum vel principum,
oblatione fidelium, seu aliis justis modis, Deo propitio, poteritis
adipisci, firma vobis, vestris que successoribus, et illibata perma-
neant. In quibus hæc propriis exprimenda duximus vo abulis :
Solemniacum videlicet, in quo eadem abbatia sita est, cum omnibus
appendiciis suis ; ecclesiam sci Michaelis (1) ; ecclesiam sci Elegii
de Vicano (2) ; ecclesiam sci Hylarii de bona valle (3), cum capella de
Caslucet, decimis et possessionibus eorum ; monasterium sce Crucis
et ecclesiam sce Mariæ de Petrabuffaria ; ecclesiam sci Martini de
Linards ; ecclesiam sci Pardulphi de Suisac (4) ; ecclesiam sci Martini de Aneta (5) ; ecclesiam sci Juniani de Cella (6) ; monasterium
sce Fauste de Brivatiaco (7) ; ecclesiam sci Martini de Caufurno (8) ;
ecclesiam sanctorum Saturnini et Marie Magdalene de Eginno (9),
cum capella sci Frontonis de Castro ; ecclesiam sci Boniti de Arti-
gia (10); ecclesiam sci Petri de Cella (11); ecclesiam sci Sebastiani de

(1) Saint-Michel de Solignac, cure en ville murée, sous le vocable de saint
Michel, jadis sainte Pétronille. L'église fut rebâtie vers le commencement
du xvᵉ siècle ; il y avait une communauté de prêtres, étaient neuf en 1515,
quinze en 1548 (Nadaud).

(2) Le R. P. Rigaudie lit sur l'original de la bulle *Delvica* ; notre auteur
a écrit *de Vicano*, qui est Le Vigen, près Solignac.

(3) Saint-Hilaire-Bonneval, canton de Pierrebuffière. — En 1147 Chas-
lucet est dit sur la paroisse de Saint-Hilaire-Bonneval. Il est dans celle de
Saint-Jean-Ligoure, aussi canton de Pierrebuffière, au confluent de la
Briance et de la Ligoure.

(4) Linards et Sussac sont dans le canton de Châteauneuf, Haute-Vienne.

(5) Nedde, canton d'Eymoutiers, Haute-Vienne.

(6) La Celle-sous-Gouzon, canton de Jarnages, Creuse.

(7) Brivezac, canton de Beaulieu, Corrèze.

(8) Chauffour, canton de Meyssac, Corrèze.

(9) Ayen, chef-lieu de canton, Corrèze.

(10) Saint-Bonnet-l'Enfantier, canton de Vigeois, Corrèze. Il était appelé
jadis *de Artigas*.

(11) La Celle, canton de Treignac, Corrèze.

Priondaval (1) ; cum ecclesia sce Marie Magdalene de Lagrauges (2). Porro in ecclesiis quas tenetis presbyteros eligatis et diocesano episcopo presentetis. Quibus si idonei fuerint, episcopus curam animarum committat, ut hujus modi sacerdotes de plebis quidem cura episcopo rationem reddant, vobis autem pro rebus temporalibus debitam subjectionem exibeant.

Obeunte vero te, nunc ejusdem loci abbate, vel tuorum quolibet successorum, nullus ibi qualibet surreptionis astucià vel violentià preponatur, nisi quem fratres communi consensu, vel fratrum pars consilii sanioris, secumdum Dei timorem, et Beati Benedicti regulam providerint eligendum. A quo nullus pro benedictione pastum vel aliquod manus presumat exigere. Sepulturam quoque ipsius loci liberam esse concedimus, ut eorum, qui se illic sepeliri deliberaverint, devotioni et extreme voluntati, nisi forte excommunicati vel interdicti sint, nullus obsistat. Salvo tamen jure matricis ecclesiæ.

Decernimus ergo ut nulli omnino hominum liceat prefatum monasterium temere perturbare, aut ejus possessiones auferre, vel ablatas retinere, minuere, seu quibuslibet molestiis fatigare. Sed ommia integra conserventur eorum, pro quorum sustentatione et gubernatione concessa sunt, usibus omnimodis profutura. Salva sedis apostolice auctoritate, et diocesanorum episcoporum canonica justitia.

Si qua igitur, in futurum, ecclesiastica secularisve persona hanc nostre constitutionis paginam sciens contra eam temere venire temptaverit, si secundo, tertiove commonita congrua satisfactione non correxerit, potestatis, honorisque sui dignitate careat, reamque se divino judicio existere de perpetrata iniquitate cognoscat, et a sacratissimo corpore ac sanguine Dei et Domini nostri Jhesu Christi aliena fiat, atque in extremo examine districte ultioni subjaceat. Cunctis autem eidem loco justa servantibus sit pax Domini nostri Jhesu Christi, quatenus et hic fructum bone actionis percipiant, et apud districtum judicem premia eterne pacis inveniant. Amen. Amen. Amen.

Ego Eugenius catholice ecclesie episcopus sucripsi ;

† Ego Albericus, Hostiensis episcopus, subscripsi ;

† Ego Hubaldus, presbiter cardinalis TT. S. Johannis et Pauli subscripsi ;

† Ego Julius, presbiter cardinallis TT. S. Marcelli subscripsi ;

† Ego Guido, presbiter cardinalis TT. Pastoris subscripsi ;

(1) Profondval, dans la commune de Mareuil, canton de Lanouaille (Dordogne.

(2) Sainte-Marie-de-Groges était près Brantôme, Dordogne.

† Ego Oddo diaconus cardinalis S. Georgii ad velum aureum subscripsi ;

† Ego Joannes Paparo diaconus cardinalis S. Adriani subscripsi ;

† Ego Gregorius S. Angeli diaconus cardinalis subscripsi ;

† Ego Iacintus, diaconus cardinalis S. Marie in Cosmydyn subscripsi (1).

Datum Altissiodori per manum Guidonis S. R. E. diaconi cardinalis et cancellarii, XVIII Kalendarum octobris, indictione X, Incarnationis Dominice MCXLVII, Pontificatus vero domni Eugenii tercii, pape, anno III (2).

CHAPITRE XVI

Quelques autres pièces données en faveur du monastère de Solemnac

Outre ces bulles des Souverains Pontifes nous trouvons encore quelques autres pièces fort authentiques données en faveur de ce monastère, entre lesquelles se trouve la confirmation des privilèges concédés à iceluy, et confirmés par un synode tenu à Soissons l'an 866, duquel, comme ainsi de la Bulle rapportée ci-dessus, l'original est conservé dans le trésor de l'abbaye, et il est bien croyable qu'il y en a d'autres qu'on laisse manger par la poussière (3). Mais d'autant que l'entrée en est permise aux étrangers et défendue aux vrais enfants pour lesquels ces privilèges ont été octroyés, il faut attendre que les affaires aient changé de face, et cependant produire ce que nous avons pu conserver à la postérité.

(1) L'auteur n'a pas transcrit ces signatures, mais elles se trouvent sur l'original conservé aux Archives de la Haute-Vienne, qui a été publiée par le R. P. Rigaudie dans le *Bulletin de la Société archéologique et historique du Limousin*, t. XXXIX, p. 639.

(2) On peut voir un autre privilège accordé par le pape Marin Ier au monastère de Solignac en 883 ; publié par M. Arbellot dans le même *Bulletin*, t. XXV, p. 27.

(3) Le trésor de l'abbaye de Solignac possédait, en effet, bien d'autres pièces intéressantes. Les suivantes qui en viennent, sont aujourd'hui conservées aux Archives de la Haute-Vienne :

1° Concession de privilèges par l'empereur Louis le Pieux à l'abbaye de Solignac, 817 ;

2° Concession de privilèges par Pepin II, roi d'Aquitaine, à l'abbaye de Solignac, 839 ;

CHAPITRE XVII

Privilèges concédés au monastère de Solemnac par un synode tenu à Soissons (1)

Cum ecclesiarum omnium prædia, bonorum hominum studiis et votis salubribus singula singulis titulis condonata privilegiis propriis egeant roboranda, tanto firmius a seculari cupiditate credimus esse et specialius præmunita, quanto majori ecclesiasticæ dignitatis, sæcularis que potentiæ, fuerint modis omnibus authoritate firmata. Igitur anno Incarnationis Domini nostri Jesu Christi D CCC LXVI. Indictione XIIII, regni autem Domini Karoli regis XXVI, dum apud urbem Suessionicam, jubente Nicolao urbis Romæ pontifice, magna synodus ex diversis Galliæ, Neustriæ, atque Aquitaniæ episcopis confluentibus, XV Kalendarum septembrium haberetur, ibique per concilia episcoporum, qui ex diversis regnorum partibus advenerant, ea quæ in ecclesiasticis ordinibus constare videbantur, subtiliter tractarentur, jussit magna synodus communi tractatu perquirere, qualiter omnis ordo ecclesiasticus in divinis cultibus ageretur, et quomodo actum ministraretur. Talibus ergo dum regia claritudo cum summi ordinis sacerdotibus invigilans deserviret, seseque ad exaltationem et reparationem in quibusdam membris ecclesiæ piis studiis mancipatus accengeret, venit quidam abbas venerabilis, Bernardus nomine, ex monasterio Solemniaco nuncupato, regiam

3° Confirmation de privilèges à l'abbaye de Solignac par Pepin II, roi d'Aquitaine, 848 ;

4° Concession d'immunités faite par l'empereur Charles le Chauve à l'abbaye de Solignac, 852 ;

5° Confirmation des privilèges de l'abbaye de Solignac par l'empereur Charles le Chauve, 852 ;

6° Lettres de sauvegarde accordées par l'empereur Charles le Chauve à l'abbaye de Solignac, 852 :

7° Concession de privilèges par les PP. du concile de Soissons à l'abbaye de Solignac, 866, qui fait le sujet du chapitre XVII ;

3° Concession de privilèges par le roi Eudes à l'abbaye de Solignac, 888.

(1) Concile de Soissons, 866. Aldo, évêque de Limoges, signe à ce concile. — Archives de la Haute-Vienne. (*Bull.*, XXXV, 70).

Ce privilège se trouve au t. III, p. 28, des *Conciles de France* et dans la *Collection des Conciles*, édition du Louvre, t. XXII, p. 847.

4

clementiam, et synodalem adiens pietatem, pro privilegiis ipsi
monasterio impretrandis, quibus sub tuitione regia atque apostolica
et sinodali deffensione perpetuo muniretur. Talia ergo dum sibi
suisque fratribus concedenda humiliter postularet, innotuit regiæ
dignitati, nostræque synodo residenti, qualiter vir venerabilis atque
Beatissimus Elegius Viromandensis ecclesiæ episcopus, amore
supernæ hereditatis accensus, cænobium ipsum in Lemovicino rure,
quod Solemniacus vocatur, in honore omnipotentis Dei, et veneratione Beatorum apostolorum Petri et Pauli, ac martyrum Dionisii
et sociorum ejus, Crispini atque Crispiniani, nec non et Pancratii,
seu et confessorum Martini, Hilarii, Medardi, Remigii, et Germani,
suo opere ædificare sategit, manachosque ibidem instituit, qui et divinam in eodem loco exercerent militiam, et pro Ecclesiæ statu super-
nam non cessarent implorare clementiam : Et quomodo per testa-
mentum firmissimum propria sanctissimaque manu sua, atque alio-
rum, qui in suo testamento releguntur, episcoporum sanctorum,
corroboravit devotissima atque promptissima voluntate, idem monasterium monachis in eodem degentibus, ac successoribus eorum in
venturis generationibus jure tradidit ecclesiastico; nec non et here-
ditario. Eo videlicet tenore, quatenus sub tuitione, atque quem
trito sermone mundeburdo vocant, Dagoberti regis, qui tunc temporis apicem regni tenebat, et successorum ejus, sine aliquo con-
tradictione, sine aliquorum hominum infestatione, in facultatibus
eorum viverent, et normam sancti Benedicti inviolabiliter tenerent :
Et quomodo Deo dilectus idem rex Dagobertus, cognitis viri sanctis-
simi ejusdem episcopi Elegii studiis, præfatum monasterium, cum
omnibus rebus juste et legaliter ad se pertinentibus, tam sui devotione quam etiam bonorum hominum collatione, per authoritatem
præcepti sui proprio abbati, atque monachis in eodem monasterio
degentibus, secundum mores prædecessorum suorum fidelium
regum, libentissime confirmavit. His igitur omnibus, abbatis venerabilis relatione Bernardi, regiæ potestati ac sinodali concilio
cognitis, obtinuit ipsius abbati devotissima ac veneranda precatio,
apud ejus synodique sublimem clementiam, ut nostra presenti atque
inviolabili innovatione, quoniam Nortmannorum crudelitate cras-
sante priora instrumenta incendio fuerant concremata, hujus præ-
dictæ firmitatis stabilitas muniretur. Residentibus ergo nobis apud
urbem superius memoratam, atque de reipublicæ utilitate hortan-
tibus, præmissi abbatis Bertrandi petitionem super innovandum
prædicto monasterio privilegium humili et digna suggestione acce-
pimus. Cujus piis petitionibus simul cum regia sublimi clementia
annuentes, hoc præsens privilegium in honore Dei omnipotentis, et
veneratione eorumdem sanctorum, adjecta regiæ præsidentiæ autho-

ritate decrevimus roborandum, et sicut sequentia manifestant subscriptione propria confirmandum. Quatenus hinc inde, et regali munificentia et authoritate episcopali convenienter munitum, præsentibus futurisque temporibus valeat inviolabiliter permanere illesum. Ea interposita obtestatione per virtutem sanctæ Curcis, et sanctorum ipso monasterio quiescentium, ut eumdem locum a tam sanctissimo viro constructum, nec sibi aliter nisi tutela deffensionis ac tuitionis reges usurparent, nec cuiquam clericorum canonici habitus aut laicorum (quod absit), eam attribuant. Sed sub tutela suæ deffensionis, cum proprio, ut dictum est, ex ipso monasterio et regulari abbate sibi retineant; monachos que in eodem loco degentes sub alis suæ protectionis quietos esse permittant, et Deo secundum authoritatem et regulam sancti Benedicti militare, et pro statu universalis Ecclesiæ enixius obsecrare concedant. Decedentibus quippe quibuscumque abbatibus successorem ex eodem loco sibi liceat eligere, et sibi regulariter instituere. Si quis vero, quod absit, hujus privilegii destructor, aut in ejus destructione fradulentus violator in posterum emerserit, salutem propriam negligens, aliorumque salutem persequens, regiæ magestatis reus existat, atque hujus concilii, quorum subscriptione roborantum videtur, vinculo anathematis, nisi hæc correxerit sustineat.

Vulfadus, et si indignus, gratia tamen Dei sanctæ metropolis Biturigensis ecclesiæ episcopus subscripsi.

Frotarius Burdigalensis ecclesiæ episcopus subscripsi.

Remigius Lucdunensis archiepiscopus subscripsi.

Hincmarus sanctæ metropolis ecclesiæ Rhemorum episcopus subscripsi.

Rothadus humilis Suessionensis ecclesiæ episcopus subscripsi.

Vuenilo sanctæ matris ecclesiæ Rothomagensis archiepiscopus.

Herardus Turonicæ metropolis archiepiscopus subscripsi.

Egil Senonensis ecclesiæ archiepiscopus subscripsi.

Æneas Parisiensis episcopus subscripsi.

Gislebertus humilis Carnutensis episcopus subscripsi.

Hildebrandus Sagensis ecclesiæ episcopus subscripsi.

Erkambertus gratia Dei Baiocacensis ecclesiæ episcopus subscripsi.

Fulchricus indignus episcopus Augustæ Tricorum subscripsi.

Odo Beluacensis ecclesiæ episcopus subscripsi.

Huntfredus humilis Morinensis ecclesiæ episcopus subscripsi.

Hilduinus Eliocensis episcopus sbscripsi.

Sigo indignus episcopus subscripsi.

Rainelmus Vermandensis ecclesiæ episcopus subscripsi.

Aldo Limovicæ sedis indignus episcopus subscripsi.

Hildegarius Meldensis ecclesiæ episcopus subscripsi.

Isaac sanctæ Lingonensis ecclesiæ episcopus subscripsi.

Erchenrans Catalaunensis ecclesiæ episcopus subscripsi.

Bernaldus Matiscensis sanctæ sedis episcopus subscripsi.

Liudo Heduensis episcopus subscripsi.

Hincmarus Laudunensis ecclesiæ episcopus subscripsi.

Rotbertus Cenomanicæ urbis episc. huic privilegio subscripsi.

Helias Æquoalisinorum episcopus consentiendo subscripsi.

Harduuinus Valarensis urbis ecclesiæ episcopus huic privilegio subscripsi.

Actardus Namnetensis episcopus huic decreti privilegio subscripsi.

Girbaldus Cavilonensis episcopus subscripsi.

. Joannes Camaracensis episcopus huic privilegio subscripsi.

Seginandus Constantinensis episcopus subscripsi (1).

Voyla la teneur de ce privilège donné à l'abbé Bernard, lequel est signé de trente-trois archevêques ou évêques, qui estoyent assemblés pour la célébration du concile.

Conformément à ce privilège et à des bulles ci-dessus rapportées, les religieux avoient la coustume d'élire leur abbé, et nous avons encore une escriture en parchemin de lettre fort ancienne et difficile à lire, donnée en faveur de ce monastère, par Charles le Chauve, portant privilège pour cela. Mais depuis longtemps ce pauvre monastère a tenu le rang des autres, ayant des abbés commendataires qui ne lui ont pas procuré de privilèges comme celui-cy dont il est fait mention dans nos escritures, mais qui l'ont rongé jusqu'aux os, tenant le plus beau de son revenu, sans lui rendre autre service que de le laisser ruiner. Mais d'autant que nous aurons sujet de déplorer ailleurs cette misère, passons à d'autres choses qui nous pourront apporter de la consolation, et voyons la fondation de ce monastère que nous avons promise ci-dessus, laquelle nous découvrira des choses très importantes.

CHAPITRE XVIII

Fundatio hujus monasterii

In nomine Patris et Filii et Spiritus Sancti. Ego Elegius, servus omnium servorum Christi, dominæ sacrosanctæ ecclesiæ, quam in

(1) L'auteur n'a pas transcrit ces signatures, mais elles se trouvent sur l'original conservé aux Archives de la Haute-Vienne et publie dans la *Collection des Conciles*, édition de Paris, dite du Louvre, tome XXII, page 847.

honorem sanctorum Petri et Pauli apostolorum, Pancratii, et Dionisii martyrum cum sociis suis, Martini, Medardi, Remigii, atque Germani confessorum, in suburbio Lemovicensi, in terra et fundo agri Solemniacensis, Deo authore, construxi, ubi et auspice Christo prœesse dignoscitur vir venerabilis Remaclius abbas cum reliquis fratribus.

Legumlatores de singulis quibusque rebus quid humana fragilitas custodiat expressius decreverunt; in concessionibus vero solam tantum dixerunt professionem sufficere. Ideoque et ego supplex vester considerans molem pecaminum meorum, ut merear ab ipso exui et a Domino sublevari, cedo vobis parva pro magnis, terrena pro cœlestibus, et temporalia pro æternis. Cessum esse volo ac de meo jure in vestro dominio transfundo, hoc est supradictum agrum Solemniacensem, qui mihi ex munificentia gloriosissimi ac piissimi Domini Dagoberti regis obvenit, cum ædificiis quæ in ipso agro vel intra muros supradictæ civitatis esse noscuntur, cum omnibus adjacentiis, cum mancipiis fidelibus, coloniis, originariis inquilinis ac servis vel accoloniis ibidem commorantibus. cum dominiis, vineis, pratis, pascuis, silvis, arboribus pomiferis seu impomiferis, aquis, aquarumve ductibus, itibus ac reditibus, cum speliebus, vel omnibus rebus mobilibus vel immobilibus, cum omni termino et integro suo statu, cum quadrupedibus omnibus et jumentis, vel pecoribus, cum omni supellectili, et præsidio inexquisitæ domûs, sicut à me usque nunc possidetur, vel quidquid ad ipsos agros pertinere videtur, ut superius sum professus; meo exinde subtracto dominio, vestræ dominationi de presenti cedo perpetualiter in Dei nomine a vobis vel vestris successoribus in jam dicto monasterio habitantibus, possidenda, exceptis libertis meis quibus per cartulam dignarum manum misi, ut in ingenuitate integra maneant, et vestram tuitionem vel deffensionem in omnibus habeant. Ea tamen conditione interposita, ut vos vel successores vestri, tramitem religionis sanctissimorum virorum Luxoviensis monasterii consequamini, et regulam beatissimorum patrum Benedicti et Colombani firmiter teneatis. Et nullam potestatem, nullumque jus episcopus, vel quœlibet alia persona in præfato monasterio, neque in rebus, neque in personnis nisi tantum gloriosissimus princeps penitus sit habiturus. Si quis sane (quod fieri non credo), contra hoc cessionis meæ munusculum (quod pro felicitate regum et animæ meæ remedio, et pro exoranda populi pace, et pro servorum Dei quiete, omnipotenti obtuli Deo), dolose seu propria voluntate, aut cujusvis gentis imperio cessante dolo venire, aut in aliquo refragator esse tentaverit, vel repletus spiritu mmundo qui christianorum semper conatur convellere facta, consilium dederit, aut adminiculum præbuerit, vel quodcumque solatium præstare nisus fuerit, aut hæc devotionis meæ oblatio in aliquo (quod divina potentia non permiteat) corrumpatur : Veniat super eum ira Dei omnipotentis, et sicut Datan et Abiron vivens in infernum descendat, deleatur de libro viventium, et cum justis non scribatur, sit que super eum peccator, et diabolus stet a dextris ejus; cum judicatur exeat condemnatus, et oratio ejus fiat in peccatum : Fiant dies ejus pauci, et dignitatem ejus accipiat alter; fiant filii ejus orphani et uxor ejus vidua; commoti amoveantur filii ejus, et mendicent et ejiciantur de habitationibus suis; scrutetur fœnerator omnem substantiam ejus, et diripiat omnes labores ejus; non sit illi adjutor, nec sit qui misereatur pupillis ejus; fiant nati ejus in exterminio, in una generatione deleatur nomen ejus in conspectu Domini, et peccatum matris ejus non deleatur; fiat contra Dominum semper et dispereat de terra memoria ipsius : Et insuper inserat fisci juribus auri libras decem et argenti pondo vigenti, stante nihilominus in perpetuum hujus cessionis meæ decreto. Te vero, clementissime princeps, per regem regum exorare præsumo, qui omnia regna suo pugillo constringit, ut hanc voluntatis meæ cessionem numquam patiaris in aliquo refragari. Simili modo te, Beatissime Pater Remacle abba, tuos que successores vel subjectos postulo, per individuæ Trinitatis majestatem obtestor, et per illam innumerabilem omnium sanctorum, angelorum, archangelorum, patriarcharum, prophetarum, apostolorum, martyrum, et confessorum catervam exoro, ut regulam supradictorum patrum quam in sæpe memorato monasterio Luxoviensi tenent, omni custodiæ teneatis, et vigilias, atque observationes ad placandam iram furoris Domini assidue impendatis. Quod si aliqua tepiditate faciente, seu subjectorum tumore impediente, a te vel a successoribus tuis sæpe memorata regula fuerit dempta, aut in aliquo prætermissa, et ferventer pro Dei timore a vobis non fuerit adimpleta, licentiam habeat Luxoviensis abbas, qui tunc temporis fuerit, et ex quorum regula tu nobis complacens, in hoc monasterio aliis es prælatus, negligentem quem videris seu abbatem, seu subjectum de hoc monasterio quod constitui, benigno animo castigare, ut continuo correctus talis inveniatur qui pro felicitate et gloria principis, et absolutione scelerum meorum, Domini indesinenter valeat exorare misericordiam. Sic tamen ut nulla diminutio in rebus vel facultate ipsa præter quod supra habetur insertum, a sæpe memorato abbate Luxoviense, ullo unquam tempore inferatur. Et quia, ut superius sum pollicitus, munuscula ipsa ex largitate christianissimi et piissimi Dagoberti regis videor habere et possidere, ideo ut perpetuum in Dei nomine ipsa cessionis meæ epistola sortiatur effectum, præfato principi obtuli confirmandam; cujus et de præsenti sacratissima manu sua roboratam promulgavit authoritatem. In qua cessionis meæ cartula, stipulatione et sponsione subnixa, infra manu propria subscripta, in testimonium suscribi de presenti rogavi. Facta cessio sub die duodecima calendas decembris, anno decimo regni gloriosissimi domini nostri Dagoberti regis feliciter; In Christi nomine Elegius servus servorum Dei cessionem a me factam relegi et subscripsi : ✝ Elegius (1).

In Dei nomine ego Adeodatus episcopus (2) rogante homine Dei, filio meo domino Elegio, hanc cessionem subscripsi. In christi nomine Medegisolus episcopus (3) subscripsi. Canoaldus episcopus (4) rogatus ab Elegio hanc cessionem cum sua cartula subscripsi. Maurinus episcopus (5) rogatus ab Elegio hanc cessionem cum sua cartula subscripsi. Deotemis (6) peccator rogatus a supradicto Elegio subscripsi. Galæpius (7) peccator rogatus a suprascripto subscripsi. In Christi nomine Lupus, ac si indignus episcopus (8) rogatus hanc epistolam subscripsi. Ildegarius (9) peccator subscripsi. Arogetualis Elegio pro testimonio subscripsi. Craunolinus pro testimonio suscripsi. Agoricius pro testimonio suscripsi. Cronovaldus suscripsi. Agorichius hanc epistolam suscripsi. ..... Childerannio seu Baso rogatus a supradicto fratre meo Elegio suscripsi. Ansoaldus subscripsi. Dado (10) rogatus a supradicto suscripsi. Rado rogatus a supradicto suscripsi. Probobertus (11) suscripsi. Raso suscripsi. Babo rogatus pro testimonio suscripsi. Vincentius minimus omnium levitarum Christi rogatus a filio Elegio hanc cessionis cartulam scripsi et subscripsi.

Cette escriture a été prise d'une copie tirée sur l'original, lequel se garde encore au trésor de l'abbaye, signé de la propre main de saint Eloi, et plusieurs autres pièces fort autentiques, dont en voici une autre dont nous avons l'original.

(1) La signature de saint Eloi se fait remarquer au milieu de toutes les autres, qui sont, ainsi que l'écriture de ce temps-là, souvent indéchiffrables. C'est la signature d'un artiste, il y a du dessin, elle est très nette et se lit à première vue.

(2) Evêque de Màcon.
(3) Evêque de Tours.
(4) Evêque de Laon.
(5) Evêque de Beauvais.
(6) D'autres ont lu Deotomius et Deoremus.
(7) Probablement évêque de Nantes.
(8) Evêque de Limoges.
(9) Evêque de Sens.
(10) Evêque de Saint-Ouen.
(11) Rodobert, qui fut depuis évêque de Paris.

CHAPITRE XIX

Privilegium Caroli Calvi monachis Solemniacensibus ad eligendum abbatem

In nominem sanctæ et individuæ Trinitatis, Carolus gratia Dei rex. Si enim servorum Dei utilitatibus providemus et in quibuscumque necessitatibus secundum ecclesiasticam authoritatem auxilium nostrum porrigimus, regiæ celsitudinis opera frequentamus, ac per hoc facilius nos æternæ beatitudinis gloriam adepturos omnino confidimus. Itaque notum sit omnibus sicut Ecclesiæ Dei fidelibus, et nostris præsentibus atque futuris, quia divina inspiratione regimen commissum cum fidelibus nostris exercentes, inter cætera vidimus in causa monasterii sub honore sancti Petri apostolorum principis, quod dicitur Solemniacum, fundati, et ex multis retroactis temporibus ordine monastico exculti. Unde et ratum fore judicari statuimus illud, authoritatem domni et genitoris nostri augusti Ludovici et prædecessorum ejus regum Francorum imitantes, ejusdem ordinis cultu, perpetua religione haberi. Quapropter ad admonitionem venerandi pontificis Stodoli (1), cujus diæcesis idem locus esse dignoscitur, atque ad petitionem servorum Dei in eodem loco laudabiliter ei servientium, idem ipsum monasterium, religioso viro Sylvio secundum institutionem gloriosissimi Patris Benedicti gubernandum atque ordinandum abbatis officio commissimus et commendamus. Unde etiam authoritatis nostræ præceptum fieri, illique dari jussimus, per quod idem sepedictum monasterium, cum omnibus sibi juste regulariterque rebus pertinentibus, sub nostræ tuitionis mundeburdo et deffensionis munimine suscepisse ac retinere cunctis notum esse volumus ; videlicet ut nostris et futuris temporibus, veluti præsignatum est, secundum regulam sancti Benedicti, abbatis proprii rationabili dispositione, monastico ordine habeatur, et excolatur : nullique liceat aliquando alterius regiminis agendum illud aliquo modo committere ; sed perennis temporibus, præmissa relligione regularis ordinis, sub gubernatione abbatis disponatur atque ordinetur. Permittimus etiam ut nulla dona, nullæque paratæ, vel aliqua exactio exinde requiratur, sed pro statu totius regni, et nostra in Christo sublimatione libentissime exorare queant. Si enim nostri

(1) Stodilus, évêque de Limoges, mort en 861.

adventus aut successorum nostrorum regum illic contigerit causa orationis evenire, non pro debita seu consuetudinaria reddibitione, sed pro benedictione tantum sanctæ communionis eulogiæ, suscipiatur, prout possibilitas sese contulerit, secundum opportunitatis qualitatem offerantur. Quandocumque vero superna vocatione ejusdem sacri loci abbas mignaverit, monachi ex eodem loco secundum canonicam et imprevaricabilem authoritatem, domino dispensante, licentiam habeant juxta nostrum assensum et successorum nostrarum ex sese eligendi abbatem : Nullusque conetur, cujuslibet compretii aut necessitatis gratiâ, hanc nostram constitutionem movere, aut in aliud, præterquam firmamus, jus invertere aut retorquere : sed Christo propitio ejusdem plerumque dicti loci monachi, et abbatem habentes, et monasticum ordinem excolentes, sine cujuspiam impedimento divinam misericordiam pro nobis, et omnis populi chistiani salute continuis precibus per omnia tempora implorent, Et ut hœc sublimitatis nostræ concessio meliorem semper in Dei nomine obtineat firmitatem, manu nostra eam subterfirmamus, et de annulo nostro sigillari jussimus.

Signatum KAROLUS gloriosissimus rex

Data quarto Kal. januarias. Indict. XV, anno 12 regnante Karolo gloriosissimo rege. Actum in monasterio sancti Dionisii in Dei nomine feliciter (1).

CHAPITRE XX

Des abbés et autres personnes illustres du monastère de Solemnac

De ce que nous avons appris ci-dessus des paroles de saint Ouen touchant la grande observance qui étoit dans ce monastère, nous pouvons tirer une conséquence indubitable, qu'il y a eu de grands personnages et des grands serviteurs de Dieu en ce monastère, car la règle de notre saint législateur étoit si sainte et si parfaite selon le témoignage de tous les auteurs qui en ont parlé, il ne se peut faire qu'estant bien gardée, elle ne produise des saints et des parfaits.

(1) Cette charte a été publiée dans le *Recueil des historiens des Gaules et de la France*, par Dom Martin Bouquet, tome VIII, page 519 de l'édition Léopold Delisle. On en trouve d'autre pour Solignac dans le même *Recueil* aux années 839 (page 353), 848 (page 362), 865 (page 596), 872 (page 641), 876 (page 653).

Or ayant esté observée en ce monastère au plus haut point de sa perfection et avec plus d'observance qu'en aucun monastère de France, et longtemps et par un grand nombre de religieux, il faut qu'il aye produit durant plusieurs siècles des personnes éminentes en vertu et en sainteté. Mais quelles sont-elles ?

C'est ce qui seroit grandement à souhaiter que nous sussions afin de nous animer par leur exemple à faire comme elles ont fait. Mais cela est demeuré en oubli, aussi ne s'en soucioyent-elles pas beaucoup, car leur intention n'étoit pas de paraître et de se faire admirer, mais d'entretenir Dieu au fond de leur cœur, menant une vis cachée, basse aux yeux des hommes, mais glorieuse et admirable aux yeux de Dieu et de ses anges. C'est pourquoi laissant un grand nombre de ces saints personnages qui ne sont connus que de Dieu, lequel selon la promesse qu'il en a faite a essuyé de leurs yeux les pleurs et les larmes dont ils ont arrosé autrefois les coins les plus cachés de ce monastère, et les a comblés de joie et de félicité dans le paradis. Je me contenterai d'en rapporter quelques-uns seulement qui sont venus à notre connaissance, la longueur du temps n'ayant pu faire perdre l'éclat de leurs actions vertueuses et saintes qu'elles n'ayent paru jusqu'à nos jours.

CHAPITRE XXI

Saint Eloy

Or celui qui mérite de tenir la première place entre tous ceux là, c'est le grand saint Eloy (que tous nos anciens livres nomment Elegius, et non Eligius comme on écrit à présent) notre fondateur. Car encore bien que le R. P. D. Anthoyne Yepis nie qu'il aye porté l'habit de Saint-Benoit, fondé sur ce que nous avons rapporté cy dessus de saint Ouen, qui dit que saint Eloi désiroit se retirer en ce monastère si la divine providence n'en eût disposé autrement. Néanmoins il y en a plusieurs qui tiennent le contraire, et depuis peu un auteur a promis de le faire voir plus clair que le jour, quand il mettra en lumière les vies des saints de nostre ordre, et je crois conformément à la vérité, car ce que dit saint Ouen se peut entendre que saint Eloy étant évêque, il désiroit, comme faisoient plusieurs autres, se décharger de son évêché pour venir achever le reste de ses jours en repos dans ce monastère où il avoit vécu auparavant que d'être évêque. Et pour un passage de saint Ouen on en pourroit alléguer plusieurs qui témoignent le contraire. Nous en remarquerons un bien exprès dans la vie de saint Rémacle.

Mais quoiqu'il en soit c'est une chose indubitable que le grand saint Eloy a vécu longtemps dans ce monastère, suivant les exercices des religieux et menant une vie conforme à l'institut monastique, qu'il a dilaté autant qu'il a pu, fondant divers monastères. Et comme auparavant qu'il eut fondé celui-ci de Solemnac il se retiroit à Luxueil à cause de la grande perfection des religieux qui y vivoient, ainsi après la fondation de ce monastère, il conversoit d'ordinaire avec les religieux avec l'affection et humilité que disoit saint Ouen. Car sitôt qu'il étoit entré dedans et avoit passé le seuil de la porte, vous lui voyez baisser la voix, porter les yeux à terre, courber la tête et tout le corps par respect, marcher parmi les religieux avec une grande reverence et soubmission, leur faisant à tous une profonde reverence jusqu'à terre : toutes ces choses et autres semblables étoient pratiquées par saint Eloy conformement à la regle de saint Benoit, laquelle il avoit prise pour niveau de toute sa vie, de laquelle il avoit puisé toutes ces saintes pratiques et autres qui sont rapportées en sa vie, ainsi que j'ai dit ailleurs.

CHAPITRE XXII

La vie de saint Rémacle abbé de Solemnac, et évêque de Liège

Le second qui a honoré ce monastère est saint Remacle, premier abbé d'iceluy, établi par saint Eloy, et puis, pour ses grands mérites, évêque de Liège. Il naquit en Aquitaine de parents nobles et riches selon le monde. Son père s'appeloit Albuesius et sa mère Matrinia. Ils donnèrent de grandes possessions à ce monastère. Il fut nourri et élevé selon la grandeur de leur maison. Ses parents voyant le bon naturel de leur enfant, porté à la vertu, ils le donnèrent à saint Eloy pour estre nourri et élevé dans son monastère de Solemnac qu'il avoit fondé. Saint Remacle profita tellement par les bons enseignements de ses maîtres, et la vertu divine prit un tel accroissement dans son âme que c'étoit un vrai exemplaire de la conversation(1) religieuse, car il passoit souvent les nuits entières sans dor-

_____

(1) Le mot *conversation* est employé ici par Dom Laurent Dumas dans un sens particulier. A l'époque ou il écrivait, ce terme signifiait « l'ensemble des relations domestiques et sociales » et mêmes religieuses. Il est en rapport avec ce texte de saint Paul : *Nostra conversatio in cœlis est* (Epist, Philip. III).

mir, s'adonnant à l'oraison et méditation continuelle. Il étoit admirable en l'abstinence et en toutes les autres vertus. Enfin saint Eloy (voyez si par ces paroles saint Eloy n'étoit pas abbé de ce monastère) se déchargeoit sur lui entièrement de l'administration et gouvernement de ses religieux, estant contraint de demeurer souvent en cour et service du roi. La vie de saint Remacle étant telle, sa renommée se répendit incontinant par toute la France, et parvint jusqu'aux oreilles des grands dignitaires de la cour qui jugèrent à propos de le mettre sur le chandelier, n'étant pas raisonnable qu'il demeurât davantage caché, afinque par ses conseils et prudence il servit à gouverner le royaume. Sous espérance donc qu'on avoit qu'il seroit la consolation de plusieurs, on le fit sortir du monastère. En quoi certes on ne fut pas trompé, car il n'eut pas plutôt paru en public, qu'un chacun le jugeoit digne d'être évêque, tant à cause de sa doctrine que sainteté de vie, si bien que ce furent les degrés par lesquels il monta à l'évêché de Liège ou d'Utrech, et étant constitué à cette souveraine dignité il commença à communiquer aux autres ce qu'il avoit gardé pour soi, prechant à son peuple et lui enseignant le chemin du salut. Mais qui pourroit raconter ce que saint Remacle fit estant évêque. Il avoit grand soin des pauvres et des orphelins, pourvoyant à leurs nécessités, en sorte qu'il estoit le père des orphelins, la douce consolation des malades, et le pourvoyeur général à toute sorte de nécessiteux. Mais la vertu qui reluisoit le plus en lui c'était l'humilité. Car il s'estimoit inférieur à tous et vouloit être ainsi réputé de toute sorte de personnes. En un mot il faisoit en tout et partout l'office d'un bon pasteur, se disposant de rendre bon compte des âmes qui lui avoient été données en charge, et faisant son possible pour leur faire prendre le droit chemin du ciel. Il étoit fort aimé et cheri de ses sujets, ayant la face et le visage d'un ange ; doux et agréable, en sorte que sa condition sembloit céleste. Il fut doué de l'esprit de prophetie, car il sut par révélation divine tous les bons desseins qu'avoit conçus le bienheureux saint Tron ou Trudon, de bâtir un monastère et s'y consacrer à Dieu, s'il lui faisoit la grâce de lui donner l'intelligence de l'Ecriture Sainte ; auquel un ange apparut, lui commandant d'aller trouver saint Remacle, lequel le conduiroit en tous ses desseins et intentions. Saint Trudon s'estant mis incontinent en chemin, saint Remacle en eut révélation et commanda à ses domestiques d'aller au devant du serviteur de Dieu qui le venoit visiter, de le recevoir avec tout respect, et le lui amener. Dès que saint Remacle le vit, il se leva promptement, l'alla embrasser, pleurant amerement de joie et de contentement. Et l'enfant Trudon voulant se mettre à genoux, il le releva aussitôt disant : Que soyez-vous à

jamais beni Mon Seigneur Jesus, la gloire, la louange et la joie
des amis saincts, que vous avez voulu aujourd'hui consoler de la
visite de votre serviteur. Puis se tournant vers l'enfant Trudon : Et
vous, mon fils, lui dit-il, soyez-vous béni du Très Haut qui vous a ici
conduit, veuille-t-il accomplir tous vos bons désirs et mettre en exécution votre bonne volonté. Sachez mon fils, que dès cette heure
vous me serez uni par le lien de la parfaite charité, et moi je feroi
en votre endroit l'office de père, car Dieu m'a révélé tout ce que
vous avez dans votre cœur, et je vous enseigneroi tout ce que vous
devez faire. Je sais que vous avez désir de bâtir une église et vous
y consacrer au service de Dieu, c'est à l'honneur de saint Etienne
que vous devez la faire bâtir, et ce sera là que vous apprendrez
parfaitement les saintes écritures, et jouirez de l'accomplissement
de vos désirs. Puis l'ayant embrassé il prit congé de lui, donnant
charge à ses serviteurs de le conduire avec grande révérence. Mais
ils commencèrent par ensemble de se moquer de cette action de
saint Remacle, de ce qu'il avoit ainsi caressé un pauvre enfant si
mal vêtu. De quoi le saint eut encore révélation, et leur manda de
faire penitence de cette faute, qu'il ne falloit pas tant considerer
l'exterieur que l'interieur des personnes, et ayant reconnu leur
faute, lui en demandèrent pardon disant l'avoir fait par ignorance.
Il leur pardonna, les avertissant de prendre garde de ne plus retom-
ber en semblables faits. Outre saint Trudon duquel il est ici fait
mention, il eut d'autres disciples fort éminents en sainteté, comme
saint Adelin (1), et les deux excellents martyrs saint Théodat et saint
Lambert,

En ce temps le roi Sigebert fondoit divers monastères, entre
autres il en bâtit un près la rivière Sesmau (2) qu'il dedia à saint
Pierre et à saint Paul, et voulut que saint Remacle fut conducteur
des moines qu'il avoit mis dedans. Lequel accepta volontiers cette
charge pour le plaisir et contentement qu'il prenoit de converser
avec personnes religieuses, et pour avoir la commodité de se retirer
quelquefois à la solitude, et pour cette fin il fit caver dans une

(1) Il existe une *Vie de saint Hadelin*, imprimée récemment à Liège,
d'après l'édition de 1788, où il est dit que ce saint, originaire de la Guyenne,
entra fort jeune au monastère de Solignac, devint le disciple préféré de
saint Remacle, le suivit plus tard à Maëstricht, puis à Stavelo, et se retira
enfin dans une solitude à Visé près de Dinan. Le culte de saint Hadelin
est fort populaire dans la région de la Meuse, et ses restes conservés à
Visé sont déposés dans une fort belle châsse.

(2) Semoy, affluent de la Meuse, qui a son confluent en amont de
Maestricht.

roche une chambrette là auprès où il se retiroit, s'occupant en
icelle en singulières devotions, jeunes, veilles et autres penitences,
par lesquelles il débilitoit son corps, et le rendoit sujet à l'esprit.
Mais au bout de quelque temps il laissa ce monastère, voyant qu'il
avoit pour voisins plusieurs séculiers puissants selon le monde, qui
empêchoient l'augmentation et accroissement d'icelui, et connaissant l'affection que le roi avoit de fonder nouveaux monastères, il
l'alla trouver et lui représenta les commodités qui se rencontroient
en la foret d'Ardennes pour satisfaire à son désir, et que le lieu
était très propre à cause de son apreté et tel qu'on pouvoit désirer. A peine avoit-il ouvert la bouche que le roi lui donna charge
d'exécuter cet avis qu'il lui donnoit, et de faire défricher le lieu
qu'il verroit le plus commode, lui promettant de l'assister en tout
ce dont il auroit besoin, tant pour la fabrique, que pour l'entretien
des religieux. Et désirant faire une œuvre royale et stable, il prit
conseil des seigneurs de son royaume, et tous d'un commun consentement furent d'avis que ce que le roi avoit promis à saint
Remacle s'exécutât. Entre tous les princes du royaume celui qui
affectionna plus cette œuvre fut Grimoald, maire du palais d'Austrasie, fils du duc Pepin et frère de sainte Gertrude, qui fit de si
grandes donations aux monastères de saint Remacle que quelques
uns ont cru qu'il en étoit le principal fondateur.

Saint Remacle donc se voyant favorisé du roi et des seigneurs du
royaume, alla lui même choisir le lieu et place du monastèse qu'il
avoit déjà projeté, et entre ses montaignes, forets et bois il
trouva un ruisseau appelé Uberguine (?), auprès duquel il y avoit
une plaine suffisante pour un grand edifice, où jadis il y avoit eu
un temple de la déesse Diane. Saint Remacle considérant bien ce
lieu embelli de fontaine, prairies, arbres et rivières pour pêcher,
il le choisit et jeta les fondements de ce monastère bien proche de
la rivière. Il l'appela Malmondaire, pour avoir été jadis un lieu con-
sacré aux idoles. Estant la fabrique déjà fort avancée il s'avisa d'un
inconvenient, à savoir qu'il l'avoit bâti es limites de l'archevêche
de Coloigne, et voyant qu'il n'y avoit point de remède, il fit continuer l'œuvre, et chercha par ces forets un autre lieu beaucoup
plus beau et commode que le précédent, afin que plus commodément d'iceluy il put visiter ses brebis. Il en trouva un dans une
vallée plaisante, agréable et remplie de paturages où divers animaux se venoient gîter, et pour ce appelée Stabulense. En ce lieu
donc saint Remacle fonda un second monastère fort grand et capable de recevoir un grand nombre de religieux. Il fut une des meil-
leures abbayes d'Austrasie, non seulement en somptuosité d'édifice,
mais en observance régulière, qui fut si étroite en lui, qu'on voyoit

en mesme temps la pauvreté volontaire, l'obeissance, le service du chant, la perpetuelle contemplation et l'exercice de toutes les vertus. Cette abbaye fut une des imperiales, et une de celles qui furent universite et écoles publiques. C'est pourquoi il en est sorti de grands personnages comme on pourra voir au second tome des chroniques générales de l'ordre.

La fabrique des deux monastères estant achevée, le roi fit consacrer les églises d'iceux, et les dédia à saint Pierre, saint Paul et saint Martin. Et la solennité achevée, Grimoald, maire du palais, mit entre les mains de saint Remacle, par commandement du roi, la libre administration d'iceux, afin que comme prélat il gouvernat le spirituel d'iceux, et administrat les rentes et possessions que le roi et lui avoient données pour l'entretien des religieux, et service de Dieu.

Or, comme saint Remacle s'étoit toujours nourri parmi des religieux, il étoit fort ami d'une vie retirée et de la solitude. Il ne désiroit autre chose que de pouvoir jouir à son aise des ambrassements de la belle Rachel, qu'il avoit commencé à gouter étant religieux et abbé du monastère de Solemnac, et partant il se résolut de se décharger du fardeau de son évêché, et de se retirer en un de ses monastères monumentalement édifiés. De quoi ses sujets témoignèrent un grand ressentiment, et firent leur possible par remontrances et supplications pour l'en empêcher. Car ils craignoient une perpetuelle ignominie, voyant que leur évêque les laissoit, et qu'il aimait mieux s'enfermer en un monastère que d'être pasteur de telles brebis; mais ce fut en vain. Néanmoins, pour les consoler, il leur dit qu'il leur feroit bailler un prélat, lequel pouvoit bien remplir ce siège. Et de fait, il exigea que saint Theodart, son disciple, religieux de l'abbaye de Stavelo, fut subrogé en sa place, et du consentement du roi et des seigneurs d'Austrasie, il se retira au monastère de Stavelo, où il mena une vie plus celeste que humaine, renouvelant les plaisirs de sa jeunesse et première vie, comme l'aigle, et recouvrant nouvelles forces, pour s'exercer en toute sorte de penitences en sa vieillesse, comme s'il eut été un jeune homme robuste. Cet exemple fut de telle efficacité que plusieurs personnes de tous âge et qualité laissoient leurs richesses, honneurs et plaisirs pour imiter ce saint prélat, tellement que dans peu de temps ces deux monastères se remplirent d'un grand nombre de religieux, et par mesme moyen s'enrichirent, et particulièrement celui de Stavelo, lequel peu à peu assujetit à soi l'abbaye de Malmundaire.

Les personnes devotes firent diverses donations à saint Remacle, et sur tous le roi Sigebert et Grimoald, et d'une seule qu'il lui fit, en peut juger des autres. Notgier, un des plus doctes hommes de son temps, qui a décrit la vie de saint Remacle, la rapporte en cette sorte : A mesure, dit-il, que l'observance de cette maison croissoit, les rentes aussi y croissoient. Or, comme le roi Sigebert vit la grande ferveur des religieux au service divin, il fit appeler saint Remacle. Et outre ce que premièrement il avoit donné, et de ce qu'il tenoit par l'illustre seigneur Grimoald, de quoi s'étoient entretenus ceux qui vivoient au monastère, il permit à saint Remacle, du consentement des évêques et seigneurs, afin que les religieux vécussent d'ores en avant en plus grand repos, et sans trouble des voisins, de marquer douze lieues à l'environ des dits monastères, es limites desquelles il ne fut loisible à personne de traverser, sauf les serviteurs du monastère. Saint Remacle reçut volontiers la susdite donation, confirmée en forme de testament, et scellée du sceau royal, et la garda avec grand honneur. C'est une chose digne d'admiration que tant plus que les rentes du monastère s'étendoient, tant plus l'observance et rigueur monastiques étoient en vigueur. Ces rentes et richesses ne servoient pas, afin qu'il y eut plus de liberté et d'abondance dans ce monastère, et que les religieux fussent traités plus délicatement, mais afin qu'il y eut un plus grand nombre de religieux pour louer Dieu, et que les religieux eussent soin de secourir et nourrir les pauvres des environs.

On peut remarquer la grande observance qui florissoit en ce monastère, par ce qui arriva à saint Lambert, évêque et martyr, lequel chassé de son évêché s'étoit retiré au monastère de Saint-Remacle, où il avoit été religieux. Un jour, comme il se levoit avant les autres pour aller prier Dieu et vaquer à l'oraison en attendant qu'on sonnat matines, passant par le dortoir, pieds nus, tenant ses souliers à la main, un lui tomba des mains et fit un tel bruit qu'il éveilla les religieux. Or, l'abbé estimant cela une grande faute, commanda que celui qui avoit fait ce bruit s'alla crucifier à la croix, qui étoit une croix de pierre, posée au milieu de la basse cour du cloître, aux troys clous où les religieux étoient envoyés faire penitence lorsqu'ils commettoient quelques fautes. Ce fut où saint Lambert fut trouvé après matines, tout transi de froid, mais son âme tout enflammée en l'amour de Dieu. On l'appela de la part de l'abbé, et aussitôt il descendit et suivit. L'abbé tout honteux de ce qu'il avoit fait se prosterna à ses pieds, car il ne croyoit pas que ce fut lui qui eut fait le bruit. Mais le saint tant s'en faut qu'il se ressentit de cette injure, qu'au contraire il pria l'abbé de lui pardonner la faute qu'il avoit commise, en interrompant le repos des frères et qu'il avoit bien mérité une telle punition.

Véritablement je ne sais qu'est-ce qu'on doit plus admirer en cecy, ou l'humilité et patience de saint Lambert, ou la grande observance de ce monastère, car l'un et l'autre est digne d'une grande admiration. Si on punissoit une chose qui nous paroit si légère, et dont à présent on ne feroit pas grand cas, que faisoit-on des choses de plus grande conséquence ; mais pour empêcher qu'on ne tombât en celles-cy, on punissoit avec grande sévérité les plus légères. C'est pourquoi il ne faut pas s'étonner si le ciel et la terre versoient tant de bénédictions sur ces monastères, et s'ils ont produit tant de saints, puisque Dieu y étoit si fidèlement servi. C'étoit notre saint Remacle qui y avoit établi ces saintes observances, auxquelles il s'est exercé durant toute sa vie, lequel enfin notre Seigneur appela à la gloire après une longue vieillesse pleine de mérites. Il fut fort regretté de ses religieux qui l'aimoient tendrement, et l'ensevelirent dans la chapelle de Saint-Martin qu'il avoit fait bâtir pour son enterrement. Notre Seigneur montra par plusieurs miracles que sa vie lui avoit été agréable, en faisant un grand nombre par ses mérites, comme on pourra le voir dans Notger qui en a composé un livre entier et un autre des religieux de son monastère. Surius les a abrégés au troisième de septembre, qui est le jour de son glorieux décès, auquel nous célébrons sa fête. Il est fait mention de lui dans le martyrologe bénédictin. Nos prédécesseurs célébroient sa fête fort solennellement, et avec octave.

Du temps de Maurice, abbé de Solemnac, fut renouvelée et confirmée l'union qu'il y avoit entre ces deux monastères de Saint-Remacle et de Solemnac. Ce fut l'an mil deux cent trente huit ; et quelques années après, pour rendre cette société plus stable, à la demande des religieux de Solemnac, ils leur envoyèrent quelques reliques du saint, savoir de la chasuble avec laquelle il fut enseveli, de son bâton pastoral et de ses sandales, avec promesse de leur envoyer une partie notable quand on mettroit son saint corps dans une chasse magnifique qu'ils lui avoient préparée. Ce qui fut fait l'an mil deux cent quarante huit, qu'ils envoyèrent un bras de leur glorieux patron, avec une lettre remplie d'affection envers le monastère de Solemnac. La vie de saint Remacle a été tirée du second tome des Chroniques générales de l'ordre de saint Benoit, et d'un bréviaire manuscrit qui se garde au monastère de Solemnac, lequel a eu le bonheur d'avoir nourri et élevé un si grand saint.

CHAPITRE XXIII

La vie de saint Teau, religieux de Solemnac

Le troisième qui doit tenir rang entre les célèbres enfants de ce monastère, est le glorieux saint Teau, que quelques-uns nomment abbé, mais néanmoins je n'ai trouvé aucun des anciens mémoires qui lui donnat ce titre, mais simplement il est appelé moine et confesseur. Or, d'autant que sa vie est remplie de très salutaires instructions, principalement pour les religieux, j'en ai voulu faire ici un petit abrégé.

Saint Teau étoit Saxon de nation. Ses parents étoient nobles, mais payens. Etant encore jeune, il fut fait esclave et vendu comme un autre Joseph, puis conduit en France par une particulière providence de Dieu, qui vouloit par ce moyen le retirer du paganisme, et en faire un grand saint qui éclaira les autres par la sainteté de sa vie. Entre les vertus qui reluisoient en saint Eloy, qui pour lors étoit au monde, l'échauffant par sa vie toute sainte et admirable, l'aumone sembloit tenir le premier lieu, laquelle il exerçoit envers les pauvres misérables, mais particulièrement envers les Saxons baptisés, qui étoient enlevés de leur patrie comme troupeaux. C'étoit en la rédemption de ces pauvres misérables que reluisoit la charité de saint Eloi, car il y étoit si affectionné qu'il n'épargnoit même jusqu'à ses propres habits d'or et de soye, et ce qui est plus admirable, jusque à ses souliers et à son vivre pour les racheter. Or, un de ceux qui furent rachetés par saint Eloy fut notre saint Teau ; lequel ayant reconnu d'un bel esprit et auquel il paraissoit quelque chose de particulier, il le prit en singulière affection, et l'envoya en son monastère de Solemnac qu'il avoit fondé, duquel saint Remacle était abbé, afin que sous un si bon maître il put apprendre la piété et les lettres.

Saint Remacle, pour la recommandation particulière que lui avoit faite saint Eloy, eut un grand soin de saint Teau, et l'ayant suffisamment instruit en l'un et en l'autre, et donné de salutaires avertissements, le renvoya à saint Eloy, afin qu'il apprît le métier d'orfèvre auquel saint Eloy exerçoit. Lequel voyant les bonnes inclinations de saint Teau, et combien il avoit profité en son monastère, l'avoit en singulière estime, et ne pouvoit le quitter de vue ; car, outre qu'il étoit beau de corps, d'une haute et riche taille, et bien composé en son marcher, il étoit orné de toute sorte de vertus. Ils s'occupaient donc tous deux à leur travail, mais en sorte qu'ils avoient toujours quelques livres devant eux, afin que travaillant des mains ils occupassent leur cœur en de saintes pensées. Mais Dieu ne voulut pas que ces deux grands flambeaux demeurassent plus longtemps cachés en un même lieu, car saint Eloy fut eslu évêque de Noyon, et saint Teau épris du feu de l'amour divin, méprisant d'un cœur généreux tous les plaisirs et contentements de la terre, et tout ce qu'il pouvoit prétendre, demeurant à la cour du roi en qualité d'orfevre, ayant succedé à saint Eloy en cet office, se résolut de suivre Jesus-Christ sous la bannière de la croix. C'est pourquoi il s'en vint au monastère de Solemnac, où par la permission de saint Eloy il prit l'habit religieux. O heureux monastère, ennobli de ces trois saints si admirables, saint Eloy, saint Remacle et saint Teau, et pour avoir été le premier en observance entre tous les monastères de France.

Qui pourroit raconter ce que fit saint Teau se voyant religieux. Il étoit très dévot, humble et prompt en tout ce qui concerne le service divin. Il consoloit les affligés, il s'adonnoit aux pleurs et aux larmes, aux veilles et aux jeunes, bref à tous les exercices d'un saint religieux. Il prit l'ordre de prêtrise par le commandement exprès de saint Eloy, et tous les jours il immoloit en sacrifice agréable à Dieu le fond de son cœur. Saint Teau s'adonnant à tous ces exercices commença d'être regardé et respecté de tous comme un saint, voyant que tous les jours il alloit de vertu en vertu ; en sorte que tous l'avoient en singulière estime. Mais craignant que tous ces vains applaudissements ne lui fissent perdre la grâce de Dieu, par un généreux mépris de lui-même, il s'enfuit secrètement du monastère, prenant occasion de la mort de saint Eloy. Et d'autant qu'il avoit fait résolution, dès qu'il fut religieux, de n'entrer jamais dans aucune ville ni château, sachant *neminem posse interesse choris angelorum, qui sæpius frequentare vellit conventicula populorum,* il chercha d'un côté et d'autre quelque lieu à l'écart, séparé de la fréquentation des hommes, où il put mener une vie solitaire. Il s'en alla dans l'Auvergne où il trouva ce qu'il cherchoit, savoir entre deux montagnes extremement rudes, un lieu fort solitaire et plaisant, tant à cause des arbres fruitiers qui y étoient, que d'une petite fontaine cristalline qui sembloit l'inviter à établir là sa demeure, et que c'étoit le lieu qu'il cherchoit que Dieu lui avoit préparé pour sa demeure.

En effet, ce fut là où il s'arrêta et commença à mener une vie tout angélique, inconnu des hommes, mais grandement cheri et caressé de Dieu. Là notre saint Teau redoubla ses ferveurs, et les exercices de vertu qu'il avoit pratiqués au monastère. Les esprits malins lui livroient continuellement de formidables attaques, mais il devenoit toujours victorieux, se servant des armes de l'oraison continuelle, du jeune et autres austérités. Car son manger n'étoit que des pommes ou des raisins, des herbes, et ce une fois ou deux seulement durant la semaine, et jamais, horsmis les dimanches et principales fêtes, que sur le soir. Son boire étoit l'eau toute pure de la fontaine, et si sobrement qu'il n'en étanchoit jamais tout à fait sa soif. Son habit étoit fort vil, n'ayant rien qu'une robe et un froc, et pardessous le cilice, lequel il ne quittoit jamais qu'il ne fut tout pourri. Que si parfois il étoit contraint de prendre du repos, il ruminoit toujours quelque chose de bon, et jettoit ses membres, tout atténués du jeune, sur la terre couverte d'un cilice. Il travailloit à la façon des moines d'Egypte, sachant que l'oisiveté est ennemie de l'âme.

Saint Teau s'estant exercé durant longtemps en cette façon de vivre si austère, encore qu'il eut un grand désir de demeurer inconnu, il fut néanmoins découvert, et commença à être fréquenté de plusieurs, sans pourtant leur vouloir dire son nom. C'est pourquoi, voyant d'ailleurs sa grande simplicité, ils l'appeloient Paul le simple. Toute sorte de personnes, hommes et femmes, pauvres et riches venoient le visiter, tant pour se recommander à ses prières que pour faire leur profit des célestes avertissements qu'il leur donnoit, comme un autre saint Jean-Baptiste, leur enseignant de parole et d'exemple le chemin qu'ils devoient tenir pour arriver au ciel. Car il estoit très facond et éloquent en paroles, et très subtil en explication des écritures saintes. Il fut là consulté par saint Bonnet, évêque d'Auvergne, touchant quelque difficulté qu'il avoit à raison de sa promotion à son évêché, lequel il quitta par la persuation de notre saint Teau, et toutes les choses de la terre pour se rendre religieux. Car ce à quoi il portoit ses auditeurs étoit à mépriser le monde, à aimer Dieu de tout leur cœur, qui nous a racheté de son précieux sang, de conserver leur cœur pur et net de toute mauvaise pensée, de penser à la brièveté de cette vie, de craindre le jour du jugement, de racheter leurs péchés par les aumônes et autres bonnes œuvres. Tels et semblables enseignements donnoit-il à ses auditeurs.

Et pour les rendre plus recommandables Dieu l'honora du don des miracles. Car il rendoit la vue aux aveugles, l'ouïe aux sourds, la marche aux boiteux, guérissoit les paralytiques et ceux qui étoient atteints de diverses maladies, et chassoit les diables des corps qu'ils possédoient, sans entrer en vaine gloire pour toutes ces merveilles, sachant bien que cela ne venoit pas de lui, mais de Dieu auquel il en rapportoit l'honneur et la gloire.

Après avoir vécu longtemps en cet hermitage qui se voit encore entre deux montagnes, proche de Brajac, où il y a un monastère de religieuses bénédictines, distant environ demi-lieue de la ville de Mauriac, Dieu l'ayant conservé un si longtemps pour l'honneur de son serviteur, un ange l'avertit de s'en retourner en son monastère de Solemnac ; à quoi il obéit incontinent et y fut reçu avec la joie qu'un chacun se peut imaginer. Mais comme dans son hermitage il avait joui des contentements de la vie solitaire, quoique l'observance de la sainte règle fut gardée exactement en ce monastère, néanmoins il soupiroit continuellement après les douceurs de cette même vie. C'est pourquoi enfin, se voyant vieux, et que la fin de son pélerinage approchait, il pria humblement le bienheureux Gode-bert, abbé qui gouvernoit pour lors le monastère, de lui faire bâtir-hors les murs une cellule en un lieu qui étoit fort agréable, à l'honneur de saint Eloy, afin que là, séparé de la conversation (1) des autres religieux, il put vaquer à l'oraison nuit et jour. Laquelle demande le bienheureux Godebert accomplit joyeusement et très volontiers selon sa coutume. Et ayant rencontré un lieu fort propice, distant du monastère environ cinq stades, il y fit bâtir une cellule fort industrieusement à l'honneur de saint Eloy, dans laquelle saint Teau se retira (2), s'adonnant à la contemplation continuelle. Sa sainteté s'épandit partout, en sorte que de tous côtés on s'adressoit au monastère pour obtenir la santé et autres choses nécessaires par l'intercession du saint.

Entre autres l'évêque de Limoges nommé Hermenus (3) se sentant affligé de quelque maladie ou infirmité le faisoit savoir à saint Teau, lequel se mettant en prière lui rendoit la santé.

Une femme ayant un ulcere tout pourri et rempli de vers, le saint faisant dessus le signe de la croix la remit en santé.

Il a fait durant sa vie plusieurs semblables miracles que je laisse pour venir à son glorieux décès. Duquel ayant eu révélation, il en avertit ses confrères, les priant de ne se point attrister de son départ, mais se conformer à la volonté de Dieu. Ce qu'ayant entendu ils se mirent tous à pleurer, le suppliant de ne point les laisser sitôt, mais d'obtenir de Dieu qu'il demeurât encore quelque temps en ce monde, puisque sa récompense n'en seroit pas diminuée pour être tant soit peu différée. Mais le saint les consolant leur dit

(1) Voir une note sur la signification de ce mot au commencement du chapitre XXII°.

(2) On croit que ce lieu est celui où l'église du Vigen a été construite (Pouillé de Nadaud).

(3) Ermenus, évêque de Limoges, mort après 703.

qu'ils ne devoient pas s'attrister de sa mort, mais s'en réjouir, puisque par son moyen il espéroit recevoir la récompense éternelle.

Quelques jours après il fut surpris d'une légère fièvre; le jour de l'Epiphanie étant venu, voyant que c'étoit le jour auquel il devoit quitter ce monde pour entrer dans le repos éternel, sa fièvre s'étant fort augmentée, il appela un des domestiques lui disant de s'en aller promptement à Limoges, avertir l'évêque qu'il ne manquât point de venir le lendemain pour faire ses obsèques. Et après avoir reçu le précieux corps et sang de Notre Seigneur, s'étant muni du signe de la croix, il rendit son âme à Dieu, entre les bras et au milieu des larmes de ses confrères. Le domestique qu'il avoit envoyé à Limoges fit ce que le saint lui avoit commandé, et ayant trouvé l'évêque Hermenus couché et fort malade, en sorte qu'il ne pouvoit se tenir debout, ni assis, ni se tourner d'un côté ni d'autre, neanmoins ayant reçu l'ambassade du saint, il commanda à ses serviteurs de le lever, et se sentant guéri par les mérites de saint Teau, il s'en vint, non à cheval, mais à pied, pour plus grande dévotion, fit les obsèques du saint et voulut porter lui-même avec les religieux le saint corps jusqu'au sépulcre, et l'enterrer de ses propres mains. Ce qu'estant fait il s'en retourna louant et bénissant Dieu. Peu de temps après il fit dresser sur son tombeau une petite chapelle, l'ornant et l'embélissant d'or et d'argent et de pierres précieuses.

Ce n'est pas le seul miracle que'Nostre Seigneur fit par les mérites de saint Teau, car comme il en fit plusieurs durant sa vie, aussi en fit-il quantité après sa mort à son tombeau, rendant la vue aux aveugles, l'ouïe aux sourds et chassant les diables des corps possédés, et obtenant ce qu'on demandoit par ses intercessions.

De tant de miracles que Notre Seigneur a fait pour honorer son serviteur, je n'en rapporterai qu'un qui arriva l'an mil soixante sept, au temps d'une grande sécheresse, que la plupart des hommes et des animaux en mourroient. Et ayant apporté la chasse ou reposoit son saint corps au Vigen en procession, à la même heure qu'on eut fini la procession et remis la chasse en son lieu accoutumé, il tomba abondance d'eau et de pluie, dont tout le peuple en remercia Dieu et en fut grandement consolé. La même chose est arrivée plusieurs fois.

Et encore de notre temps nous en avons vu arriver plusieurs en la personne de petits enfants, lesquels ne pouvant se soutenir, après avoir été offerts au saint devant son autel, et ayant fait dire messe pour eux, ont obtenu une parfaite santé. La même chose se pratique en un prieuré dépendant de ce monastère qu'on appelle Saint Teau de Segur proche de Pompadour, où on dit qu'il y a une relique du saint par laquelle Dieu fait plusieurs miracles.

Le corps de saint Teau a été longtemps conservé en ce monastère ; et il y en a qui croient qu'il y repose encore, quoique on ne sache pas l'endroit, d'autant que dans l'ancien catalogue des reliques il y a : *In cripta corpus sancti Tillonis requiescit.* Mais d'autres pensent plus probablement qu'il fut brulé, au siècle passé par l'impiété des huguenots avec les autres reliques du monastère, qui y étoient en grand nombre, comme nous avons ci-dessus remarqué.

Sa vie a été fidèlement tirée d'un grand manuscrit, qui se garde au monastère de Solemnac, où elle est fort au long, et de quelques autres mémoires (1). Il est fait mention de saint Theau (*sic*) dans le breviaire de Limoges, duquel il fait commémoration. Il est vrai que celui de Saint Etienne, ayant été revu et corrigé depuis peu, quelques saints y ont été retranchés, et entre autres la commémoration de saint Theau. Les religieuses de Brajac, dont il a été parlé ci-dessus, en font aussi la fête et l'office propre. Molan, au catalogue des saints de Flandre, dit que ceux du comté d'Yseghen, au Pays-Bas, le révèrent comme leur patron et comme celui qui les a convertis à la religion catholique, lorsque saint Eloy alla en Flandre, l'ayant employé à la conversion de ces peuples, comme le remarque Monsieur de Montigni, archidiacre de l'église de Noyon, aux notes qu'il a faites à la vie de saint Eloy. Le martyrologe bénédictin en fait aussi mention le septième de janvier qui fut le jour de son décès, mais à cause de l'octave de l'Epiphanie et autres fêtes qui tombent aux jours suivants, nous n'en faisons l'office que le vingt huitième du même mois. Nous faisons aussi l'office de deux translations de son saint corps. Il est tenu pour un des patrons du monastère de Solignac.

Voici une hymne qu'on chantoit autrefois le jour de sa fête :

Adest alma festivitas.
Et præclara solemnitas,
Qua sanctus Tillo suscepit
Donum cœlestis gaudii.

Hunc genuit Aquitania,
Suscepit atque Gallia,
Hunc habet Aquitania
Lemovicina patria.

Hunc locus Solemniacus
Tenet, quam præclarissimus
Quem monasticis floribus
Sanctum compsit Elegius.

Ab eodem episcopo
Instruitur Elegio,
Quæ mundi sunt contemnere
Cælestia diligere.

Implevit post discipulus,
Quæ jussit pater optimus,
Exutus carnis vinculis,
Inventus est turmis cælicis.

Sit gloria Patri, nato,
Cum Spiritu paraclito
Cui servivit hic Tillo
Dum vixit in hoc sæculo. Amen.

(1) On trouve une vie de saint Teau dans l'*Histoire sacrée de la Vie des saints,* publiée en 1672 par Collin, chanoine de Saint-Junien, page 1.

Une autre dans le *Bulletin de la Société scientifique de Brive,* tome IX, page 577, où l'auteur, M. J.-B. Chabau, remarque avec raison que ce saint nommé en latin *Tillo, Thillo, Hillonius,* est appelé *Theau* en Limousin, *Til* en Auvergne, et *Tilman* en Belgique.

CHAPITRE XXIV

Quelques autres abbés et personnes illustres

Après ces trois saints qui ont rendu célèbre ce monastère pour y avoir été religieux et vécu saintement, quoiqu'il soit certain qu'il ait produit plusieurs autres grands personnages, néanmoins il y en a peu qui soient venus à notre connaissonce.

Je ne laisseroi pourtant d'en rappeler quelques-uns que j'ay rencontrés par le moyen de quelques escritures, n'ayant pu trouver le catalogue entier de nos abbés, qui nous eut donné un grand éclaircissement.

L'auteur du livre appelé *Gallia Christiana* nous en fournit un, mais il est si défectueux qu'on en peut tirer rien d'assuré, ne mettant d'ailleurs que le nom, sans autre chose. J'en prendrai néanmoins quelques-uns pour dresser en quelque façon un catalogue accompli, les mettant entre un grand nombre que j'ai trouvés par le moyen de diverses escritures, et partant assurés, rapportant l'année qu'ils ont vécu, et quelque chose de ce qu'ils ont fait, selon les mêmes escritures.

Sanctus Remaclus Abbas. — Sa vie est cy-dessus.

Dagobertus (Gallia christisna).

Childemnus (Gallia christiana).

Papolinus (Gallia christiana).

Childemarus (Gallia christiana).

Godebertus, abbas. — Il est fait mention de Godebert dans l'ancien bréviaire du monastère, avec le titre de bienheureux. Il est croyable qu'il succéda à saint Remacle. Ce fut celui-ci qui fit bâtir la cellule de saint Théau, comme nous avons remarqué ci-dessus. Or, le lieu où le bienheureux Godebert fit bâtir la cellule doit être au Vigen, car dans la Bulle d'Eugène troisième, faisant mention des églises dépendantes de ce monastère, il met : Ecclesiam St Elegii de Vicano, mais par succession des temps, cette église a changé de nom et s'appelle à présent de saint Mathurin. De plus, dans quelque vieil rituel il est dit : In quadregesima feria secunda debemus facere processionem apud Vicanum ad sanctum Elegium ; si ce n'est qu'on veuille dire qu'il y ait eu autrefois deux églises, comme semblent vouloir signifier ces paroles rapportées dans le même rituel : In ecclesia de Vicano, ante ecclesiam St Elegii dicitur responsorium : St Elegii, etc.

Dans un autre lieu où sont rapportées diverses donations faites autrefois à ce monastère par diverses personnes, outre icelles, il y en a une d'un certain Gaucelinus de Petra-Bufferia, lequel donne à l'abbé Guido et aux religieux de Solemnac : totum quod habebat in molendinis qui sunt juxta Ecclesiam S^{ti} Elegii de Vicano.

Ce fut donc dans cette cellule dédiée à saint Eloy, et puis convertie en église par la dévotion des fidèles, que se retira saint Théau pour s'adonner à la contemplation continuelle, car encore bien que la Sainte Règle fut exactement gardée dans sa vigueur, ce n'étoit pas encore assez au grand courage et ferveur de saint Théau, étant du nombre de ceux dont parle notre B. P. saint Benoît au 1er chapitre de sa règle : Qui non conversionis fervore novitio, sed monasterii probatione diuturna, didicerunt contra diabolum multorum solatio jam docti pugnare, et bene instructi fraterna ex acie, ad singularem pugnam eremi, secuti jam sine consolatione alterius, sola manu, vel brachio contra vicia carnis vel cogitationum, Deo auxiliante, sufficiunt pugnare.

C'est ainsi qu'en fait saint Théau, auquel pour ce sujet fut bâtie une cellule au Vigen, par le bienheureux Godebert.

SYLMO (Gallia christiana).

FROTARIUS (Gallia christiana).

AGIULFUS, abbas. — Il fut le neuvième abbé de ce monastère. Je n'ai eu connaissance de lui que par le moyen de son successeur et par le moyen de quelques mémoires qui m'ont été envoyés par un de nos confrères. Il vivait l'an 790.

EBBO, seu EUBULUS, abbas et episcopis Lemovicensis (1). — Celui-ci fut religieux en ce monastère ; depuis, pour ses vertus, fut fait évêque de Limoges ; voici ce qui m'en a été envoyé depuis quelques jours :

Ebbo, seu Ebulus, Ebbonis, hujus nominis secundi Aquitaniæ ducis tertii filius, monachum professus in monasterio S^{ti} Petri Solemniacensis, per Sanctum Eligium circa annum Domini 641 fundato, deinde ejusdem electus abbas decimus, in locum Agiulfi, tandem creatus episcopus Lemovicensis 33, in locum S^{ti} Cessatoris, anno circiter 802, regnante Ludovico quarto. Instauravit monasteria S^{ti} Martialis in urbe Lemovica, nec non Sancti Maxentii in territorio Pictaviensi, et S^{ti} Michaelis in Eremo ad littus maris in diœcesi Lucionensi, quorum administrationem et regimen habuit, ut patet ex manuscripto quod in monasterio, quod dicitur monasterium novum, in civitate Pictaviensi asservatur. Observat Ber-

(1) Le *Nobiliaire du Limousin* a une Notice sur ce personnage, tome II p. 97.

nardus Guido, historiographus, præfatum Ebbonem ob pluralitatem beneficiorum sibi adjunxisse quemdam nomine Benedictum, quem a pueritia educaverat, in suffraganeum muneris episcopalis, eumque, ut provinciæ sibi impositæ faceret satis, consecrasse episcopum et successorem elegisse. Verum votis minime respondit eventus. Permotus enim invidia in Benedictum, Elias Petragoricensis comes, carceri mancipamdum curavit, eique violenter oculos jussit erui. Quod facinus ægro ferens animo Ebbo in ægritudinem incidit, in cœnobio S^{ti} Michaelis in Eremo, ubi morte correptus, sepultus jacet.

D'où il appert qu'il étoit abbé environ l'an huit cent. Après Ebbo vint la cruelle persécution des Normands qui ruinèrent tout le monastère, hormis l'église.

Gerardus (Gallia christiana).

Aymericus (Gallia christiana).

Ductramnus (Gallia christiana).

Bernardus. — Etoit abbé de ce monastère. Ce fut lui qui fut au Synode tenu à Soissons l'an 866 pour obtenir des privilèges pour son monastère de Solemnac, comme il fit ainsi que nous avons vu ci-dessus.

Sylvius, abbas. — Il fut nommé abbé de ce monastère à la sollicitation de Stodilius, évêque de Limoges, par Charles le Chauve, et vivoit l'an 880, comme il appert par le privilège d'iceluy rapporté ci-dessus.

D'après ce privilège, les religieux de Solemnac élisoient leur abbé conformément à la règle de notre Bienheureux Père saint Benoit. Par ce moyen, nous fûmes préservés du mal contagieux des commandes qui déjà commence d'être en vogue. Nous conservons encore l'exemplaire original de ce privilège.

Alexander (Gallia Christiana).

Stephanus (Gallia Christiana).

Giraldus (Gallia Christiana) (1).

Bernardus de Comborn, l'an 959.

Adalbaldus, abbas. — Adalbaldus étoit abbé environ l'an 1000. Il fut après le sixième abbé de Saint-Augustin-lès-Limoges, et puis le onzième abbé de Saint-Martial où il mourut. Il étoit de la maison de Saint-Mayeul, abbé de Cluny. Il gouverna l'abbaye de

(1) En 942. Voir : *Bulletin de la Société archéologique du Limousin*, tome XLII, page 312, et *Etude sur les comtes et vicomtes de Limoges*, par M. Robert de Lasteyrie, p. 119.

Saint-Martial neuf ans, fort régulièrement, comme il est parlé dans le Catalogue des abbés du dit lieu (1).

GÉRALDUS, abbas. — Gérald étoit abbé l'an 1031. En cette même année, il assista au concile tenu à Limoges à l'occasion de l'apostolat de saint Martial, comme rapporte Mon. Bandel en son livre qu'il a fait de la dévotion à saint Martial, où il dit que notre Gérald assura en ce saint Concile que saint Martial étoit mis au rang des apôtres dans les litanies des Espagnols, comme il paraissoit par les livres qui avoient été portés de ce pays, et de plus : Apud Elsam, dit-il, monstratur semper locus ubi Martialis Austriclinianum suscitavit.

Ce sont les paroles de notre Gérald.

ADALFREDUS, 1055.

GUIDO, abbas. — Guido étoit abbé l'an 1062, comme il appert d'un livre où sont rapportées plusieurs donations faites à ce monastère ; du temps de Guido le monastère de Sainte-Croix de Pierre-Buffière fut fondé et donné au monastère de Solemnac, comme il appert pour la fondation, laquelle je veux mettre ici tout au long pour faire voir la dévotion de nos ancêtres.

Mundi terminum ruinis crebrescentibus appropinquantem, indicia certa manifestantur, experimenta declarare noscuntur, et ad discutiendas infidelium mentes, dudum in evangeliis à Domino dicta oracula incumbere noscuntur. Opere pretium arbitror futurorum temporum vicissitudinem præoccupans anticipare, et incertum humanæ conditionis eventum sagaci mentis intuitu, quatenus ex hoc inflictis facinorum verberibus indulta pietate remedia, mereantur adipisci.

Igitur in Dei nomine, ego Gaucelinus de Petra-Bufferia et nepos meus, qui similiter vocatur Gaucelinus, et Aymericus de Jaunac, et uxor ejus Almoidis, et filii eorum Petrus, Bernardus, Stephanus atque Guido ; sed et Petrus Delmont et fratres ejus Gaucelinus et Ugo, pertractantes qua gravamur sarcina peccatorum, et reminiscentes bonitatem Domini discentis : Date eleemosinam et ecce omnia munda sunt vobis. De tanta igitur miseratione et pietate Domini confisi, idcirco per hanc epistolam donationis donamus, donatumque in perpetuum esse volumus aliquam partem hereditatis nostræ atque de jure nostro, in jure et dominatione monasterii sanctorum Petri et Pauli apostolorum, quod antiquitus vocatur Solemniacum, a beato Elegio Noviomagensi episcopo nobi-

(1) Cet abbé serait le même qu'Amblard, mort en 1007, auteur d'une lettre publiée par le savant Mabillon dans les *Ann. Ord. Sti Benedicti*, tome IV. (Vitrac. — *Feuille hebdomadaire de Limoges*, année 1776.)

liter constructum, ubi pretiosus requiescit Tillo Christi confessor Ibi namque Guido abbas preesse dignoscitur congregationi sibi commissæ, hoc est monasterium quod ædificare cæperamus, in honore Domini nostri Jesu Christi et sanctæ Crucis ejusdem, in qua passus est pro totius mundi salute, et in honore sanctæ et perpetuæ virginis Mariæ, sanctique Stephani protomartyris Christi, et in honore sancti Petri apostolorum principis, nec non et sancti Martialis, juxta castrum quod dicitur Petra-Bufferia, ad ortum solis. Ipsud monasterium cum suo atrio atque cemeterio et cum quatuor casalibus, sive ortalibus qui in circuitu ejus sunt, totum et integrum S^{to} Petro cedimus et monachis supradicti loci ad habendum sive ad possidendum jure perpetuo....... (1).

Et après s'ensuivent les donations qu'ils font, et à la fin les anathèmes accoutumés contre les infracteurs ou usurpateurs de leurs donations, desquels on se moque à présent. Plusieurs autres furent faites du temps de l'abbé Guido.

ROBERTUS, abbas.— Celui-ci étoit abbé environ l'an 1090. Il y eut aussi de son temps plusieurs donations faites au monastère. Entre icelles il y en a une qui contient quelque chose de remarquable, à savoir qu'un certain Ildegarius de Jannac ultima decombens valetudine habitum sumens monachalem dat S^{to} Petro, Roberto abbate, etc..... et puis la donation, par où l'on voit la dévotion qu'on a eue autrefois à l'habit de saint Benoît et le désir de mourir dans iceluy, puisque celui-ci, se voyant proche de la mort et prêt à comparaître devant le Juge Souverain de l'univers pour lui rendre compte de toutes les actions de sa vie, prend le froc et le reçoit humblement, s'estimant heureux de pouvoir mourir en iceluy. Et à vrai dire, il n'y a personne qui ne voulut mourir en religieux, mais la plupart veulent vivre dans le libertinage. C'est pourquoi pour l'ordinaire, telle la vie, telle la mort.

L'abbé Robert fut enterré dans l'église, proche la porte du cloître (2).

---

(1) Cette charte de 1603, dont l'original existe aux archives de la Haute-Vienne, fonds de Solignac, n° provisoire 3534, a été publiée par M. Leroux dans le *Bulletin* de la Société de Tulle, tome VI, page 237.

(2) Le *Nécrologe de Solignac*, publié par M. A. Leroux (tome VI, page 343 des *Archives historiques du Limousin*) fait mention de son anniversaire en ces termes : « Anniversarium Roberti abbatis qui est sepultus in monasterio juxta portam claustri. VII pauperes tantum quibus dantur a cellario VII parvi panes et dimidium sestarium vini, et a preposito VII obole pro pitancia. Tamen non consuevimus facere absolutionem. »

Audoinus, abbas — Le livre susdit fait mention d'un autre abbé
nommé Audoinus. Il gouvernoit le monastère environ l'an 1105,
comme il appert par plusieurs donations qu'on fit à lui et au monastère, par lesquelles on voit la grande dévotion qu'on avoit autrefois au glorieux prince des apôtres saint Pierre, patron d'iceluy.
Car toutes commencent ainsi : Ego X... do Domino et sancto Petro.
Et si le monastère possédoit seulement ce qui lui a été donné durant ces trois abbés dont nous avons fait mention ci-dessus, il
auroit suffisamment pour subvenir à ses nécessités. Mais ce qui a
été donné par les uns a été usurpé par les autres, nonobstant
toutes les malédictions qu'ils fulminoient contre les infracteurs de
leurs pieuses volontés, malédictions qui sont tombées sur la tête de
plusieurs.

Geraldus, abbas. — Gérald étoit abbé l'an 1142. C'est à celui-ci
auquel les bulles rapportées ci-dessus s'adressent, l'une du pape
Adrien et l'autre d'Eugène troisième, par lesquelles les souverains
pontifes prennent le monastère de Solemnac et ses dépendances
en leur protection (1).

Depuis ce Gérald nous avons une pièce fort rare qui est un martyrologe écrit à la main et ensuite la règle de Notre B. P. saint
Benoît, écrite aussi à la main sur du parchemin mot à mot, comme
nous l'avons à présent. La plus grande différence que j'ai pu y
trouver est dans le dernier chapitre. Car ensuite de sainte règle il y
a une escriture de la même lettre, qui dit que c'est un présent d'un
religieux de ce monastère nommé Bozo Deschazadorio, auquel
l'abbé Gérald, du consentement de tout le chapitre, a octroyé en
reconnaissance, que son anniversaire soit célébré tous les ans
solennellement.

Et c'est à remarquer qu'au commencement de la règle Notre
B. P. saint Benoît y est dépeint revêtu d'ornements sacerdotaux,

___

(1) Le *Nécrologe* fait aussi mention de lui : « Anniversarium domini
Geraldi abbatis, qui est sepultus in monasterio in arvouto qui est juxta portam sancti Elegii in superiori tumba. Quadraginta solidos renduales quos
debet cappellanus de Vicano de ecclesia reddendos in assumptione beate
Marie. Et quamvis camerarius percipiat de dictis quadraginta solidis medic-
tatem, quia dominus P. quondam abbas legavit eos ad augmentum vestiture, tamen dicti denarii sunt de dicto anniversario et habent recursum ad
dictos denarios vel ad adquisita a dicto domino P. abbate. Conventus debet
habere caritatem in sero ad collationem in die dicti anniversarii. Debent
recipi pro illo XII pauperes quibus dantur a cellario XII panes parvi et
I sestarium vini et a preposito XII denarii pro pitancia. Debet amplius
dictus capellanus dicta die anniversarii sacriste I libram cere ad opus
duorum cereorum. » (Archives historiques du Limousin. VI, 345.)

tenant la crosse d'une main et le livre de sa sainte règle de l'autre, la présentant à sept religieux qui y sont aussi représentés avec leurs habits ordinaires.

Du temps aussi de ce Gérald, je trouve une donation que fit un religieux de ce monastère nommé Aymericus de Axia, prieur d'Arthou (1), lequel donne à l'abbé Gérald *trescentos solidos ad introducendum fontem in claustrum.* Il est remarqué dans les antiquités de Limoges manuscrites que c'étoient des pièces d'or mais elles n'en expliquent pas la valeur.

Cette fontaine étoit joignant au cloître, du côté de la porte ; le lieu de laquelle a été démoli de notre temps. Lorsqu'on fit remettre le cloître quelques canaux furent encore trouvés ; ils étoient de terre.

Or, puisque nous faisons ici mention du cloître, il sera bon de savoir une coutume qu'on observoit autrefois en ce monastère, à savoir que le samedi des Quatre-Temps devant la nativité de Notre-Seigneur, après matines, quatre prêtres avec l'étole, lisoient aux quatre coins du cloître les quatre évangélistes entièrement ; chaque prêtre accompagné de deux serviteurs avec des cierges, et ce pour préserver le monastère de foudre et tempête.

ARCHAMBAUDUS, abbas. — Il étoit abbé l'an 1160. Ce fut lui qui apporta de Noyon en ce monastère le bras droit de saint Eloy, notre fondateur. Car dans le livre des anniversaires il y a : « Anniversarium Petri de sancto Martino, monachi et camerarii, qui apportavit una cum Archambaudo, abbate, apud Solemniacum, brachium dextrum beatissimi Patris nostri Elegii. » Où est à remarquer que dans tous les vieux manuscrits on lit *Elegius* et non *Eligius,* comme on fait à présent. Et à un autre endroit il est rapporté que ce fut l'évêque Baldoyni qui fit présent à ce monastère de cette sainte relique, l'anniversaire duquel est aussi marqué dans le susdit livre par ces mots : « Anniversarium Baldoini Noviomagensis episcopi qui dedit nobis brachium dextrum sancti Elegii ». Ce fut sans doute Baldoyn second, lequel, au rapport de M. de Montigny, aux notes qu'il a faites à la vie de saint Eloy, transféra le corps du dit saint, non d'un lieu à un autre, mais d'une ancienne châsse en une nouvelle plus belle et plus magnifique (2).

(1) Les Archives de la Haute-Vienne possèdent, dans le fonds de Solignac, sous le n° prov. 9180 *bis,* une Promu'gation faite en 1149 par l'évêque de Limoges de l'hommage rendu par Aimeric d'Aixe à l'abbé de Solignac, à cause du château d'Aixe, avec reconnaissance d'un certain cens

(2) Un nécrologe de Solignac écrit au XIIIᵉ siècle porte cette mention : « Anniversarium domini Archambaudi, abbatis Sollempniacensis..... Iste

Hugo, abbas. — Nous apprenons par quelques escritures qu'il était abbé l'an 1214.

Bernardus, abbas. — Celui-ci étoit abbé en 1220, comme il appert par ces paroles, et fait évêque de Cahors : « Bernardus comitis Montisfortii frater, apud Petrum de Vallibus; Abbas vigesimus octavus cænobii Solemniacensis, creatur Cadurcensis episcopus anno circiter millesimo ducentessimo vigesimo primo. Nominatur in expeditione Albigensis ». Par lesquelles paroles il paroit qu'il fut le 28ᵉ abbé de ce monastère et frère de Simon, comte de Montfort, qui fit des merveilles en la guerre des Albigeois.

Ademarus, abbas. — L'an 1228. Il fit quelques donations à l'abbaye de Grandmont, et lui ou un autre du même nom, fut enterré dans l'église de Notre-Dame, qui est tombée de nos jours, et étoit derrière les chambres du dortoir, du côté de la rue, et devant l'autel de Saint-Georges (1).

Hugo, abbas. — Il étoit abbé environ l'an 1230. Nous trouvons une chose fort remarquable de son temps, à savoir un parchemin de divers pièces de la longueur de quatorze aulnes et large d'un pied, dans lequel il est fait mention de quatre cents églises ou monastères, auxquels le parchemin fut porté, pour faire prier Dieu pour le repos de l'âme de l'abbé Hugues; chacun y écrivant ce qu'on avoit fait pour ce sujet, et l'an et le jour que le porteur du *rotulus* (c'est ainsi qu'on nommait ce parchemin) étoit arrivé chez eux (2), par exemple :

abbas est sepultus subtus altare beate Katarine. Ipsa die VII pauperes debent recipi pro illo; quibus datur a cellario vel ab alio qui precipit predictos redditus VII parvi panes et dimidium sextarium vini et a preposito VII obole pro pitancia. Et conventus debet habere dicta die cornutas de pane et quarterio. Dicte cornute vocantur quia in octo cornatus debet poni unus parvus panis tantum, et ad cereos et offertoria V solidi, sicut continetur in anniversario domini Ugonis, abbatis, nepotis sui. Et conventus debet habere in vigilia in sero caritatem de vino in refectorio ad collationem ». (A. Leroux. — *Archives historiques du Limousin*, VI, 339.)

Une sauvegarde accordée à l'abbaye de Solignac par Richard, comte de Poitiers (entre 1168 et 1189), se trouve aux Archives de la Haute-Vienne, fonds de Solignac, nº provisoire 3970.

(1) « Anniversarium domini Adhemari, abbatis, qui est sepultus in ecclesia beate Marie ante altare sancti Georgii, ad introitum porte dicte ecclesie, cujus anniversarium est assignatum super decimam de Vicano. Dicta die, VII pauperes debent recipi pro illo, quibus datur a cellario VII parvi panes et dimidium sestarium vini, et a preposito VII obole pro pitancia, et conventui in sero karitatem ». (*Idem*, page 345.)

(2) Ce *Rouleau des morts* que possèdent les Archives de la Haute-Vienne

« Titulus sanctæ Mariæ Castaliensis. Anima Domini Hugonis abbatis Solemniacensis, et animæ omnium fidelium defunctorum per misericordiam Dei requiescant in pace. Amen. Oravimus pro vestris, orate pro nostris. Rotulus iste fuit apud nos quarto nonas Augusti anno Domini 1240 ».

Un autre : « Titulus ecclesiæ Sti Michaelis de Blancholanda in Constantino præmonstratensis ordinis. Anima Domini Hugonis abbatis solemniacensis et animæ omnium fidelium defunctorum per misericordiam Dei requiescant in pace. Amen. Oravimus pro vestris, orate pro nostris. Concessimus ei unum plenarium servitium in conventu. Feria Va post lætare Jerusalem fuit apud nos rotulus iste ».

Et ainsi des autres, entre lesquels, sans parler de celui de saint Remacle qui avoit une grande liaison avec ce monastère et étoit magnifique, il y en a d'autres qui contiennent des vers à la louange de l'abbé Hugues, dont en voici quelques-uns :

> In titulo sancti Artemii Blanziacensi.
> Abbatum lumen, jucundans omnia flumen,
> Hic fuit, arca boni, sensu similis Salomoni,
> Ecclesiæ tutor fuit hic, fideique secutor,
> Et cultor verus, alter David, alter Homerus.
> In titulo ecclesiæ beatæ Mariæ de Vermans,
> Vir bonus et justus, humilis, pius atque venustus
> Hugo decessit ; oretis et requies sit
> O flos pastorum, tibi pro mercede laborum,
> Sit in fine quies, et sine nocte dies. »

Et plusieurs autres, mais ceux-ci suffiront pour nous faire connaître les vertus de l'abbé Hugues, qui sans doute étoit un grand personnage. Son anniversaire est marqué au Livre des Anniversaires. Il fut enterré dans le cloître par dessous la porte du milieu de l'église descendant vers le chapitre et son tombeau étoit fort beau. La place où il étoit, savoir en partie dans la muraille de l'église a été réparée comme il paroit maintenant (2).

---

a été publié par M. Rivain dans le *Bulletin de la Société archéologique et historique du Limousin*, XXVI, 347. — M. A. Leroux en a aussi donné, dans les *Archives historiques du Limousin*, III, 299, deux fragments acquis par la Bibliothèque nationale.

(1) « Anniversarium domini Hugonis de Malomonte, abbatis Solempniacensis, qui est sepultus in arvouto in quadrivio claustri juxta portam monasterii a parte capituli. Qui multa bona et innumera, que numerare longum esset [fecit]. Ipse enim fecit fieri claustrum per integrum et claustrum de infirmatorio et tertiam partem clocherii superiorem, et statuit nobis ut

Mauritius, abbas. — Il gouvernait l'an 1234. Il renouvela la confraternité avec le monastère de Stabulo fondé par St Remacle, comme il se voit par les lettres qui en furent expédiées, et à présent imprimées dans le IIe tome du R. P. Dom Jean Mabillon. Enterré dans l'église.

Petrus, abbas. — L'an 1253. Son nom est marqué dans le Livre des Anniversaires. Il fit plusieurs acquisitions pour le bien du monastère (1).

Archambaudus, abbas. — Il étoit abbé l'an 1268 (2). Il confirma la confraternité avec le monastère de St Remacle et pour la rendre plus stable, il envoya de ses religieux pour avoir des reliques de ce glorieux saint, lesquels apportèrent seulement de son bâton pastoral, de ses sandales et de la chasuble avec laquelle il avoit été enseveli ; mais cinq ans après les religieux de St Remacle ayant fait faire une châsse magnifique pour mettre son saint corps, lors de cette translation, ils envoyèrent un bras de leur glorieux patron, avec des reliques des onze mille vierges et des saints Thébéens martyrs, comme il appert par les lettres remplies d'affection qu'ils envoyèrent à l'abbé Archambaud et à tous ses religieux pour ce sujet, lesquelles ont été rapportées ci-dessus.

Geraldus, abbas. — Il étoit abbé l'année 1272, en laquelle il fut sacré « ab Aymerico episcopo Lemovicensis in octavis Parchæ, et obiit 1276, Biturigibus reduendo e Curia regis Franciæ, ubi litigabat cum rege Angliæ et vicecomitista Lemovicensi. Jacet Lemovicis », comme il est rapporté dans le catalogue des abbés de ce monastère qui est dans le livre intitulé *Gallia Christiana*.

semper haberemus vinum purum, quia tunc omnes habebant vinum videlicet quartam partem aquæ. Et statuit quod nos feceremus sabbato VII lectiones beate Marie et legavit unicuique monacho V solidos ad augmentum vestiture et expendit in acquisitis d'Ancdes XXIIIIor milia solidorum et plura alia fecit. Anima ejus requiescat in pace. Amen ». (Nécrologe. — *Archives historiques du Limousin*, VI, 339.)

(1) En 1247, l'official de Limoges fut arbitre entre cet abbé et les habitants de Solignac au sujet de certain différend. Son jugement existe aux archives de la Haute-Vienne, fonds de Solignac, no prov. 6521. Il a été publié par M. L. Guibert dans les *Archives historiques du Limousin*, t. IV, p. 347.

(2) Les Archives de la Haute-Vienne conservent en numéro provisoire du fonds de Solignac des Lettres de sauvegarde royale en faveur de l'abbaye de Solignac, données par Pierre Servientis, sénéchal du roi de France dans le diocèse de Limoges, après la restitution de ce diocèse par l'Angleterre. 24 juin 1266.

ADHEMARUS, abbas. — L'an 1280. Il fut enterré dans l'église Notre-Dome, laquelle outre la grande église étoit autrefois en ce monastère, dans laquelle Messieurs des Cars avoient leur sépulture.

ARCHAMBAUDUS, abbas. L'an 1290.

BERNARDUS, abbas. L'an 1318.

ARCHAMBAUDUS DE Sto AMANTIO. — Il étoit abbé l'an 1326. Il est appelé *junior* à la différence des précédents (1). Il étoit fort dévot à la Très-Sainte Vierge, car du consentement de toute la communauté, il ordonna qu'on célébreroit solennellement le jour de sa très sainte nativité, lequel l'on ne célébroit que *cum quatuor tapetiis,* dit l'escriture qui fait mention de ceci; et pour ce augmenta la portion des religieux et assigna au sacristain du revenu pour l'entretien du luminaire. De plus ce fut lui qui fit mettre par escrit ce qu'il fallait servir aux religieux au réfectoire la plupart des jours de l'année, et voulut qu'on leur donnât du vin tous les soirs, depuis Noël jusqu'à l'octave de la Purification de la Très-Sainte Vierge à l'honneur d'icelle, ce qui témoigne que de son temps les religieux étoient en bonne observance. Il fonda aussi la vicairie de St-Martial à l'autel qui étoit autrefois dédié au saint dans la grande église, en mémoire de ce que son saint corps avoit demeuré deux ans dans une chapelle d'iceluy (2).

BERTRANDUS, abbas. — L'an 1360. Il mourut l'an 1370 (3), auquel succéda

BERTRANDUS DE SAINT-AMANTIO. — La même année 1370 (4), il fut élu par les religieux capitulairement assemblés lui étant absent et prévôt de Brivazac.

(1) Le Nécrologe de Solignac, écrit au xive siècle, mentionne les fondations qu'il fit pour son anniversaire, ainsi que les nombreuses acquisitions dont l'abbaye de Solignac lui est redevable. (*Archives historiques du Limousin,* VI, 356.)

(2) Des lettres en faveur de l'abbaye de Solignac données par Jean, fils aîné du roi de France et son lieutenant général, du 1er août 1346, sont aux Archives de la Haute-Vienne, fonds de Solignac, nº prov. 4209.

(3) On trouve les règlements et les fondations qu'il fit au Nécrologe de Solignac (Archives historiques, VI, 360.)

(4) Un extrait du rôle des assises tenues par le prévôt de l'abbé de Solignac, le 1er octobre 1370, renferme les condamnations prononcées contre les personnes qui ont acheté aux Anglais une part de leur butin. — Archives de la Haute-Vienne, fonds de Solignac, nº prov. 3440.

Louis de Sancerre, maréchal de France prit d'assaut la ville d'Aixe, et le château par composition, puis le fort de Solignac et plusieurs autres forteresses. Il donna quittance le 13 janvier 1371 (1372) du payement des dépenses qu'il avait faites pour ces expéditions. » *Archives historiques du Limousin,* tome III, p. 313.

L'acte de son élection que nous conservons dit qu'il était pro-
vidus et discretus, litterarum scientia, moribus, ac virtuosis actibus
merito commendandus ; in sacris ordinibus ac ætate legitima cons-
titutus, et de legitimo matrimonio procreatur. In spiritualibus et
temporalibus plurimum circonspectus.

Après la publication de son élection on chanta le Te Deum lau-
damus, et deux religieux furent députés pour l'en avertir et le prier
instamment de vouloir y consentir, ce qu'il refusa comme il est
croyable, car deux ans après on trouve un autre qui étoit abbé, à
savoir :

GUIDO, abbas, l'an 1372.

BERTRANDUS, abbas. — Il étoit abbé l'année 1388. A ce Bertrand
fut donné privilège, sauvegarde, protection et conservation par le
roi de France. L'escriture qui en fait mention se trouve dans le trésor
de l'abbaye où se voient encore plusieurs beaux privilèges donnés
autrefois aux abbés de ce monastère par les rois de France : Pépin,
Charlemagne, Louis et autres, comme depuis quelques mois, j'ai vu
dans un répertoire d'une partie des titres qui se conservent dans le
même trésor, dans lequel encore est fait mention des hommages
rendus autrefois par Messieurs de Turenne, de Chalusset, d'Aixe
et autres aux abbés de Solemnac (1).

HUGUO, abbas. — Etoit abbé l'an 1393, et l'année 1417, il
pourvoit de l'office d'aumônier un religieux du monastère nommé
Joannes Guidonis, tanquam bene meritus.

JOANNES, abbas. — Il gouvernoit l'an 1444, auquel il pourvoit
d'une vicairie fondée à Brivezac, per bonæ memoriæ Dominum Ber-
trandum de Sancto Amanti præpositum nostrum, et præpositatus
nostris de Brivezaco. Ce qui confirme que le dit Bertrand de Saint-
Amand ne consentit à son élection.

Martialis BONY. — L'an 1470. Il étoit de la maison de La Vergne
et prieur d'Anedde. Il est croyable qu'il fit faire les chaires du
chœur, car ses armoiries y sont et en quelques vitres dans l'église.

Hercules DE GAING, abbas, l'an 1480.

(1) M. Louis Guibert a publié dans le *Bulletin de la Société archéologique et historique du Limousin*, XXXIII, 263, un *Extrait d'un rouleau
d'hommayes de l'abbaye de Solignac* et plusieurs autres documents se
rapportant à la même abbaye.
Lettres de Philippe d'Artois, connétable de France, accordant grâce
et rémission aux habitants de Solignac, pour l'aide qu'ils ont donnée à la
garnison de Chalucet, 16 septembre 1393. (Bibliothèque nationale, 12764.)

ARCHAMBAUDUS, abbas. — L'an 1485. J'ai trouvé son nom dans le susdit répertoire et l'année qu'il vivoit et quelques acquisitions qu'il fit pour le monastère.

JOANNES BOOS, abbas. — L'année 1494. comme il est appelé par diverses escritures qui sont tant en nos archives, qu'au trésor de l'abbaye.

BOSO JOUSSINELLI, abbas. — L'an 1498. Son nom est marqué dans le martyrologe dont j'ai parlé ci-dessus, à la fin duquel se trouvent les noms de plusieurs abbés et religieux, lesquels on lisoit au chapitre après avoir lu le martyrologe (1).

Auparavant de passer aux abbés récents et presque tous commendataires, voici les noms de deux desquels je n'ai trouvé l'année :

GAUBERTUS, abbas. — Il fut enterré dans la grande église, devant le sépulcre de l'abbé Girard, le lieu duquel est spécifié proche la porte de Saint-Eloy.

AUDOENUS, abbas. — On trouve seulement son anniversaire. Les actions de ceux-ci et de plusieurs autres étant en oubli devant les hommes et inconnues, mais non pas devant Dieu *qui reddet unicuique secundum opera ejus.*

GUILLELMUS BARTON, abbas commendatarius. — L'année 1517. Je crois que celui-ci fut le premier commendataire. On l'appelle autrement de Montbas. Il fut évêque de Lectoure. Sur la fin du martyrologe ancien, ces mots sont rapportés : Anniversarium fælicis recordationis Guillelmi Bartonis abbatis commendatarii et decani Lemovicensis celebratur hodie, et prima maii et prima septembris. Cujus laudum præconia omnis prædicat ecclesia. De son temps, le clocher de la paroisse de Saint-Michel de Solemnac fut bâti, au temps qu'il y avoit un grand schisme dans l'église de Limoges, et d'une grande abondance et fertilité, comme il est

---

(1) Les archives de la Haute-Vienne possèdent, dans le fonds Solignac au n° provisoire 8238, l'original d'un acte par lequel Jean Barton de Montbas, évêque de Limoges, casse comme nulle, dans le fond et dans la forme, l'élection d'un abbé de Solignac faite après la mort de Booz Joussinelli. Cet acte est daté du 17 novembre 1503. Le parchemin sur lequel il est écrit est un peu déchiré. On y voit que l'élu étoit Aymeric de la Vergne. Frère Gautier de Peyzac avait eu quatre voix dans cette élection, Pierre Barton quatre, Pierre de la Motte deux, Jean Coustin deux, Hugues de Montignac trois, Pierre Botin une. On y nomme encore Gerald de la Vergne et Pierre Coustin, prieur de Coussac.

rapporté dans un livre qui se trouve dans la dite paroisse et qui a été autrefois au monastère.

Autre BARTON, abbé (Joannes). — Il y a encore ici un autre Barton, qui fut abbé, différent du précédent et du suivant; mais m'étant oublié de le décrire lorsque je l'ai rencontré, je n'ai pu le trouver depuis. — Je l'ai trouvé après ; il s'appelait Jean.

ROLLANDUS BARTON. — Il étoit abbé l'année 1542, en laquelle il se trouva à Limoges avec l'évêque de Bazas, lequel assisté dudit Roland Barton et de Guillaume Jouvion, abbé de Saint-Martin de Limoges, fit l'ostension du chef de saint Martial, comme dit le sieur Bandel dans son livre de la Dévotion à saint Martial. Il étoit abbé régulier, car dans les escritures qui font mention de lui, il est nommé, et lui-même se nomme *frater*, ce qui n'appartient pas aux abbés commendataires. Et son anniversaire porte : Anniversarium fælicis recordationis reverendi in Christo patris Domni Rollandi Bartonis abbatis. Ses armoiries ou celles des autres Barton se voient en plusieurs endroits du monastère. Nos prédécesseurs nous ont dit avoir connu des personnes fort âgées qui disoient l'avoir vu avec ses habits de religieux.

Après ces abbés, j'en trouve deux autres qui ne mériteroient pas de tenir lieu entre ceux-ci, car il est croyable que les précédents sont des enfants de lumière et ceux-ci des enfants de ténèbres, néanmoins pour nous faire adorer les secrets jugements de Dieu qui permet des choses si étranges, je ne laisserai de les mettre en leur rang, après avoir averti que cette abbaye, fondée par saint Eloy et habitée autrefois par tant de saints religieux, tombât entre les mains des huguenots, à savoir de Messieurs de Bourdelle en Périgord, et de Châteauneuf, qui en disposaient à leur volonté, jouissant du revenu et y tenoient des *Custodi nos*. En quelle plus grande misère pouvoit tomber ce pauvre monastère.

Un de ces pauvres aveugles qui y fut establi par les sieurs de Bourdelle s'appeloit :

ANTONIUS BOUDOU, abbas, seu lupus. — Il se qualifie abbé par une escriture de l'année 1578, par laquelle il pourvoit un ecclésiastique de Périgueux de la prévôté de Linards dépendant de ce monastère, signe manifeste de ce qu'il étoit.

PETRUS BELUT, abbas, vel potius lupus. — Environ l'an 1590. Celui-ci est de même étoffe que l'autre. Il fut mis, comme il est croyable, par Messieurs de Châteauneuf. Il étoit de Pierre-Buffière et trouva moyen d'avoir une place en ce monastère pour un sien neveu qui s'appeloit aussi Pierre Belut, décédé depuis quelques années, afin de lui succéder ; et fut prieur de Sussac, qu'il résigna à nos pères, sur la fin de ses jours. Mais le bon Dieu ne permit pas que ce désordre durât plus longtemps en cette maison, car messire Jean Jaubert de Barrault plaida contre cet usurpateur du bien de l'Eglise et ayant prouvé la confidence emporta l'abbaye.

JOANNES JAUBERTUS DE BARRAUD, commendatarius. — Environ l'an 1600. Il fut après évêque de Basas, et enfin archevêque d'Arles. Il unit ce monastère à la congrégation de Saint-Maur, nonobstant les contradictions qu'il y eut de la part des anciens religieux, auxquels il opposa un grand courage. Il passoit pour un grand personnage docte et spirituel. Il mourut à Paris l'année 1643 (1). Son corps fut apporté à Bordeaux et enterré en la maison professe des Jésuites, et son cœur à la chartreuse de Glandiers. Nous lui fîmes ici un office solennel avec tapisseries et chapelle ardente. Et le R. P. Dom Marc Bastide étant abbé de Saint-Augustin vint ici par ordre du T. R. P. supérieur général de la congrégation pour faire l'office. Dans les commencements il témoigna beaucoup d'affection, mais la fin en fut un peu plus différente. Je dirai seulement qu'un ancien religieux de ce monastère, et prieur d'Arthou, décédé depuis dix-huit mois, m'a assuré que iceluy sieur abbé auparavant qu'il nous eut introduits dans ce monastère, avoit fait remplir deux caisses des papiers d'icelui, et en fit charger un cheval pour les envoyer à Bordeaux, et qu'à demi-lieue d'ici le cheval creva, et nonobstant cet avertissement du Ciel, il ne laissa pas de les faire conduire. On ne sait si les dits papiers sont demeurés à Bordeaux, ni de quoi ils sont devenus. Seulement, dirois-je, ce qui m'a été assuré par une personne digne de foi, (le sieur Béchade de Solemnac) qu'étant allée à Bordeaux pour quelques affaires, et étant entrée dans la maison d'un procureur

(1) « Jean Joubert de Barraud, archevêque d'Arles, qui avait été nommé fort jeune abbé commendataire de Solignac, prit au sérieux le titre qu'il portait et procura à ses religieux le plus grand des avantages en les ramenant à l'exacte pratique de la règle bénédictine : il traita en 1618, avec le prieur claustral de Saint-Augustin de Limoges, pour introduire la réforme à Solignac, et c'est grâce à lui que cette abbaye échappa à la commende et fut unie à la Congrégation de Saint-Maur. Successivement évêque de Bazas, conseiller et aumônier ordinaire du roi, puis archevêque d'Arles, Jean de Barraud, dit un de ses panégyristes « a été, constamment, un modèle de toute sorte d'honnêteté et de probité. » (La Chartreuse de Glandier, par un religieux de la maison, p. 241).

nommé Mr Bamen, le procureur lui avoit fait voir un grand parchemin long extraordinairement, dans lequel il lui dit être contenu tout ce qui concernoit le monastère de Solemnac. Le susdit religieux m'a assuré aussi avoir vu entre les mains du dit seigneur abbé la fondation du monastère signée de la propre main de saint Eloy.

Enfin par son testament, il donna mille livres aux pauvres de la ville de Solemnac, après avoir joui de l'abbaye pendant plus de cinquante ans.

Georgius d'Aubusson, commendatarius. — L'année 1643, il fut pourvu de l'abbaye et ne la tint que cinq ans. Il nous voulut molester pour nos pensions et droits de pêche, mais le tout se passa doucement et à notre avantage. Il nous donna un encensoir d'argent à la sollicitation du R. P. Dom Martin Deliesme qui avoit demeuré en ce monastère et savoit le besoin que nous en avions ; la navette fut achetée à nos dépens et coûta dix écus.

Il fut par après archevêque d'Embrun ; il se nommoit autrement le sieur de la Feuillade (1), et eut pour successeur :

Artus de Lyonne, commendatarius. — L'année 1648, il étoit évêque de Gap, et l'archevêché d'Embrun lui ayant été présenté, il le refusa faisant quelque accommodement avec son prédécesseur le sieur d'Aubusson ou de la Feuillade.

Quelque temps après sa nomination et prise de possession, il nous écrivit deux lettres remplies d'affection, qui se trouveront plus bas. Mais quelques ferments de division et de noise le firent

---

(1) Georges d'Aubusson de la Feuillade était fils de François d'Aubusson, comte de La Feuillade, et d'Isabeau Brachet. Il avait d'abord pris l'habit de jésuite, dit le père Anselme. En 1639, il se qualifie abbé de La Souterraine. Il devint docteur de Sorbonne, puis après abbé de Solignac. Député deux fois à l'assemblée du clergé, en 1645 il en fut élu promoteur ; en 1650, il en fut d'abord second président, puis, vers la fin de la même année, premier président à cause de la maladie de l'archevêque de Reims. Il eut l'honneur de porter quatre fois la parole au roi au nom du clergé de France, ce qu'il fit avec dignité. Il prononça aussi l'oraison funèbre de l'archevêque de Reims. En 1648, sur le refus de l'évêque de Gap, qu'il devait remplacer dans ce siège, il devint archevêque d'Embrun. Cette même année, il se qualifiait abbé de Saint-Jean-de-Laon et de Saint-Loup-de-Troyes, prévôt de Fontarabie et prieur de la Ville-Dieu. Créé commandeur de l'ordre du Saint-Esprit le 31 décembre 1661, il fut ambassadeur à Venise, puis ambassadeur extraordinaire en Espagne. Nommé enfin évêque de Metz en 1668, il mourut dans cette ville à l'âge de quatre-vingt-cinq ans, le 12 mai 1697. (*Nobiliaire du Limousin*, tome I, 2e édition, page 61.)

refroidir à notre endroit sans que nous lui eussions donné aucun sujet.

JULES-PAUL DE LYONNE, commendataire. — L'an 1657. Il étoit petit-fils du précédent, qui avoit été marié auparavant que d'être évêque, et étoit père de ce grand de Lyonne décédé depuis peu, et qui a tant molesté la Congrégation de Saint-Maur, duquel celui-ci étoit fils. Son père, ambassadeur à Rome, obtint ses provisions. Cette année un prêtre de Pierre-Buffière accompagné de M. Pigné président à Limoges et autres vinrent prendre possession en son nom. Et l'année 1664, il a donné son consentement qu'il nous a envoyé en bonne ferme, pour fermer la porte appelée de Muret, et le chemin par lequel on va de la même porte jusques à celle de Saint-Michel. Mais les oppositions que quelques habitants y ont faites ont été cause que cela n'a pas réussi, en sorte que nous avons été contraints de faire ouvrir le passage qu'on avoit déjà fermé nonobstant son consentement, les habitants ayant dit publiquement que ce n'étoit pas à lui.

PETRUS DE GODEFROY DE BEAUVILLIERS, abbas. — L'an 1665. Celui-ci, par un tripotage qu'il a fait avec le sieur de Lyonne qui lui a emporté le prieuré de Saint-Martin-des-Champs-les-Paris, a eu en compensation l'abbaye de Solignac, et le R. P. prieur Dom Etienne Rousseau, le 16 octobre de la même année, en prit possession en son nom, et pour ce avoit promis un beau calice. Mais il est encore à venir.

Dès le commencement il consentit que nous fissions donner un arrêt pour la pêche, contre le sieur de Vouzelas qui nous la disputoit. Mais après l'avoir donné il s'est repenti de son consentement, car il vouloit que notre pouvoir dépendît de lui, mais l'arrêt l'adjuge et à l'abbé et au scindic.

Quelque temps après il vint de Paris, et fut reçu par les habitants avec des brandons de paille, et après avoir demeuré quelques jours, s'en est retourné prendre l'air de Paris, qui lui étoit plus agréable que celui de Solignac, et y fait rouler son carosse, s'étant ici renversé trois ou quatre fois.

Il paroit, par sa bulle obtenue, que l'abbé de Solignac est obligé de payer à Rome quatre cents florins d'or pour l'expédition d'icelle, et qu'il a permuté le prieuré de Saint-Martin-des-Champs avec cette abbaye. C'est là où la misère des temps nous a conduits, et un acheminement à de plus grandes calamités, si le Bon Dieu n'y met la main et n'empêche les désordres qui arrivent à l'occasion des bénéfices ecclésiastiques, desquels les séculiers même ont une soif intarissable. Nous avons eu pour abbé un enfant de 13 ans, fils du seigneur de Lyonne, auquel son grand-père, évêque de Gap et abbé de Solignac, l'avait résignée, pour la perpetuer dans la maison. Et à présent nous en avons un autre qui n'est pas prêtre, quoique par la bulle il soit obligé de l'être. O misère.

Abbés de ce monastère tirés du livre intitulé *Gallia Christiana* :

1. Sanctus Remaclus.
2. Dagobertus.
3. Childemnus.
4. Papolenus.
5. Childemarus.
6. Gondobertus.
7. Sylmo.
8. Frotarius.
9. Agiulfus.
10. Ebulus episcopus.
11. Géraldus.
12. Aymericus.
13. Ductramnus.
14. Alexander.
15. Sylvius.
16. Bernardus.
17. Stephanus.
18. Geraldus.
19. Daniel.
20. Sicardus.
21. Richambardus.
22. Bernulphus.
23. Boso.
24. Theodericus.
25. Stephanus.
26. Girardus.
27. Ramnulfus.
28. Bernardus, episcopus.
29. Stephanus.
30. Ambardus.
31. Geraldus.
32. Umbertus.
33. Adalfredus.
34. Wuido.
35. Robertus.
36. Elduinus.
37. Mauritius.
38. Geraldus, confirmatur benedicendus ab Eymerico episcopo Lemovicensis in octavis Paschæ anno 1272.
39. Ademarus.
40. Archambaudus.
41. Gaubertus.
42. Hugo.
43. Petrus.
44. Archambaudus.
45. Guillelmus Barton de Montbas, episcopus Lemovicensis.
46. Joannes Jaubertus de Barraud, archiepiscopus Arelatensis.
47. Georgius d'Aubusson de la Feuillade, archiepiscopus Ebrodunensis.
48. Artus de Lyonne, episcopus Vapensis, vulgo de Gap.

De ce catalogue, et de ceux que j'ai rapportés, on en pourroit faire un accompli, ce que je laisse à ceux qui entendent ces matières, me contentant de rapporter ce que j'ai trouvé.

CHAPITRE XXV

Quelques autres personnages considérables du monastère
de Solemnac.

Outre les abbés ci-dessus rapportés, il se trouve quelques autres
personnages qui ont illustré ce monastère :

Sanctus Tillo. — Quoique sa vie ait été rapportée ci-dessus, je
ne laisserai pas d'ajouter qu'il faudroit un livre pour mettre ce que
nous en avons, et sa vie, et les miracles dont Dieu l'honore encore
à présent, tant en ce monastère qu'ailleurs, où il est demeuré,
comme en un prieuré proche Pompadour, et en une chapelle proche
de Nedde, où on croit qu'il demeura quelque temps.

Entre lesquels il y en est un arrivé depuis quelques années en la
personne d'un enfant du sieur de Beaune, lequel ne pouvoit se
soutenir, et d'ailleurs travaillé d'une grosse fièvre. Et en un temps
fort rude fut mis en la fontaine du saint, de laquelle il sortit entièrement guéri, au grand étonnement de sa mère, qui a publié ce
miracle partout et s'est offerte de contribuer à la réparation de la
chapelle (1).

On dit encore qu'à demi-lieue ou environ du même Nedde, proche
de la ville d'Eymoutiers, il y a une chapelle qu'on appelle Notre-
Dame de Chadieras (2), et on croit qu'il y a eu autrefois des religieux dépendant de ce monastère de Solemnac. Et dans icelle chapelle il y a un tombeau sur lequel on fait coucher ceux qui ont la
fièvre quarte. La plupart desquels sont guéris. Et on tient que c'est
un religieux de ce monastère qui est enterré.

Dieu favorise aussi en d'autres endroits ceux qui, avec confiance,
ont recours à ce grand saint.

Amblardus, prior solemniacensis, Abbas Sancti Martialis. — Il
vivoit l'an 1135. De prieur de Solemnac, il fut élu abbé de Saint-
Martial de Limoges, du consentement de tous les religieux, car
l'abbé étant décédé, les religieux procédèrent à une nouvelle élec-

(1) Ce fait est rapporté, avec plus de détails, vers la fin de ce chapitre.
(2) Chadièras, qui était prieuré en 1318, auquel nommait l'abbé de Solignac, n'est plus désigné à la fin du siècle dernier que comme chapelle
rurale dans la paroisse de Nedde. Sa fête était l'Assomption de la Sainte-
Vierge.

tion et fut élu un certain Bernard, qui s'en retourna bientôt après
à Cluny, et Ponce, abbé de Cluny, vouloit faire élire un autre abbé
à sa volonté au lieu de Bernard ; iceux n'en voulurent rien faire.
Il eut recours à Rome pour faire interdire l'église de Saint-Martial,
mais n'ayant pu obtenir ce qu'il prétendoit du Souverain Pontife, et
s'étant retiré dans une tour avec son train, pour voir comment il
pourroit se venger des religieux de Saint-Martial, le plancher vint
à tomber, dont un religieux eut un bras rompu, un autre une
jambe, et son chapelain fut tué ; les autres se sauvèrent avec peine
et voyant que c'étoit une punition de Dieu, ils retournèrent à
Limoges, et ecclesiam apostoli benignius tractaverunt ; electus
nempe est a monachis Sancti Martialis Amblardus prior Solemniacensis.

Il est fort loué dans un catalogue des abbés de Saint-Martial. Il
est appelé : Magnæ religionis et virtutis vir; il renouvela presque
toute l'abbaye, laquelle avoit été brûlée. Il commanda aux consuls
de faire faire les murailles et les fossés de la ville de Limoges, et
encore il y a une tour qu'on appelle la tour d'Amblard, peut-être
de son nom.

BERNARDUS, Cellerarius Solemniacensis, Abbas Sancti Martini. —
Il vivoit l'an 1202. De Célerier de ce monastère, il fut élu abbé de
Saint-Martin de Limoges, autrefois de notre ordre, mais à présent
possédé par les Révérends pères Feuillants. Il le gouverna fort bien
en sa charge, paya les dettes du monastère, et tempore suo multa
bona venerunt, est-il dit dans ce catalogue des abbés d'icelui,
lequel il gouverna durant douze ans et mourut l'an 1214. Il défen-
dit d'allumer plus d'un cierge à son enterrement. Il semble qu'il
avoit l'esprit de prophétie ; car il prédit souvent, durant sa vie, à
un certain Hugues, abbé de Beaulieu, duquel il étoit grand ami,
qu'il viendroit mourir à Limoges et seroit enterré proche de lui ; ce
qui arriva, car Hugues étant venu à Limoges pour résigner son
abbaye, il fut surpris de maladie et s'étant fait porter à Saint-Martin,
il y mourut et fut enterré dans le chapitre proche de l'abbé Bernard.

Il fit faire un bras d'argent pour enchâsser une relique de saint
Martin.

HÉLIAS DE CEYRAC. — Il fut moine de Solemnac, et post electus
abbas Sancti Sori de Terrasso. Je crois que cette abbaye est dans
le Bas-Limousin et qu'elle subsiste encore (1).

(1) Terrasson, aujourd'hui chef-lieu de canton du département de la Dordogne, est sur la Vezère qui sépare le Bas-Limousin du Périgord. On n'y
trouve plus que les ruines de l'abbaye bénédictine de Saint-Sour.

GILBERTUS. — Il fut aussi moine de Solemnac et puis élu abbé de Saint-Martin de Limoges.

PETRUS, magnus Cellerarius. — C'est l'unique sur le tombeau duquel se lit une épitaphe qui est dans le cloître proche du chapitre, inter capitulum et portam Beatæ Mariæ, car cette porte par laquelle on passe pour aller à l'église, étoit la porte de l'église de Notre-Dame de ce côté, et le devant s'appelait *parvus porticus*, à laquelle porte fait allusion l'épitaphe. Depuis on a fermé ce passage :

Petra tegit Petrum ; — Christus petra det tibi tetrum
Infernum fugere, — Cœlisque locum det habere.
Vos qui transitis — me cernere quæso velitis.
Quod vos sentitis, — hoc sensimus ; ivimus, itis.
Pro me quæso piam — nunc exorate Mariam
Ne mihi claudatur — quæ cœli porta vocatur (1).

Son anniversaire et de plusieurs autres se trouve dans le livre des anniversaires.

J'ai trouvé dans le même livre que longtemps après : Capellanus Sancti Michaelis fuit sepultus in sepulchro Petri magni Cellerarii.

Le sépulcre qui est du même côté du cloître et est élevé, est d'un simple religieux nommé Girbert, qui fuit sepultus in parvo porticu, in medio, super caput cujus in pariete dormitorii, est formatus crucifixus de petra cum Beata Maria et sancto Joanne, dont il paroît encore quelques restes.

Quant aux trois autres qui sont proche de l'église, je n'ai pu trouver leur nom, plusieurs feuilles du livre des Anniversaires étant rompues, où ils pouvaient être. Il paroît seulement que c'étaient trois abbés et fort anciens. Et prenant garde de plus près au dit livre, y ai trouvé un abrégé de tous les anniversaires qui y étaient contenus, quand il étoit en son entier, entre lesquels se voit celui du roy Dagobert, fondateur du monastère, et de trois abbés, savoir :

Archambaudi, abbatis Solemniacensis ;

Hugonis de Malo Monte, abbatis ;

Et Domini Girberti, monachi Solemniacensis et abbatis.

Si ce sont ces trois dont on voit les tombeaux, on ne sauroit l'assurer, puisque les feuilles qui nous eussent pu en donner connaissance sont perdues et ôtées du susdit livre, qui pour l'ordinaire explique l'endroit ou ceux desquels il parle ont été enterrés : ou

(1) Les auteurs du *Gallia Christiana* pensent que c'est l'épitaphe de Pierre I, abbé de Solignac, mort vers 1262.

dans l'église qu'il appelle *monasterium*, ou dans celle de Notre-Dame, ou dans le cloître.

Je ne saurois passer sous silence une chose qui m'a été assurée par des personnes dignes de foi et que nous voyons en pratique, à savoir qu'il n'y a aucune hôtellerie dans la ville, aucun n'étant assez osé que d'en tenir, étant certain qu'il lui arriveroit quelque punition. En effet, nous avons vu qu'un habitant de la ville, voulant tenir hôtellerie, loua sa maison qu'il y avoit et s'en alla demeurer dans un faubourg. Le bon Dieu ne voulant pas, ce semble, que ce lieu qui a été sanctifié par la demeure de tant de saints, ses serviteurs (car il est certain qu'autrefois l'abbaye contenoit au moins tout le circuit de la ville), soit profané par des ivrognes, jureurs et autres débauches qui se passent ordinairement dans les hôtelleries.

Je finirai ceci par un miracle, lequel m'a été rapporté par deux de nos confrères, arrivé par l'intercession de saint Théau, religieux de ce monastère. Iceux donc ayant été envoyés l'année passée à Anedde pour y prêcher le jour de saint Martin, patron de la paroisse, furent assurés par le sieur de Beaulne, gentilhomme, et sa femme (1) qu'ils avaient un petit enfant, lequel ne se pouvoit soutenir en aucune façon, et icelui ayant été apporté en une chapelle qui est tout proche, dédiée à saint Théau et presque ruinée, et trempé dans une fontaine, de laquelle, ainsi que la tradition porte, le saint, demeurant en ce lieu, a souvent bu, il fut entièrement guéri et élevé même sans que, depuis, il ait été attaqué d'aucune incommodité, au grand contentement de ses père et mère, lesquels publient, en toute occasion, ce miracle, et ont eu la volonté de faire remettre la dite chapelle, pour augmenter la dévotion envers le saint qui y est grande à l'occasion de semblables miracles, et en reconnaissance de la faveur qu'ils confessent avoir reçu par les mérites du même saint. Ils ont déclaré la même chose au R. P. Prieur qui y est allé au mois d'avril de la présente année 1665.

Chose remarquable touchant le monastère de Solemnac, tirée de la fondation de celui de Beaulieu faite par Rodulphe, archevêque de Bourges :

Hilari mente promptaque voluntate, Deo salvatori omnium devote

---

(1) Apparemment Pierre Romanet, sieur de Beaune, et Marie Thevezaud, son épouse, dont plusieurs enfants naquirent vers cette époque, comme le constatent les registres paroissiaux de Saint-Pierre-Château, et le *Nobiliaire du Limousin*, tome IV, p. 110. Le château de Beaune, autrefois de la paroisse de Saint-Pierre-Château, est aujourd'hui dans la commune d'Eymoutiers, sur la route de Nédde.

offero, et in vice Christi, Bernulfo abbati Sollemniacensis monasterii, Cuniberto abbati ejusdem loci, nec non Godoni monacho,
Frannario, Bernardo, Gainulfo, Storgiso, Rigaldo, Chœinulpho,
Abraham trado; ita duntaxat ut prædictus Cunibertus abba et
præfati monachi in eodem loco cœnobium monachorum sub regula
S. Benedicti degentium, in honore beatissimi apostolorum principis
Petri construant : et ibi sub vera religione viventes, pro regis
nostri, parentum que nostrorum erratibus, quin etiam pro catholicæ
cunctœque universalis Ecclesiæ statu, sedulis precibus divinam
clementiam implorare decertent.

Rodulphus, archiepiscopus Bituricensis subscripsi, Data dona-
tione mensi novembri anno VI, regnante Corolo rege christianis-
simo, XV indictione (1).

Par où on voit que les premiers religieux qui peuplèrent le monastère de Beaulieu furent tirés de ceux de Solemnac, lesquels
sans doute étaient d'une grande observance et discipline monastique.

CHAPITRE XXVI

*Catalogue des Prieurs de ce Monastère depuis l'union d'icelui à la
Congrégation de Saint-Maur.*

Après avoir rapporté les abbés que j'ai pu trouver qui ont eu le
gouvernement de ce monastère, j'ai pensé qu'il seroit à propos de
mettre ensuite les noms de ceux qui l'ont gouverné en qualité de
prieur, depuis son union à la congrégation.

Ce que je ferai brièvement, rapportant les réparations qu'ils ont
faites durant leur temps, et laissant plusieurs choses que je pourrois dire à leur louange, s'ils n'étaient encore vivant : Lauda ducis
fælicitatem, sed cum pervenerit ad triumphum.

L'an 1619, la réforme fut introduite.

LE R. P. DOM RORICE LIMOUGAUD fut le premier prieur. C'étoit un
grand religieux ; il fut le prieur trois ans et mourut ici l'an 1622, au
mois de septembre, regretté de ses confrères et des séculiers. De son
temps on commença à travailler à faire le jardin, de l'argent que

(1) On peut voir ce testament de Rodulfe, archevêque de Bourges, dans
le *Cartulaire de Beaulieu,* publié par M. Maximin Deloche en 1859,
page 3, où l'on remarquera plusieurs variantes dans le texte.

nous donna M. l'Abbé, qui venoit à la somme de quatre mille livres, mais il coûta beaucoup davantage. Le dit s^r abbé fit aussi faire le dortoir et, moyennant la dite somme, se déchargea de tout le reste.

LE P. DOM BERNARD JAVARDAC. — L'an 1623. Il ne fut prieur qu'un an. Le chapitre général se tenoit pour lors tous les ans.

LE R. P. DOM MAURICE PONCIGNON. — L'an 1624, et gouverna trois ans.

LE R. P. DOM MAUR TASSIN lui succéda l'an 1627. Il fut prieur cinq (1) ans et mourut à Jumiège, en Normandie, étant abbé de Chezal-Benoit. Il étoit tenu pour un saint, et en effet c'étoit un grand religieux en vertu et en doctrine, Il étoit fort adonné à l'oraison, y employoit d'ordinaire tout le temps qui reste depuis matines jusqu'à la méditation. Il avoit une grande dévotion envers le T. S. Sacrement de l'autel, et pour l'ordinaire il entendoit toutes les messes qui étaient ici célébrées chaque jour, et après avoir célébré la sainte messe, il avoit le visage tout lumineux. Il prêchoit presque tous les dimanches, et bien souvent le matin il alloit prêcher au Vigen, et après dîner il prêchoit dans la grande église, et après vêpres, il faisoit le catéchisme dans la chapelle où nous faisons le service divin, n'étant encore dans la grande église à cause des anciens religieux. Je pourrois rapporter plusieurs autres choses, l'ayant connu fort particulièrement, et accompagné souvent durant ses prédications, et par ainsi conversé avec lui fort familièrement ; car il étoit d'une agréable conversation, et se plaisoit fort à parler des exercices de dévotion. Il avoit aussi une dévotion particulière à saint Jean l'Evangéliste et à sainte Madeleine. J'espère que ceux qui ont eu une plus grande connaissance de sa vie et de sa mort auront soin de mettre ses actions par écrit pour servir d'édification à la postérité. Il avoit été visiteur dans la congrégation. Durant son temps et de ses prédécesseurs, on ne fit pas de grandes réparations à cause de la pauvreté du monastère, seulement on travailloit à mettre le jardin en état, ce qui fut achevé de son temps.

LE P. DOM MARTIN FITEAULX. — L'an 1631, il fut prieur deux ans. Il acheta le grand calice avec les burettes d'argent doré. Le calice fait à l'antique nous fut donné quelque temps auparavant par M^r le Prévôt d'Eymoutiers, et celui d'argent ciselé par Dom Jean Bardoulat, chanoine d'Eymoutiers. Quelques temps après icelui s'étant rendu religieux de notre congrégation. Et l'un et l'autre nous ont

(1) Dans la copie de la bibliothèque nationale on lit *six ans* ce qui s'accorde encore moins avec la date de nomination de son successeur.

été donné à la sollicitation de Don Eloi Dumas, ancien religieux de ce monastère, et bientôt après, de la congrégation, ayant quitté les anciens pour se mettre dans la réforme. Du temps aussi du susdit Dom Martin Fiteaulx, la grande custode d'argent doré nous fut donnée par Madame Blondeau.

Le R. P. Dom FLORENT BOUDIN, l'an 1633. Il gouverna cinq ans. De son temps nous entrâmes dans la grande église pour y célébrer le service divin, et comme elle étoit en pauvre état, il la fit réparer, blanchir, parer, il fit faire la sacristie et acheta quelques ornements, pauvres à la vérité, mais honnêtes. Il fit conduire une fontaine au milieu du préau du cloître, mais après avoir jeté de l'eau quelques jours, les canaux se crevèrent parcequ'on les faisoit passer dans la rivière. C'est pourquoi à l'occasion de ces réparations et autres choses, le monastère s'endetta fort de son temps. Il y eut aussi un cours de philosophie, mais il ne réussit pas. Il fit encore accommoder le réfectoire, la cuisine, etc.

Le R. P. Dom CONSTANTIN NAVARRE lui succéda. Monseig' l'Archevêque d'Arles, abbé de ce monastère l'établit son grand vicaire; il fut prieur l'an 1637 et gouverna deux ans.

Le R. P. Dom BRUNO VALLES, l'an 1640 (1), gouverna cinq ans, après fut prieur à N. D. d'Evron. Il fit accomoder le chapitre et y faire la cheminée, à la sollicitation du R. P. Visiteur, de laquelle on s'est servi fort peu de temps. Il acheta la petite custode pour porter à l'autel de N.-Dame pour la communion des séculiers. Il fit faire aussi quelques ornements, entre autres; la chape rouge avec les fleurs d'or. On acheta la maison qu'on appelle communément du merle, qui est devant notre réfectoire. Bref il fit si bien par sa conduite, qu'on n'emprunta pas la somme de deux mille livres qu'on avoit eu permission d'emprunter pour subvenir aux nécessités du monastère. De son temps, nous reçûmes une petite relique de saint Eloy.

Le R. P. Dom RUPERT LAVIALLE lui succéda l'an 1645, lequel après avoir prêché le jour de l'Assomption de la Sainte Vierge de l'année suivante tomba malade, et étant allé au monastère de saint Augustin de Limoges, il y mourut et fut enterré l'an 1646, si bien qu'il ne fut prieur qu'un an et quelques mois.

De son temps, nous achetâmes le poêle pour porter le Très Saint Sacrement et deux chapes de satin à fleurs, et quelques ornements pour l'autel de la Sainte Vierge. La cellérerie fut ainsi faite de son temps.

(1) Il avait pour sous-prieur Dom Martin Deliesme, dont il est parlé dans le chapitre suivant.

Après son décès, le R. P. Dom Ambroise Frègeac, sous-prieur, eut le gouvernement du monastère jusqu'à l'année suivante que le R. P. Dom Monmolle Geoffroy, de prieur claustral et de maître des novices de Saint Augustin, fut nommé prieur de Solemnac, en la diète qui fut tenue la même année de 1647. Il ne gouverna qu'un an, car au chapitre général de l'année suivante, il fut élu prieur de saint Rémy de Reims. De son temps fut fait le rétable de Notre-Dame.

Le R. P. Dom Ambroise Frégeac lui succéda l'an 1648 et gouverna trois ans, et l'an 1651 fut élu abbé à Saint-Augustin-les-Limoges. Il fit faire le Chartier pour conserver les titres du monastère, et la petite chambre basse pour les hôtes, proche la cuisine. Il fit aussi faire deux grands reliquaires de bois doré pour y enchâsser certaines reliques qu'on nous avait données. On commença de son temps de faire les reconnaissances d'Anedde. Il fit faire le grenier qui est sous les chambres du dortoir.

Le R. P. Dom François du Cher, prieur claustral de Saint-Augustin, fut nommé prieur de Solemnac l'année 1651 et fut prieur trois ans. Il fit faire diverses réparations sans endetter le monastère, car il fit faire le rétable du grand autel avec les tableaux, une chape de satin à fleur, garnie de dentelles d'or (1) avec la chasuble, tunique et parement d'autel pour les jours solennel. Il fit faire l'entrée du monastère et le côté du cloître qui est du côté du réfectoire et quelques autres. Et après il fut élu prieur du monastère de la Très Sainte Trinité de Vendôme, au chapitre général tenu à Marmoutier-les-Tours, l'année 1654 (2).

Le R. P. Dom Louis Jamet, de prieur claustral de Saint-Augustin, fut élu prieur de ce monastère l'an 1654. Il a continué le cloître que son prédécesseur avoit commencé et a fait faire le côté devers l'abbaye et donné commencement du côté de l'église; il a fait

(1) Cette chape existe encore à Solignac, ainsi que plusieurs autres dont il est parlé précédemment.

(2) Dans la vie de Saint-Martial, le père Bonaventure parle de ce religieux en ces termes : « Nous avons à traiter de la fondation du monastère de Solignac, en laquelle nous nous servirons des mémoires du R. P. Ducher, bénédictin, qui en a fait une Carthe assez curieuse et en bel ordre, qu'il a eu la bonté de me prêter, quand je fus à l'abbaye de Solignac, pour y visiter les monuments du monastère, » (Bonaventure de saint Amable, III, p. 229. Ouvrage imprimé en 1680.) — Cette « Carthe curieuse et en bel ordre » est peut-être le « Tableau historique du Monastère de Saint-Pierre-de-Solignac » conservé à la Bibliothèque nationale nᵒ 12691, où je prends la liste des abbés terminant cette chronique.

changer le puits qui étoit comme nous l'avons désigné ailleurs et fait agrandir la cour de chez Sinigou. Il a fait griller la sacristie et procuré la grande croix d'argent pour porter aux processions, en laquelle il y a un morceau de la vraie croix de notre rédemption. Il a fait réparer un pilier de l'église qui menaçoit ruine (le feu y ayant été mis au dernier siècle par les Huguenots) et autres réparations au clocher et à l'église, et même un conduit du côté du cimetière pour empêcher les eaux d'entrer en icelle qui gâtaient le fondement. Il l'a encore fait couvrir toute de nouveau, à cause qu'il pleuvoit en divers endroits sur les voutes.

Nous avons eu aussi de son temps un bras d'argent qui coûte plus de cinquante écus, pour y mettre une petite relique de saint Cloud, laquelle lui avoit été donnée par un de nos amis.

C'est lui encore, qui l'année 1657, ayant été continué prieur de ce monastère, a procuré que le tabernacle du grand autel a été doré, et ce par les libéralités de Léonarde Chavagnac, veuve de feu Jacques Lombard, lequel ayant été enterré dans notre église devant l'autel de saint Cloud, la dite Léonarde Chavagnac pour ce sujet et autres œuvres de charité exercées envers elle, ou défunt son mari, témoigne d'une grande affection à ce monastère, ce qui a obligé le R. P. Prieur de lui procurer des lettres d'affiliation. Il a fait faire aussi quelques ornements, entre autres, une chape de damas blanc garnie de petite dentelle d'or.

En la diète annuelle tenue l'an 1658, il fut fait prieur de Brantôme et eut pour successeur :

Le R. P. Dom Benoît Rabby, lequel, la même année 1658, de prieur de Brantôme fut élu prieur de ce monastère. Il a fait acheter des tapisseries pour orner et accomoder la sacristie.

De son temps, par les libéralités de quelques personnes, a été achetée une croix d'argent doré, dans laquelle la particule de la Sainte-Croix qui étoit à la croix qu'on portoit aux processions a été mise, afin de l'exposer aux fêtes solennelles sur le grand autel, et la donner à baiser plus facilement à ceux qui la demandent assez souvent. Il fit faire quelques autres petites réparations. De son temps, le rétable du grand autel a été doré. Il s'est étudié à mettre la confrérie du Saint-Rosaire en meilleur état qu'elle n'étoit auparavant. Il ne fut prieur que deux ans, car au chapitre général, tenu l'année 1660, il fut déchargé de son office.

Le R. P. Dom Etienne Roulleau lui a succédé, l'année 1660, ayant été nommé prieur par les Révérends Pères définiteurs du chapitre général tenu à Marmoutier-les-Tours, ayant été célérier et sous-prieur auparavant. C'est lui qui a fourni aux dépenses qui ont été faites par ses trois prédécesseurs, tant pour les réparations qui ont été faites durant leur temps, que pour l'embellissement du grand autel et de l'église, auxquels il a beaucoup contribué. De son temps le rétable de l'autel de la Sainte Vierge a été fait et doré, et celui qui y étoit auparavant a été mis à saint Cloud et doré, comme aussi celui de l'autel de saint Eloy, communément dit l'autel de sainte Anne, a été fait et doré. Il a fait aussi accommoder le dortoir pour la commodité des religieux, et acheté le reste des maisons qui sont devant le réfectoire, en intention de fermer le passage, mais nonobstant la permission de M. l'Abbé, et obtenue pour ce sujet, ce dessein n'a pas encore réussi jusqu'à présent, au commencement de cette année 1665. Mais il faut espérer que le Bon Dieu fera que le tout retournera à sa gloire et à son honneur pourvu que nous soyons conformes à sa très sainte volonté.

L'année 1663, les tableaux qui sont aux chaires des religieux dans le chœur, ont été faits par un peintre de la ville de Limoges nommé le sieur Beulaigue (1).

L'année 1664, les maisons qui étaient devant le réfectoire, depuis la porte murée jusqu'à la maison de Chambon, ont été ou changées ou achetées, hormis deux qui étaient déjà au monastère depuis quelques années; Monsieur l'abbé a donné son consentement pour fermer la dite porte et chemin. L'achat de toutes ces maisons revient à quelques sept mille livres, ce qui a endetté le monastère. Mais l'année 1666 au chapitre général, il fut élu prieur de Saint-Angel, n'ayant pu exécuter son dessein touchant la cloture prétendue, pour les oppositions du sieur Blondeau et autres habitants, comme il sera dit ailleurs.

Le R. P. dom ILDEFONSE VIGIER, prieur de Saint-Angel, et l'ayant été en d'autres monastères, et enseigné la théologie, lui a succedé la même année 1666. Il fit achever de paver l'église en partie des libéralités de Madame Lombard. Les pierres furent prises au Mas du Puy, du consentement du sieur du Vergier, trésorier et seigneur dudit lieu. Il fit aussi diminuer la communauté pour épargner quelque chose et pouvoir payer les dettes contractées par son prédécesseur pour l'achat des maisons desquelles il a été parlé. Il fut

(1) On voit encore quelques-uns de ces tableaux aux stalles du chœur de Solignac. Leur auteur est apparemment Psalmet Beulaigue, maître peintre à Limoges, mort en 1679 âgé de soixante ans, ou Pierre Beulaigue, aussi maître peintre de cette ville, mort le 2 décembre 1685. Cette famille avait quelques rapports avec celle de notre grand peintre émailleur Léonard Limosin, puisque le 28 mars 1621, Jean Beulaigue était parrain de sa fille Simonne Limosin.

prieur cinq ans, et l'année 1671, en la dicte tenue la même année à Paris, a été déchargé de son office, et a eu pour successeur :

Le R. P. dom Dieudonné Buisson, qui est arrivé le 21 de juin, après avoir fait son possible auprès des supérieurs majeurs pour être exempté de cette charge. La communauté a été augmentée, et il a eu soin des jeunes profes, desquels il a été le directeur. De son temps, les deux petits reliquaires d'argent ont été faits, et achetés le 2 de juin de l'année 1672, et ont coûté cent quarante six livres, et pesent un chacun deux marcs, une once et cinq deniers.

Dans l'un desquels a été mise la petite relique de saint Eloy que nous avions eue du monastère de Chelles, comme il est dit plus bas, et de l'huile du tombeau de sainte Catherine, vierge et martyre, tiré d'un chef de cuivre, où est demeuré une partie du crane de saint Paul, apôtre, et quelques petites reliques de saint Marc, évangéliste, saint Martin et saint Blaise, tirées du même chef.

Dans l'autre a été mis un morceau de bois, qu'on croit être de la Sainte Croix, comme témoigne l'ancien sacristain, et a été tiré du même chef de cuivre. Et une dent et un petit ossement de la main de saint Martin, tirés d'un chef en bois, où le tout avait été conservé longtemps. Et partant il faut corriger ce qui se trouve dans le procès-verbal des reliques de ce monastère, fait par le R. P. dom Placide Roussel, ci-dessoubs rapporté.

CHAPITRE XXVII

Catalogue des Prédicateurs de notre Congrégation qui ont prêché en ce monastère depuis notre introduction en icelui.

La voie la plus commune dont N.-S. se sert pour attirer les âmes à sa connaissance et à son amour, c'est la prédication, par le moyen de laquelle une infinité de personnes ont fait et font tous les jours divorce d'avec le monde et le péché, pour embrasser la vertu. C'est pourquoi je veux mettre ici un catalogue des personnes qui se sont adonnées à ce saint exercice, depuis notre introduction en ce monastère, tant pour faire voir l'obligation que ce peuple a à Dieu, qui a eu le soin de leur envoyer de temps en temps des personnes capables de les instruire et zélées pour leur salut, que la charité de nos RR. PP. qui les y ont occupées.

Le premier qui commença de s'adonner à ce saint et louable

exercice fut le R. P. RORICE LIMOUGAUD, durant les années qu'il fut prieur.

Le 2ᵉ, DOM BERNARD JEVARDAC.

Le 3ᵉ, DOM CHRYSOSTOME THOMAS ; on l'appeloit ici le père maldisant à cause qu'il reprenoit fort le vice. Il étoit de Lorraine et y est mort.

Le 4ᵉ, le R. P. DOM MAUR TASSIN ; il s'y employoit avec une grande ferveur, comme nous avons vu ci-dessus.

Le 5ᵉ, DOM MARTIN FITEAULX. Il prêcha en divers lieux, et une fois en la paroisse Saint-Michel de Limoges le jour de fête du dit Archange au mois de septembre, avec applaudissements.

Le 6ᵉ, DOM MAUR BARRIS. Il fut envoyé peu après en Gascogne et y est mort ayant un grand soin d'instruire le pauvre peuple des monts Pyrénées, duquel il étoit fort affectionné.

Le 7ᵉ, DOM LOUIS PONTHU ; il prêcha en d'autres endroits et fut abbé de Saint-Alyre-les-Clermont.

Le 8ᵉ, DOM HUGUES COLCON, lequel Mgr l'archevêque d'Arles, abbé de ce monastère, ayant entendu, pour porter les habitants de la ville à le venir entendre, dit qu'il lui sembloit entendre un autre père Coton. Il fut prieur à Notre-Dame de la Daurade à Toulouse.

Le 9ᵉ, DOM BONIFACE LETANT, lequel est à présent visiteur en la province de Gascogne.

Le 10ᵉ, DOM RAPHAEL BOYGE, lequel prêcha depuis l'Avent et Carême à la Chaise-Dieu, et les dimanches et fêtes de l'année à Saint-Jean-d'Angély et ailleurs. Il alloit souvent au Vigen.

Le 11ᵉ, DOM RORICE GOTTEREAU. Il fut prieur de Saint-Pierre-de-Mauriac.

Le 12ᵉ, DOM AMBROISE FREGEAC, étant ici simple religieux, puis sous-prieur, et enfin prieur, s'est fort employé à ce saint exercice. Il alloit aussi fort volontiers par les villages instruire le simple peuple.

Le 13ᵉ, DOM GERALD PINET, étant ici sous-prieur. Il fut après élu prieur de Brantôme.

Le 14ᵉ, DOM MARTIAL BACHELLERIE, lequel étant allé prêcher à Saint-Augustin un jour de N. B. P. saint Benoît, mérita de recevoir cette louange de Monsieur l'official qui y assistoit : *potens opere et sermone.*

Le 15ᵉ, DOM ANDRÉ HEGUET. Durant trois ou quatre ans qu'il a été ici sous-prieur, a prêché à diverses fois et est allé aux villages.

Le 16ᵉ, DOM JEAN CHANALLE.

Le 17ᵉ, DOM HILARION DURAND.

Le 18ᵉ, DOM FRANÇOIS DUCHER, lequel auparavant de venir ici pour être prieur, ayant prêché à Saint-Augustin la fête de N. B. P. saint Benoît, un bon père que je ne nomme pas, de ceux qui pensent tout savoir dit, en applaudissant à sa prédication, qu'il ne pensoit pas qu'un bénédictin sut si bien prêcher.

Le 19e, DOM CLAUDE TOURNEMIRE, l'an 1654.

Le 20e, DOM JEAN VILLARET, sous-prieur, l'an 1655.

Le 21e, le R. P. DOM LOUIS JANET, l'année 1656.

Le 22e, DOM PHILIPPE MICHEL, l'année 1657.

Les 23e et 24e, DOM ANTOINE SALES et DOM FRANÇOIS CHAPPE, en 1658, ont prêché alternativement les dimanches et fêtes de l'Avent et du Carême.

Le 25e, le R. P. DOM BENOIT RABBY, tandis qu'il étoit prieur, a commencé à prêcher le jour de l'Assomption de la Sainte Vierge l'an 1658 et continué l'Avent, Carême et autres fêtes 1659.

Le 26, DOM ROBERT NEMPDE, l'année 1660.

Le 27e, DOM HUGUES BÉRALD, les années 1662-63.

Les 28e et 29e, DOM JACQUES MORANDON et D. JEAN-FRANÇOIS BARTHÉLEMY, l'Avent de l'année passée et le Carême de cette année 1665.

Outre ceux-là qui ont prêché longtemps ici, ou Avent, ou Carême, en voici d'autres qui ont donné quelques prédications en passant :

Le R. P. DOM MAUR DUPONT, étant abbé de Saint-Augustin, venoit ici parfois prêcher. Il fut président de la Congrégation et depuis peu est mort à Saint-Denis en France. Celui-ci me reçut à la Sainte Religion.

DOM AUGUSTIN DUPIN, natif de Limoges.

DOM JEAN DE VAULX.

DOM ELOY ENIQUE.

DOM JOSEPH BOURGUINOUX ; il enseigna la théologie en Normandie et mourut à Bordeaux.

DOM CONSTANTIN NAVARRE, étant prieur, fit le catéchisme et quelques prédications du temps que Mgr d'Arles demeuroit ici.

DOM RUPERT LAVIALLE, comme nous avons dit, parlant des prieurs de ce monastère.

DOM MONTMOLLE GEOFFROY, étant aussi prieur, donna quelques prédications.

DOM MARTIN DELIESME (1), étant sous-prieur sous le R. P. Bruno

(1) C'est à lui que Laurent Dumas envoya le manuscrit que possède aujourd'hui la Bibliothèque nationale (fonds latin n° 12697). Voici une partie de sa lettre d'envoi :

« Pax Christi. — Mon Révérend Père,

» Je vous envoie un abrégé des antiquités de ce monastère de Solemnac, ne sachant à qui m'adresser qu'à vostre Révérence, que je salue de tout mon cœur, quoiqu'il semble qu'elle ne se souvient plus de moy. Il y a longtemps que j'avois ce désir, mais certes mes incommodités journalières m'en ont empesché, et encore ay je eu bien de la

Valle, fit le catéchisme et quelques prédications, D. Raphael Boyge, prédicateur ordinaire, s'étant trouvé incommodé.

Dom André Faye, natif de Solemnac, prêcha un jour de l'Ascen-

peine de venir à bout de ce petit échantillon, n'ayant peu ny en mieux escrire, ny en mettre plus longt, ainsi que je l'ai redigé dans un livre, il y a plus de seize ans, depuis que le Très Révérend Père supérieur général Dom Grégoire Tarrisse, d'heureuse mémoire, en fit l'ordonnance à tous les supérieurs de la Congrégation. Si vous trouvez qu'il y ait quelque chose en ce monastère qui puisse servir à nos pères qui travaillent, quelqu'un prendra la peine de le faire savoir à nostre Révérend Père Prieur, et il le fera descrire plus au long. Il me semble que des le commencement j'ai envoyé copie de tout ce que j'avois trouvé, hormi des privilèges de Charles le Chauve que je ne pouvois lire, mais du depuis l'ayant leu et descrit, je vous l'envoie. Je n'ai point aussi fait de mention de ce qui se passa à nostre introduction, ni du pauvre état ou étoit ce monastère, ni du service qu'on a rendu aux habitants, soit par les prédications, confessions, et m'asseurant que vous en avez assez ue connaissance ; comme aussi des réparations qui ont été faites. Si neantmoins vous jugez que cela soit nécessaire, faites le savoir (s'il vous plaist) et le tout vous sera renvoyé bien au longt. . . . . . .

» . . . Je pensois finir icy, mais j'ay creu que vostre Rev. seroit bien aise de scavoir les petites réparations qui ont esté faictes depuis que vous estes sorty de Solemnac. L'entrée du monastère a esté renouvelée, et la porte qui estoit toute. . . . . . . et que vous aviez veue a esté mise ; les costés du cloitre, du réfectoire et de l'abbaye sont taits, mais non pas lambrissés, et le costé de l'église commencé. Le dortoir qui ressembloit à un galettas, a esté couvert, est à présent fort beau et commode. Nous avons eu une belle croix d'argent pour porter en procession ; et la particule du bois de la Sainte Croix, que le R. P. dom Placide Roussel y avoit fait mettre, en a esté tirée, pour mettre dans une petite d'argent doré, pour donner à baiser à ceux qui la demandent, pour actions de grâce de guérison reçue. On a fait faire aussi un bras d'argent dans lequel a esté mise une relique de Saint-Cloud. Au grand autel il y a un retable tout doré, avec le tabernacle et l'autel de la Sainte-Vierge, et mesme le tabernacle et retable d'où au milieu duquel est l'image de la Sainte Vierge. A l'autel de Saint-Cloud et de Sainte-Anne, chascun leur petit retable doré. Vostre Révérence scait bien qu'elle nous procura l'encensoir d'argent, quoique avec beaucoup de peine. Ce sera assez pour ceste fois. Souvenez vous toujours du pauvre Solemnac, et particulièrement en vos saints sacrifices, n'oubliez pas celui qui est de cœur et d'affection,

» Mon Révérend Père,
» Votre tres humble et obéissant confrère,
» Fr. Laurent Dumas, B. J.

» De Solemnac, le 30 septembre 1663.

» Au Revérend Pere Martin Deliesme, religieux benedictin, demeurant au monastère de Saint-Germain-des-Prés-les-Paris. »

sion, il fut prieur de Brantôme, de la Chaise-Dieu et de Saint-Maixent.

Dom Louis Serre, natif aussi de Solemnac, étant venu voir ses parents, prêcha le premier dimanche d'octobre à la fête du Saint-Rosaire. Il a prêché en divers lieux, mais particulièrement à Saint-Porcin, où il a demeuré fort longtemps.

Dom Maur Avol a prêché ailleurs plusieurs fois Avent et Carême.

Dom Pierre Rétif, étant celérier en ce monastère, fit quelques prédications.

Dom Chrysostome Veyssier ; il a prêché en divers lieux.

Dom Etienne Legris, étant secrétaire du R. P. Visiteur, s'étant ici trouvé le jour de la Conception de la T. S. Vierge, y prêcha, l'an 1651.

Dom François de Villemonteys, étant prieur claustral de Saint-Augustin, prêcha ici un dimanche de Carême de l'an 1655.

Dom François de Monclar, à deux diverses fois.

Dom Germain Bacquelin a prêché ici le premier dimanche de Carême de l'année 1656 et à la paroisse le jour de la dédicace de Saint-Michel.

Dom Jean Lanotheur, lecteur en philosophie, a fait quelques prédications.

Dom Jean-Damascène Coudert, Dom Jean Nicaud, D. Jacques Marchandon, D. Jean Pigne et Dom Anselme Colombet, étant religieux de Saint-Augustin, vinrent prêcher un dimanche de Carême de l'année 1661. Et le dit Dom Jean-Damascène Coudert, étant ici depuis sous-prieur, a fait d'autres prédications l'année 1664.

Dom Hugues Bérard a prêché trois Carêmes et trois Avents avec les principales fêtes de l'année.

CHAPITRE XXVIII

Diverses coutumes pratiquées autrefois en ce monastère de Solemnac.

ET PREMIÈREMENT DES FÊTES.

En lisant quelques vieux manuscrits qui nous sont restés des antiquités de ce monastère, j'y ai rencontré plusieurs saintes pratiques dont nos prédécesseurs avaient accoutumé de se servir, lesquelles comme étant saintes et louables, j'ai jugé à propos de les ramasser ici pour les laisser à la postérité, pouvant servir d'édification à ceux qui prendront la peine de les lire. Je commencerai donc par ce qui concerne la célébration des fêtes et la solennité avec laquelle ils avaient accoutumé de les célébrer.

Or comme les fêtes sont diverses, aussi la solennité en étoit diverse, et pour ce, ils la réduisaient, ce me semble, à trois ou quatre classes.

La première étoit des plus solennelles auxquelles ils avaient accoutumé de mettre *omnes in cappis*.

La seconde de celles qui n'étaient pas si solennelles qu'ils appellaient simplement *in cappis*.

La troisième de celles auxquelles tous les religieux étaient revêtus en aube seulement, et celles-ci y étaient en grand nombre, et ils les distinguaient par ces mots : *omnes in albis*.

Et la quatrième étoit de celles qu'ils spécifiaient par ces mots : *duo in albis*.

Après celles-là, ils avaient les autres fêtes qui se célébraient simplement et sans une solennité.

§ I. — DES FÊTES DE LA 1re CLASSE.

Les fêtes que nos prédécesseurs célébraient fort solennellement étaient suivant l'ordre des mois où elles arrivent :

Au mois de janvier — L'Epiphanie ou jour de Rois, *omnes in cappis. Duplex majus*, dit le manuscrit duquel ceci a été tiré. Et après le jour de saint Théau, religieux de ce monastère, avec octave, la fête duquel ils célébraient le lendemain de Rois qui fut le jour de son décès.

Au mois de mars, le saint jour de Pâques, ou selon le mois auquel il arrivoit, et de même en étoit de l'Ascension et de la Pentecôte.

Au mois de mai, le 9 d'icelui, ils célébraient de la même façon le jour de la Dédicace de notre église.

Au mois de juin, le quinzième d'icelui, la translation de sainte Fauste, vierge et martyre, avec octave.

Au même mois, le lendemain de saint Jean-Baptiste, ils célébraient la translation du bras de saint Remacle, avec octave, et la fête des glorieux apôtres saint Pierre et saint Paul.

Au mois de juillet, ils célébraient avec pareille solennité, la translation du bras de saint Eloy notre fondateur, de Noyon à ce monastère, qui nous fut donné par l'évêque Baldoyn, ainsi que nous avons dit ailleurs ci-dessus ; c'étoit le cinquième du dit mois.

8

Au mois d'août, la fête de saint Pierre aux liens, le premier jour d'icelui, et le quinzième la fête de l'Assomption de la T.-S.-Vierge étoit du même ordre, avec octave.

Au mois de septembre, la fête de saint Remacle, premier abbé de ce monastère et puis évêque de Liège, avec octave.

La nativité de la T.-S.-Vierge fut mise en ce rang par l'abbé Archambaud.

Au mois de novembre, la fête de Tous les Saints étoit de cet ordre.

Au mois de décembre, le 1er jour d'icelui, la fête du glorieux saint Eloy, notre fondateur, et la fête de la Nativité de N.-S.-J.-C. avec pourtant quelque différence comme nous verrons à présent.

Parmi ces fêtes, il n'est pas fait mention de celle du Très-Saint-Sacrement, parce que comme je crois, elle n'étoit pas encore instituée quand le livre dont ceci a été tiré fut écrit (1), car il est certain qu'après elle fut célébrée avec pareille solennité.

§ II. — QUELQUES DIVERSITÉS TOUCHANT LES SUSDITES FÊTES.

Or, quoique toutes les fêtes fussent en quelque sorte semblables quant à la solennité, néanmoins, il y en avoit quelques unes qui avaient quelque chose pardessus les autres ; et telles étaient la Nativité et la Résurrection de Notre Sauveur, le jour de l'Epiphanie, l'Ascension, le jour de la Pentecôte, l'Assomption de la Très-Sainte-Vierge, la fête de saint Pierre et de saint Paul, et la fête de saint Eloy. Auxquelles premièrement on sonnoit les cloches extraordinairement, spécialement la nuit pour matines. De plus le grand autel et tous les religieux étaient encensés, et on mettoit quatre parements au grand autel, et à la fin de chaque nocturne, le sacristain avoit soin d'en ôter un, ils étaient tous de diverses couleurs. De plus on allumoit plusieurs cierges à l'entour du grand autel, comme nous voyons être pratiqué ès églises cathédrales et en quelques uns de nos monastères les plus célèbres. On faisoit aussi la procession solennelle par le cloître, tous les religieux étaient revêtus de chappes. De plus l'octave des dites fêtes avoit quelque chose de particulier, car l'invitatoire à matines étoit chanté par deux religieux revêtus en chappes, et semblablement à la grande messe, les chantres se revêtaient. La commémoration de la Très-

(1) La fête du Très-Saint-Sacrement a été célébrée pour la première fois le jeudi d'après l'octave de la Pentecôte en 1264, ainsi que le prescrit la Bulle d'Urbain IV instituant cette fête. L'observation de Dom Damas est parfaitement exacte.

Sainte-Trinité, la fête de saint Pierre aux liens, et la fête de tous les Saints sont de pareille sollennité que les précédentes, mais on ne fait point de procession par le cloître, et on ne met point trois parements d'autel, on ne sonne point extraordinairement à matines. Quand l'Annonciation de la Sainte-Vierge n'arrive point en Carême, elle est de pareille sollennité.

§ III. — LES FÊTES DU SECOND ORDRE.

Les fêtes de cette classe étaient : Au mois de février, la Purification de la Sainte-Vierge, auquel jour ils allaient à l'église de Notre-Dame faire la bénédiction et distribution des cierges. Le cardinal Baronius remarque que saint Eloy fut instituteur de cette sainte cérémonie en l'église (1). Avec octave.

Au mois de juin : La fête du glorieux saint Jean-Baptiste, et de saint Martial. Avec octave.

Au mois de juillet : La translation du corps de notre B. P. saint Benoît, avec octave et quatre parements à l'autel.

Au mois de novembre : La fête de saint Martin de Tours, avec octave.

Au mois de décembre : La fête de la Conception de la Sainte-Vierge, et la fête des saints Innocents. Ils appelaient ces fêtes *in cuppis*.

§ IV. — LES FÊTES DU TROISIÈME ORDRE.

Les fêtes de cette classe sont en grand nombre. Ils les signifiaient par ces mots : *omnes in albis*. Telles étaient :

En janvier : La Circoncision de Notre-Seigneur. La Conversion de saint Paul, et la fête de saint Vincent. Avec octave.

En février : La Chaire de saint Pierre, et saint Mathias apôtre.

---

(1) « L'origine de cette cérémonie est assez difficile à assigner d'une manière précise. Selon Barnius, Thomassin, Baillet, etc., elle aurait été instituée vers la fin du cinquième siècle, par le pape saint Gélase, pour donner un sens chrétien aux restes de l'ancienne fête des Lupercales, dont le peuple de Rome avait encore retenu quelques usages superstitieux. » (DOM GUÉRANGER. — *L'année liturgique.*)

« Le pape Gélase Ier, saint Ildefonse, saint Eloi, sermon 2e, saint Sophrone de Jérusalem, saint Cyrille d'Alexandrie, etc., en parlent dans les discours qu'ils ont faits sur cette fête. » (GODESCARD. — *Vie des Pères Martyrs, etc.*) Il pourrait se faire que saint Eloi fut l'instituteur de cette cérémonie dans les contrées qu'il évangélisa, ce qui ne contredit en rien les autres opinions.

En mars : La fête de notre B. P. saint Benoit, et l'Annonciation de la Sainte-Vierge, et si cette fête venoit après Pâques, ils la
célébraient fort sollennellement comme nous avons vu ci-dessus. Il
est aussi croyable qu'ils en faisaient de même de celle de notre
B. P. saint Benoit, néanmoins, comme elle tombe toujours en Carême
ils n'en ont point fait mention.

En avril : La Translation de saint Téau, et saint Marc évangéliste.

En mai : Saint Jacques et saint Philippe. L'Invention de la Sainte-
Croix. Saint Jean devant la porte latine, et l'ordination de saint
Eloy, qu'ils célébraient le quatorzième.

En juin : Saint Barnabé apôtre, et la translation de saint Eloy qu'ils
célébraient le vingt-septième.

En juillet : La Commémoration de saint Paul. L'octave des apôtres
saint Pierre et saint Paul. L'octave de la translation du bras de
saint Eloy, sainte Marie-Madeleine, saint Jacques, et sainte Anne
mère de la Sainte-Vierge.

En août : L'Invention de saint Etienne. La transfiguration de
Notre-Seigneur, l'octave de saint Pierre, saint Laurent, saint
Barthélémy. L'octave de l'Assomption, et saint Ouen qu'ils célé-
braient le vingt-sept, et la Décollation de saint Jean.

En septembre : L'octave de saint Remacle. L'Exaltation de la
Sainte-Croix. L'octave de la Nativité de la Sainte-Vierge, sainte
Fauste, vierge et martyre, saint Mathieu, apôtre, saint Maurice,
saint Michel, saint Cloud.

En octobre : Saint Prime et saint Félicien, saint Denis. La
Translation de saint Martial, saint Luc, saint Simon et saint Jude,
apôtres.

En novembre : L'octave de tous les Saints, sainte Catherine,
saint André.

En décembre : La Translation de notre B. P. saint Benoit que
nous appelons l'illation, saint Nicolas. L'octave de saint Eloy,
saint Psalmet qu'ils célébraient le sixième, saint Thomas, apôtre,
saint Etienne, saint Jean, évangéliste, saint Thomas, archevêque
de Cantorberie.

§ V. — LES FÊTES DU QUATRIÈME ORDRE.

Outre les fêtes que nous avons rapportées ci-dessus, desquelles
la solennité étoit plus grande, il y en avoit d'autres qu'ils célébraient
moins solennellement, lesquelles sont spécifiées par ces mots : *duo
in albis.* Telles sont :

Au mois de janvier : Saint Hilaire et sainte Agnès, vierge et
martyre.

En février : Sainte Agathe, vierge et martyre.

En mars : Saint Grégoire, pape.

En novembre : Sainte Cécile, vierge et martyre, et saint Clément, martyr.

En décembre : Sainte Valérie, vierge et martyre, sainte Luce, vierge et martyre.

Il n'ont point spécifié ce qu'ils avaient coutume de faire en ces fêtes, ni aux précédentes.

Voilà généralement toutes fêtes qu'on avoit accoutumé de célébrer avec des solennités particulières en ce monastère, desquelles nous en avons retenu une bonne partie, et délaissé quelques-unes quoique en petit nombre. Entre lesquelles il n'est point fait de mention de la Visitation de la Sainte-Vierge que nos prédécesseurs immédiats célébraient avec une solennité particulière. Pour les autres qu'ils célébraient simplement il n'y a rien de particulier. Quand aux fêtes les plus solennelles, l'office étoit long extraordinairement, car à matines, ils lisaient des leçons qui étaient fort prolixes, comme on peut le voir dans un grand bréviaire, écrit à la main, qui nous est resté.

Le jour de saint Jean-Baptiste on avoit accoutumé de dire deux grandes messes, comme le jour de Noël on en dit trois ; mais cette coutume a été abrogée. Ils avaient ordinairement des offices propres pour la célébration des dites fêtes ; comme aussi des hymnes, antiènes et oraisons pour chaque heure de l'office, comme on peut le voir dans les livres qui nous sont restés, où il se trouve diverses bénédictions pour plusieurs choses en particulier ; comme aussi la manière de faire profession, différente en quelque chose de celle dont on se sert à présent, et non seulement pour les religieux, mais encore pour les religieuses. Des oraisons quand on coupoit les cheveux aux petits enfants qu'on admettoit dans le monastère ; comme aussi quand on faisoit la tonsure aux religieux, et plusieurs autres qu'il seroit trop long de raconter, qui toutes, dénotent pourtant la dévotion de la vénérable antiquité.

CHAPITRE XXIX

Des processions qu'on avoit accoutumé de faire autrefois en ce monastère.

Tous les bons catholiques savent comme il n'y a rien si fréquent en l'église de Dieu que l'usage des processions, lesquelles sont un moyen efficace, tant pour arrêter la colère de Dieu irrité par les péchés de ses créatures, que pour obtenir abondance de ses bénédictions et faveurs, comme nous voyons souvent par expérience, de sa bonté et miséricorde infinies. C'est pourquoi il ne faut pas s'étonner que nos prédécesseurs qui ont été si portés au bien, ont si soigneusement pratiqué ce saint exercice. Je dis nos prédécesseurs qui ont vécu ici du temps de saint Remacle et saint Téau, ou quelque temps après, car pour ceux que nous avons vu de notre temps, au moins la plus part *melius est tacere quam loqui.*

Je trouve donc premièrement que tous les dimanches ils avaient accoutumé d'aller en procession à l'église de la Sainte-Vierge dont nous avons parlé ailleurs.

De plus nous avons vu ci-dessus, comme aux fêtes principales de l'année, ils avaient accoutumé de la faire par le cloître, tous les religieux revêtus en chappes, lesquelles ont été consommées par l'injure du temps. Cette sainte pratique s'observe encore en beaucoup de monastères de notre Congrégation.

Davantage, comme le saint temps du carême est un temps destiné à la pénitence et que notre B. Père saint Benoit ordonne dans sa sainte Règle de s'adonner pendant icelui plus particulièrement aux œuvres de piété et de surerogation : *iis ergo diebus,* dit-il au chapitre qu'il en a composé, *augeamus aliquid ad solitum pensum servitutis nostræ, orationes peculiares,* et nos vrais zelateurs de la sainte Règle avaient accoutumé de faire tous les mercredis et vendredis de carême, comme aussi aux vigiles de saint Jean-Baptiste et de saint Laurent et quelques autres, la procession par le cloître, disant les litanies des saints et des répons et oraisons conformes au temps. Et arrivés à l'église ils disaient les sept psaumes pénitentiaux, tous prosternés contre terre, et plusieurs autres oraisons, et ce, auparavant la grande messe.

La même pratique observaient-ils depuis l'Exaltation de la Sainte Croix, jusqu'à la fête de tous les Saints, pourvu qu'il n'arrivât point de fête de douze leçons, ou quelque office solennel pour les défunts.

Que si néanmoins le temps étoit commode tous les vendredis de carême, et le lundi après le dimanche de la passion, ils allaient en procession au Vigen, *ad sanctum Elegium,* chantant en y allant les répons *Inter vestibulum* et *Tua est potentia; Creator omnium,* ou autres qu'ils spécifiaient, et au retour les litanies des saints.

Quant au jour des Rogations ils faisaient leur procession en cette sorte. Le lundi ils allaient en l'église de Saint-Michel dans la ville, le mardi au Chatenet, où il y avoit un couvent de religieuses de

Grandmont (1), et le mercredi au Vigen, où nous remarquerons
en passant que la plupart de leurs processions s'en allaient au
Vigen, à cause, comme je crois, que saint Teau y vecut quelque
temps, et qu'il y eut une église dédiée au glorieux saint Éloy,
comme nous avons remarqué ailleurs.

De notre temps nos prédécesseurs avaient accoutumé de faire
tous les soirs procession après vêpres, depuis Pâques jusque à la
Visitation de la Sainte Vierge, et ce dans l'église seulement, mais
certes de telles processions n'excitaient pas beaucoup à la dévotion,
ce que je dis pour les avoir vues.

On nous a aussi assuré qu'au temps de l'Ostension des saintes
reliques, qui ordinairement se fait dans le Limousin de sept en
sept ans, ils allaient en procession à Limoges visiter le corps du
glorieux apôtre saint Martial et les autres saintes reliques qui sont
dans la ville de Limoges (2). Ils faisaient aussi de même à Saint-
Léonard, à quatre lieues d'ici, où ils allaient en procession visiter
son saint corps. Il pourroit bien y en avoir d'autres qui ne sont
pas venues à notre connaissance.

De notre temps, auparavant que nous fissions le service dans la
grande église, nous avons taché d'abolir une coutume qui s'y pratiquoit à la fête des Rois, tant par les anciens religieux que par le
peuple ; on l'appeloit la fête des Pastoureaux, d'autant qu'on y
commettoit de grandes irrévérences.

CHAPITRE XXX

Des anniversaires qu'on célébroit anciennement en ce monastère.

*Sancta et salubris est cogitatio pro defunctis exorare, ut a pecca-
tis solvantur*, dit la Sainte Écriture. C'est une sainte et salutaire

(1) Le Chatenet, commune de Feytiat, est éloigné de sept à huit kilomètres de Solignac ; mais les religieux de cette abbaye faisaient encore un
trajet plus long lorsqu'ils allaient en procession à Limoges qui est à treize
kilomètres.

(1) Une charte du *Cartulaire d'Aureil* que publie en ce moment M. de
Senneville parle aussi d'une procession, pendant le carême, allant de
Saint-Pierre de Solignac à Limoges, vers 1180. « Domina Richardis, con-
cedentibus suis filiis, Geraldo de Frachet scilicet et Petro Geraldo, pro
anima sua donavit Deo et Sancto Johanni duodecim denarios in bordaria
de la Vaiseira, qui sunt reddendi in quadragesima, quando processio
sancti Petri de Solemniaco vadit ad Lemovicas. Hoc donum fuit factum in
generali capitulo Aureliensi. »

pensée que de faire des prières pour les défunts afin qu'ils soient délivrés de leurs péchés, auxquels ils n'ont pas satisfait tandis qu'ils étaient en ce monde, et pour l'expiation desquels ils souffrent les flammes du purgatoire, pour la délivrance desquels ils implorent les secours des vivants, à ce que par leurs prières et bonnes œuvres ils puissent en être quittes, et après aller jouir de Dieu a toute éternité.

Nous savons, généralement parlant, la charité dont notre ordre de Saint Benoit a usé autrefois envers ces pauvres âmes, puisque c'est un de ses abbés qui le premier institua dans le monastère de Cluny, la commémoration des fidèles trépassés, le lendemain de la fête de tous les Saints. Ce que l'Eglise reçut par après universellement partout. Et c'est peut-être de là, je veux dire de cette charité, qu'on a remarqué en l'ordre de notre B. P. saint Benoit à prier Dieu pour les âmes du Purgatoire, que sont venues tant de donations qu'on a faites à nos monastères, pour obliger de plus en plus les religieux à s'occuper à ce saint et louable exercice. Car combien d'anniversaires ont été fondés en divers temps, et par toute sorte de personnes, pour le soulagement des pauvres âmes du Purgatoire ; et ensuite combien il y en a-t-il qui par ce moyen ont été délivrées et sont à présent jouissantes de Dieu.

Or si ce monastère a excellé autrefois en plusieurs autres choses de piété et de dévotion, comme nous avons vu ailleurs, il n'a pas été négligeant en celle-ci. Et pour en dire quelque chose en particulier : j'ai trouvé dans un vieux manuscrit qu'après l'enterrement d'un des religieux d'icelui, qui étoit fort long, venant de la sépulture, ils entraient au chœur de rechef et récitaient, tous prosternés à terre, les sept psaumes de la pénitence et plusieurs autres oraisons.

Et pour les anniversaires qu'ils célébraient durant l'année, tant pour les abbés de ce monastère, que religieux ou autres, j'en ai compté dans un manuscrit (1) jusqu'au nombre de deux cent septante quatre. Si bien que à ce compte il ne se passoit guère jour qu'ils ne disent les vigiles et une grande messe pour les défunts, outre la grande messe conventuelle qu'ils disaient toujours à l'ordinaire. Mais il sera bon de voir en particulier comment ils célébraient ces anniversaires.

(1) On peut voir ce Nécrologe qui existe aux Archives de la Haute-Vienne. Il a été publié en grande partie par M. A. Leroux dans les *Archives historiques du Limousin*, tome VI, p. 338.

CHAPITRE XXXI

Comment étaient célébrés les Anniversaires pour les défunts.

Comme les Anniversaires étaient divers, aussi la façon de les célébrer étoit diverse. Or pour en donner quelque connaissance, je ne saurois mieux faire qu'en rapportant les paroles mêmes d'un vieux manuscrit. Je n'en rapporterai que deux ou trois pour éviter prolixité :

In Anniversario Geraldi Rodier, monachi. — De dicto cellario debent reddi cuilibet hostiario parvus panis et justa (1) parva de vino; et de prædicto cellario debent offeri sex denarii, videlicet ad primam missam populi unus denarius. Ad missam B. Mariæ unus denarius. Ad missam sancti Michaelis unus denarius. Ad missam matutinalem de prædicto Anniversario duo denarii. Ad missam majorem unus denarius. Tamen dicti hostiarii non debent habere prædicta nisi pulsaverint vigiliam et missam de dicto Anniversario.

On pourra remarquer par ceci, que la messe qu'ils disaient en ces Anniversaires, ils l'appelaient *matutinalis*, à la différence de la grande qu'ils appelaient *major* ou *senior*. Voici celui qu'ils avaient accoutumé de célébrer pour les religieux de Saint-Remacle, avec lesquels ils avaient contracté une grande société, comme nous avons dit ailleurs et l'avons rapporté tout au long. On pourra remarquer en celui-ci beaucoup de particularités.

Anniversarium pro fratribus nostræ Congregationis de Sancto Remaclo, quod fit semper quarto die novembris, nisi die dominica venerit, aut fratris nostri obitus :

Debemus dicere vigiliam et missam festive omnibus pulsantibus signis, sicut in aliis bonis anniversariis, et per septem dies, post capitulum, facere processionem cum septem psalmis, videlicet : Verba mea etc. Finitis collectis pro defunctis, dicetur prima die ad altare majestatis, Ant. Adesto Deus unus. ℣ : Sit nomen Domini : Salvos fac, et : A porta inferi. Collecta : Omnipotens sempiterne Deus qui dedisti, et collecta : Deus veniæ largitor. Collecta : Deus Caritatis.

Secunda die, ad Sanctam Mariam, cum Ant. Sancta Maria suc-

(1) *Justa* est un vase à boire dont il est parlé au chapitre suivant.

curre miseris, cum versu et collecta de ipsa, et aliis collectis ut supra.

Tertia die, ad altare Sancti Petri, cum Ant. De tuo principatu. ℣ Tu es Petrus. Collecta : Deus qui de beato Petro, et alia ut supra.

Quarta die, ad altare Sancti Dionisii, cum Ant. Sanctus Dionisius. ℣ Viri sancti. Collecta : Deus qui beatum Dionisium, et alia ut supra.

Quinta die, ad altare Sancti Elegii, cum Ant. Sancte Elegi in dulcedo. ℣ Ora pro nobis. Collecta : Deus bonitatis, et alia ut supra.

Sexta die, ad altare Sancti Tillonis. Ant. Deus Pater. ℣ Sancte Tillo confessor. Collecta : Propitiare, et alia ut supra.

Septima die, ad altare Sancti Martini, Ant. Sacerdos Dei Martine pastor. ℣ Ora pro nobis. Collecta : Deus qui populo tuo, et alia ut supra.

Tel étoit l'Anniversaire qu'ils faisaient tous les ans pour leurs confrères de Saint-Remacle. Je l'ai voulu rapporter tout au long, à cause qu'on y peut apprendre particulièrement la solennité qu'ils observaient en semblables Anniversaires, quoiqu'ils ne les célébraient pas tous si solennellement, et plusieurs autres choses.

Pour le même sujet j'en rapporterai un autre qu'ils célébraient tous les ans, le dimanche après la fête de Saint-Léonard :

Anniversarium Confratriæ Sancti Tillonis.

Ipsa die, post vesperas dicitur vigilia, et in crastinum missa omnibus pulsantibus signis. Et illi qui deferunt crucem, candelabra, aquam benedictam, thuribulum debent esse induti. Et primo dicuntur septem psalmi pœnitentiales, et si non sufficiunt alii septem psalmi, videlicet : Verba mea, cum quatuor stationibus videlicet :

Prima in claustro ante capitulum, cum Respons : Subvenite Sancti Dei.

Secunda in portico, cum ℟. Heu mihi Domine.

Tertia ante portam Sancti Dionisii, cum ℟. Ne recorderis.

Quarta ante clucherum ℟. Libera me Domine.

In prima statione, post ℟. Kyrie et Pater, et ne nos. ℣. A porta inferi, et Dominus vobiscum, dicuntur collectæ : Deus veniæ largitor. Deus cui proprium.

In secunda : Præsta Domine, et Quæsumus Domine.

In tertia : Inclina Domine, et Absolve quæsumus Domine.

In quarta statione, collecta : Deus in cujus miseratione, et Fidelium Deus. Pro quo anniversario Bailivi dictæ confratriæ debent x ℔ vini, de bono vino albo et optimo. Il ne falloit pas oublier ceci.

Je n'en rapporterai pas davantage ; ceux-ci suffiront pour faire voir la piété de nos anciens envers les pauvres âmes trépassées. Il y en a pour toute sorte de personnes, et entre autre un qui fut fondé pour tous les pauvres, et se célébroit le neuvième de novembre tous les ans.

Ils célébraient aussi celui du roi Dagobert, qui donna à saint Eloy ce lieu pour y bâtir le monastère. Mais je n'ai pu trouver la solennité, d'autant que les feuilles du livre ont été perdues par l'antiquité, comme plusieurs autres choses.

Il y en avoit auxquels ils ne faisaient point d'absoute, et tel étoit l'anniversaire de Guido, abbé de ce monastère, et de Audoenus aussi abbé. In quibus septem paupere debent recipi, quibus dantur a Cellario septem parvi panes et dimidium # vini, et a præposito septem oboli pro pitantia : Tamen nos consuevimus facere absolutionem pro illis. Et ainsi de plusieurs autres.

J'avois promis de ne rapporter que deux ou trois de ces anniversaires, pour faire voir ce qu'ils avaient coutume d'y observer, mais d'autant que j'en ai rencontré un autre où il y a quelque chose de particulier, je le rapporterai encore, au moins en partie :

Anniversarium Domini Petri abbatis.

In die anniversarii debent recipi duodecim pauperes in reffectorio, quibus duodecim panes dantur parvi a cellario, et 1 # vini, et a præposito duodecim denarii pro pitancia, et in sero caritatem debet habere conventus ad collacionem. Et sacrista debet facere duos cœreos de duabis libris ceræ, qui cerei debent ardere a principio vigiliæ, usque post absolutionem factam post missam, et facere offertoria omnibus missis, videlicet cuilibet sacerdoti, qui in die anniversarii missam celebraverit, 1 denarium de percantu, et debet dare hostiariis duodecim denarios, videlicet cuilibet sex denarios pane, et vino, et pitantia. Ceux-ci suffiront.

In anniversario Aldegarii de Jaunhac, monachi, tres presbyteri debent recipi in reffectorio, vel alibi, ubi Domino Abbati placuerit, quibus datur a cellario panis et vinum, et a præposito generale et pitancia.

J'ai rapporté ci-dessus une sainte coutume que les religieux pratiquaient tous les ans, le samedi des quatre temps des Avants, laquelle j'ai rencontrée depuis peu dans un de nos monastères, et qu'il sera bon de mettre ici comme en son propre lieu : Die mercurii post festum sanctæ Luciæ fiunt jejunia quatuor temporum. Et sabbato leguntur evangelia in claustro, et il dit que cette coutume se pratiquoit de cette sorte : Le samedi susdit, quatre prêtres, après matines, accompagnés chacun de deux serviteurs, avec deux cierges, s'en allaient aux quatre coins du cloître où ils lisaient les quatre évangélistes tous entièrement, et ce à intention que la foudre ne tombât sur le monastère.

CHAPITRE XXXII

De la nourriture des religieux.

Il est croyable que l'observance de notre sainte règle a été long-temps en vigueur en ce monastère et que l'usage de la viande y fut défendu durant plusieurs siècles conformément à icelle, et non seulement l'usage de la viande, mais encore le vin n'y étoit pas servi ordinairement aux religieux. C'est ce que nous pouvons apprendre du règlement que l'abbé Archambaud fit touchant cela et qui est porté dans un des anciens manuscrits.

Il commence ainsi : Ordonatum est et institutum a Domino Archambaudo juniore venerabili abbate Solemniacense, quod conventus habeat semper vinum ad cenam, vel in sero, diebus feriatis et non feriatis, a festo Natalis Domini usque ad octabas Purificationis Beatæ Mariæ ob reverentiam ipsius. Or, cet Archambaud vivoit l'an 1325, comme nous avons dit ailleurs.

Ensuite de ce que dessus il ordonne ce qu'on devoit servir aux religieux au réfectoire durant l'année, où il n'est point fait mention de viande en aucune façon ; et même bien rarement de poisson, si ce n'est aux fêtes les plus solennelles, comme Pâques, la Pentecôte, Saint Eloy, Notre Bienheureux Père Saint Benoit, et quelques autres en fort petit nombre, auxquels jours on leur devoit donner *optimos pisces* (1), ou bien *anguillas* (2) *cum poirata* (3) ; par exemple :

. (1) Par *optimos pisces*, il faut entendre des poissons de choix, sortant de l'ordinaire. Cette manière de dire se retrouve dans un bon nombre de Coutumiers ou Statuts. Il ne faut pas en conclure toutefois qu'il s'agit de poisson de mer.

(2) *Anguillas*. L'anguille parait avoir été très abondante dans nos rivières et nos étangs, où on la trouve encore de nos jours.

(3) *Poirata*, le même que *Poreta*. C'est une plante potagère appelée poirée, bette ou corde, que l'on trouve encore communément dans les jardins des habitants de la campagne. Les botanistes la nomment *Betta Cicla*.

In Circoncisione Domini sepias (1) et roffiol (2) et justas desmesurals (3), est-il rapporté.

In festo sancti Tillonis, duquel ils faisaient grande fête, sepias et roffiol, et pisces optimos, et cornutas (4), et ad cenam nebul (5) et oblat (6), et tria ova, et ainsi de plusieurs autres.

(1) *Sepias. Cepias.* Ce mot se trouve fréquemment dans les *chroniques, coutumiers, obituaires* des monastères limousins aux xıı^e et xıı^e siècles. Tous les auteurs qui ont publié ces textes, ou qui en ont parlé, le traduisent invariablement par seiches, espèce de poisson de mer. Bien des raisons cependant s'opposent à ce qu'on lui donne cette signification.

Notre chroniqueur vient de nous dire que les religieux de Solignac, qui ne mangeaient jamais de viande, n'avaient alors du poisson que bien rarement. Or, dans les six menus qu'il va citer, les *cepias* s'y trouvent cinq fois, c'est le plat qui est le plus souvent nommé. Il y aurait donc contradiction dans ce qu'il dit si *cepias* indique le poisson de mer nommé seiche.

Ensuite, la distance qui sépare Limoges de la mer, aussi bien que la difficulté et la lenteur des transports au xıı^e siècle ne permettait pas aux religieux de se procurer ce mets dont ils font cependant un si grand usage. De plus, c'est un principe de la règle bénédictine que les religieux doivent se procurer le nécessaire dans le pays même qu'ils habitent.

Enfin un texte de la même époque, que je trouve dans les *Consuetudines Floriacensis cœnobii*, chap. II, lève toute difficulté en nous faisant connaître d'où les religieux tiraient les *sepias*. On y lit : *Ad prandium........ sepias et porretam ab hortulano.* Les sepias et la poirée sont fournies par le jardinier. Il est facile de voir que ce terme désigne les oignons *cœpa* et que dans tout ce chapitre Dom Dumas parle de ce modeste légume et non du poisson, ou mieux du mollusque connu sous le nom de seiche (*Sepia officinalis* L.).

(2) *Roffiol.* Du Cange nous dit que *Roflolus* était une espèce de gâteau que l'on servait dans le monastère de Solignac seulement aux grandes solennités et en dehors du temps de carême, d'où il conjecture que ce gâteau était fait à la graisse, ou confectionné avec des œufs, qu'on ne mangeait pas pendant le carême.

(3) *Justas desmesurals. Justas* ou *Justa.* Justice était un vase à boire, différent du *scyphus,* et dans lequel on versait la rasade supplémentaire aux jours de régal. On le voit cité au commencement du chapitre précédent.

(4) *Cornutas.* Cornuta est une sorte d'échaudé de forme triangulaire (symbole de la Sainte-Trinité), dont l'usage est constaté dans tous les monastères du Limousin. De nos jours, on en fait encore dans un grand nombre de paroisses pour en décorer les rameaux le dimanche de leur bénédiction. Ce gâteau porte maintenant le nom de Cornue.

(5) *Nebula* est une pâtisserie légère. Du Cange nous dit : « *Panes que dicuntur Nebulæ, ex flore farinæ et aquâ* », et ailleurs : « *In ferramento caracterato de conspersione farinæ tenuissimæ fiunt.* » C'est ce qu'on fait encore de nos jours sous le nom de gaufre.

(6) *Oblat. Oblatæ,* des oublies, offrandes ou eulogies. C'étaient les

Dominica 1ª, 2ª, 3ª, 4ª et 5ª quadragesimæ ad prandium generale et pitanciam de anguillis vel castaneis (1), et ad cenam sicut aliis diebus dominicis.

Sancti Benedicti, sepias et anguillas cum porrata, sicut in festo Sancti Elegii, si vero evenerit in carnali sepias et ova farsata (2).

In Ressurectione Domini sep. et roff. et pitanciam de salmone (3), vel optimis piscibus, et justas tert. et cornut. et ad cenam tria ova et unum brassadeu (4); duo brassadelli sunt de (?) uno pane parvo. Ad collationem charitatem (5).

Leur pitance ordinaire étoit des œufs, comme on peut voir dans le susdit règlement, et deux fois l'an ils avaient du *pigmentum* (6), le jour de Noël et le jour de saint Eloy.

Il est vraisemblable qu'ils ne se servaient pas de beurre durant l'Avent et le Carême, d'autant qu'il est rapporté dans l'anniver-

hosties présentées à l'autel au moment de l'offertoire. Dans les monastères, en effet, on avait continué d'observer l'antique coutume de faire « l'offrande ». Mais comme il eut été souvent superflu de consacrer tous ces pains légers, le sacristain en prenait seulement quelques-uns qu'il présentait aux ministres sur une cuillère d'argent. Le reste était réservé et mis à part dans deux vases pour être distribué au réfectoire au moment des repas.

(1) *Castaneis*. La châtaigne, très abondante en Limousin, devait naturellement faire partie de la nourriture des religieux de Solignac. Du Cange cite encore ce passage du Coutumier de Solignac : Feria secunda quadragesimæ pitanciam de castaneis vel de sepiis impiperatis.

(2) *Ova farsata*, sont les œufs farcis.

(3) *Pitanciam de Salmone*. La pitance était une portion de surérogation. Ce mets était généralement composé de poisson ou d'œufs. Les religieux pouvaient prendre le saumon au pied des murs de leur monastère, car ce poisson voyageur remonte de la Vienne où il est abondant, jusque dans la Briauce son affluent qui baigne Solignac.

(4) *Brassadeu, Brassadelli*. Brassadeu est une espèce de gâteau cuit sur la braise, et Brassadellus un diminutif du même. *Brassadellus, placentæ species in prunis excoctæ*, dit du Cange.

(5) *Charitatem*. Il n'est pas facile de bien traduire ce mot ; Du Cange en parle dans un grand nombre de significations diverses. Je crois qu'ici il s'agit d'un mets supplémentaire.

(6) *Pigmentum*, n'a pas d'équivalent en français, à moins qu'on le traduise par vin épicé ou aromatisé. On trouve aussi dans la Chronique de Saint-Martial (Champeval. — *Bull. de la Soc. arch. du Lim.*, XLII, 337) *vinum herbatum*, qui a le même sens. Le pigmentum constituait le coup du dessert. On voit que les religieux de Solignac ne le prodiguaient pas, puisqu'ils ne l'avaient que deux fois dans un an : à la fête de Noël et à celle de saint Eloi, leur fondateur.

saire de l'abbé Gaubertus, que l'abbé Hugues « assignavit redditus qui erant assignati in ecclesia de Vicano pro anniversario domini Gauberti abbatis, refectorario ad oleum conventus in Adventu Domini et in quadragesima, et etiam camerario ad augmentum vestituræ fratrum. »

Néanmoins ils se servaient des œufs durant les Avents, comme il est rapporté dans le susdit livre. Dominica prima adventus : quinque ova et pitanciam ad valenciam unius denarii, — Octava Sancti Elegii, qui tombe dans les Avents, comme aussi le jour de Saint Thomas, apôtre, decem ova, et justas desmesural.

CHAPITRE XXXIII

Desolations ou ruines du monastère de Solemnac, et par qui causées.

Omnia tempus habent, dit la Sainte-Ecriture, *tempus congregandi et tempus dispergendi.* Il y a un temps pour amasser et un temps pour répandre ce qu'on a amassé. Le premier a passé, il nous faut parler du second. C'est la condition des choses d'ici bas qu'il n'y a rien de stable, mais tout est sujet aux vicissitudes et changements. Notre Bienheureux Père Saint Benoit n'eut pas plutot fondé son monastère du Mont-Cassin, qu'il eut révélation qu'il devoit être détruit, et quoiqu'il put faire, il fallut se résigner à la volonté de Dieu, et qu'il se contenta de la promesse qu'il lui fit que ses religieux seraient conservés et préservés de la fureur des barbares, encore eut-il assez de peine pour obtenir cette grâce du Bon Dieu, duquel les jugements sont un abime qu'il n'est pas permis de pénétrer, mais d'adorer comme très justes et équitables. C'est le même malheur qui est arrivé à la plupart de nos monastères, dont il ne faut pas s'étonner, puisque les membres ne peuvent attendre un meilleur traitement que le chef. Mais pour ne point parler des autres, arrêtons-nous seulement à considérer les ruines de celui dont nous parlons.

Que le monastère de Solemniac ait été ruiné, il n'est que trop véritable. Nous avons rapporté ce que nous avons dit jusques à présent, par quelques conjectures et par quelques mémoires qui nous sont restés, mais pour nous assurer de sa ruine, nous n'avons point besoin de mémoires, car nous la voyons de nos yeux. Et si nous en recherchons les causes, nous trouverons que [environ l'an

735 il fut ruiné par les Sarrasins, et remis par Louis le Débonnaire (1)].

§ 1er. — LA PREMIÈRE RUINE. — LA PERSÉCUTION DES NORMANDS.

La première secousse qu'il reçut fut l'an 848 [864] ou environ, comme nous avons pu apprendre de ce qui a été dit ci-dessus en deux endroits. Ce fut cette année funeste à tant de monastères qui furent ruinés de fond en comble, mais glorieuse pour tant de religieux qui donnèrent leur vie et leur sang pour l'amour de Dieu. Cette année, dis-je, en laquelle les Normands, tigres et barbares, c'est ainsi que les appelle une de nos écritures, tetra et spurcissima natio, mettaient tout à feu et à sang, n'épargnant que ce qu'ils ne pouvaient attraper, brûlant les églises, renversant les monastères, et n'épargnant choses saintes ni profanes.

L'état auquel fut réduit ce monastère, nous le pouvons apprendre de ce que l'abbé Bernard, étant allé à Soissons pour obtenir quelques privilèges pour son monastère, d'un concile qu'on y célébroit, ne put apporter que la fondation d'icelui par saint Eloy, les autres écritures ayant été brûlées par les Normands. Et de ce que nous avons vu en la translation de sainte Fauste que les religieux s'étaient retirés de ce lieu. In solitudinibus errantes et in cavernis terræ, angustiati, afflicti pour fuir la persécution de ces barbares.

Ce fut sans doute à ce coup que les saintes reliques amassées par saint Eloy, et ces riches châsses qui contenaient ces précieux dépôts expérimentèrent la fureur de ces perfides détestés et abhorés, mais non tant qu'ils méritent.

§ 2. — LA SECONDE. — LE FEU.

Ce fut bien la première ruine du monastère de Solemnac, mais non pas la dernière. Car nous trouvons qu'environ l'an mil cent septente, il fut brulé par accident. C'est ce que nous apprenons des Chroniques de Limoges dans lesquelles il n'y a que ces deux mots, sans spécifier comment cela arriva, ni s'il fut tout brûlé (2). C'est un malheur qu'ont expérimenté beaucoup de monastères de l'ordre.

(1) L'auteur a surchargé son texte primitif de ce qui est entre crochets ; tout comme deux lignes plus bas, il a mis 864 à la place de 848.

(2) Voici le passage des Chroniques de Limoges dont parle Dom Dumas : « L'an 1178, se brulla entièrement l'abbaye de Solompnact, le dimanche 6 callande de juin. » (Annales manuscrites de Limoges, dites Manuscrit de 1638, page 160.)

C'est pourquoi il ne faut pas s'étonner si on recommande aux religieux d'être fort circonspects quand ils tiennent du feu dans leur chambre, et si on punit rigoureusement ceux qui y manquent. C'est aussi la cause pourquoi, aux jours que nous disons après complies les petites litanies des saints, on dit cette oraison, par laquelle nous demandons à Dieu qu'il préserve le lieu où nous sommes et les autres qui nous sont sujets de toute incendie et calamité.

<h3 style="text-align:center">§ 3. — LA TROISIÈME. — LES HÉRÉTIQUES.</h3>

La troisième cause de la ruine de ce monastère et que j'estime plus grande que les précédentes, et que nous ressentons encore à présent, quoique nous n'en trouvions aucun mémoire, fut celle qu'il endura au siècle passé par le moyen des huguenots, plus cruels et barbares que les Normands et autres infidèles. Car il est croyable qu'il s'étoit en quelque façon relevé des ruines précédentes et qu'il contenoit en soi un grand trésor de précieuses reliques. Et en effet celles que nous avons rapportées ci-dessus lui furent apportées longtemps après la persécution des Normands. Mais à ce coup, il expérimenta une telle secousse qu'il n'est pas croyable qu'il s'en relève jamais ; il faut que je confesse que la main me tremble, étant contraint d'écrire ce que j'ai vu et peux voir tous les jours des restes de l'impiété, de la perfidie et de la rage de ces enfants de Satan. Et qui n'en feroit de même s'il voyoit de ses yeux, ramassés dans une châsse qui paroît avoir été très belle autrefois, ramassés dis-je, des ossements des précieuses reliques, rompus, brisés et demi brûlés, pêle-mêle avec les cendres du reste qui fut brûlé. Et le tout ramassé par le marguillier du monastère qui s'étoit caché dans le clocher, d'où il vit jouer toute cette tragédie et remis dans cette châsse. Faudroit-il pas avoir un cœur de tigre pour n'être pas ému à compassion.

C'est ce qui crie vengeance devant Dieu aussi bien que le sang d'Abel, et servira de plus grande confusion et condamnation à ces misérables, qui ont été si hardis et si téméraires que d'exercer leur ravage et leur fureur sur les ossements des corps morts, non pour autre sujet que pour empêcher qu'ils ne fussent honorés des fidèles. C'est la belle réforme que tu as introduite, ô abominable Calvin, ce sont tes principes, c'est ta doctrine, c'est ce que tu as laissé à tes sectateurs, mais misérable tu connois à présent qui tu as attaqué et pour cela et tes autres crimes tu souffriras durant toute l'éternité les supplices de l'enfer. Et les saints que tu as persécutés même après leur mort, et martyrisés pour la seconde fois, seront à tout

9

jamais jouissants de bonheurs éternels, et pour l'affront qu'ils ont reçu en leurs ossements sacrés, ils auront des honneurs et des contentements qui ne peuvent être compris (1).

§ 4. — LA QUATRIÈME. — SES PROPRES ENFANTS.

Outre les misères qu'a souffertes le monastère de Solemnac, il y en a deux autres qui ne sont pas moindres que les précédentes, qui ont grandement contribué à sa ruine, la première desquelles et la quatrième en ordre, est celle qui lui a été livrée par ses propres enfants, car il peut bien dire que *filii matris meæ pugnaverunt contra me.* Que ses propres enfants lui ont fait une cruelle guerre. Lorsque oubliant leur devoir, et ce à quoi leur profession les obligeoit, ils ont vécu plutôt en séculiers qu'en religieux, et ne tenant compte de leur règle, ce qui est le principal et le plus riche ornement d'un monastère, et qui traîne tous les autres biens après soi, n'observant de ce qu'ils avaient promis à Dieu, peut-être que la pauvreté, plus par une nécessité que par une bonne et franche volonté, car cette sainte régularité, cette observance de la sainte règle dont nous avons parlé au commencement n'y a pas toujours été en vigueur.

Elle y persévéra plusieurs siècles, il est vrai, mais enfin elle s'évanouit, et au lieu de ces vrais enfants de saint Benoît qui éclairaient le monde et par leur piété et par leur doctrine, il en est venu d'autres bâtards, qui n'ayant de religieux que la tonsure et l'habit,

(1) Le pillage de Solignac par les armées calvinistes en 1569, dont il est déjà parlé au chapitre IIIe, est encore attesté par la pièce suivante : « Henry, par la grâce de Dieu roi de France et de Pologne, au sénéchal de Lymousin, ou l'un de ses lieutenants premier des conrs au siège présidial de Limoges, et chacun d'eux sur ce requis. Salut. Notre très cher et bien aimé frère Louys Lectoure, religieux et chambrier de l'abbaye de Solempnhac en Lymousin, nous a fait remontrer qu'à cause dudit office de chambrier lui sont dheus plusieurs cens, rentes, dixmes et autres debvoirs par plusieurs personnes demeurant audit pays de Lymousin, desquels droits et debvoirs ses prédécesseurs chambriers ont jouis jusqu'à l'année 1568, que ladite abbaye, couvent et ville Solempnhac, furent vollées et pilhées par les gens de guerre et en l'année 1569 par le passage de deux armées tellement qu'il ne demeurat audit exposant aulcun titre concernant lesdits droits, et n'en a depuis pu recouvrer, quelque diligence qu'il ait faite, si non es mains d'aulcuns personnages qui autrefois avaient été fermiers. . . . . Donné le 2 mai de l'an de grace 1584. » Par cet acte le roi autorise la confection d'un nouveau terrier, et c'est à la première page de ce dernier qu'on trouve cette autorisation. — (Archives de la Haute-Vienne, fonds Solignac, n° prov. 2542.)

ont laissé perdre avec une négligence damnable ce que leurs prédécesseurs y. avaient amassé et conservé avec tant de soin et de
diligence. Et en bannissant le silence, le jeûne, les mortifications
et autres exercices que nos anciens pères pratiquaient avec tant de
ferveur et de piété, y en ont introduit d'autres tout contraires.
Mais quels ?

Je craindrois d'infecter l'air si je les racontois. C'est pourquoi
je me contenterai de dire que ne sachant plus ce qu'estoit [la vie]
de pénitence, d'oraison et de mortifications, ils ont quitté Dieu.
C'est pourquoi il ne faut pas s'étonner si Dieu les a aussi quittés
et abandonnés, les rendant l'opprobre et le rebut du peuple. C'est
de là sans doute qu'est venue la perte de nos titres et autres écritures concernant les possessions du monastère qu'ils ont laissé
perdre, ou donné à leurs parents et fait ce qu'ils ont voulu. C'est
de là qu'au lieu d'un grand et ample monastère que nous avions
autrefois, contenant, au témoignage de saint Ouen, trois quarts
de lieue de circuit, nous sommes à présent bornés et limités de
toutes parts, en ayant donné les maisons ou pour le moins les lieux
où elles ont été bâties depuis à leurs parents pour ne pas dire à
leurs familles.

Enfin pour ne m'étendre davantage sur ce sujet, j'estime que
c'est une des choses qui a le plus contribué à la ruine de ce monastère et que c'est comme une source de toutes les autres misères. Car tandis que la Sainte Règle est bien observée en quelque
monastère, Dieu le prend en singulière protection, y verse ses bénédictions en abondance, et par ce moyen tout y prospère. *Nus-
quam vidi justum derelictum, nec semen ejus quœrens panem.* Mais
sitôt que l'observance s'y perd, on peut bien dire que tout est perdu. C'est ce qui s'est vu et se voit tous les jours par expérience,
car combien de grands et opulents monastères ont misérablement
fait naufrage dans peu de temps pour avoir négligé l'observance
de leur règle ; au contraire, combien se sont augmentés et accrus,
de petits qu'ils étaient, par l'observance d'icelle. C'est pourquoi j'estime qu'il faut tenir ceci pour une vérité très constante et un principe indubitable que toute la grandeur, la noblesse, l'abondance,
l'excellence et avancement d'un monastère, non seulement quant
au spirituel mais encore quant au temporel, dépend de l'observance
de la Règle qu'on y garde et qui y est en vigueur.

§ 5. — LA CINQUIÈME. — LES ABBÉS COMMENDATAIRES.

Voici la dernière cause de la ruine de ce monastère et de plusieurs autres de notre ordre, laquelle est d'autant plus grande

qu'elle dure encore : à savoir les abbés commendataires. Car encore bien qu'il s'en trouve ayant l'honneur de Dieu en recommandation, et le bien et avancement de leur monastère, comme nous l'avons expérimenté en celui-ci et en plusieurs autres, néanmoins parlant universellement c'est la ruine des monastères, car s'il s'en trouve un qui soit porté d'un saint zèle pour ce qui touche le service de Dieu, il s'en trouvera d'autres qui n'auront en vue que leurs intérêts propres et augmentation de leurs rentes et revenus, car n'étant pas les vrais pères des religieux, ils les traitent, au moins la plupart, non pas en enfants, mais en esclaves, retenant pour eux le meilleur du revenu, ne donnant aux religieux que ce qu'ils ne peuvent pas leur ôter. Et de là procède la chute des bâtiments, la démolition des temples qui ont été si magnifiquement bâtis, où Dieu a été si fidèlement servi autrefois, et plusieurs autres calamités que nous voyons arriver tous les jours.

Ainsi, le bien qui avoit été donné autrefois si libéralement par les rois, princes et grands seigneurs, pour l'entretien et augmentation du service divin et pour le salut de leurs âmes, sert à présent à ce que messieurs les Abbés soyent superbement traités, et pour se faire traîner dans des carrosses, et à la mienne volonté qu'il ne fust pas employé en choses pires. Et par ainsi les saints fondateurs sont frustrés de leur intention, lesquels sans doute, n'eussent eu garde de faire telles fondations, s'ils eussent prévu telles calamités.

Il est pourtant bien à craindre que les excommunications et anathèmes qu'ils avaient accoutumé de fulminer contre les infracteurs de leurs pieuses volontés ne soient déjà tombés sur les têtes de plusieurs, et ne tombent encore sur ceux qui n'emploient les revenus qu'ils tirent des monastères selon leurs devoirs et obligations.

Je n'en dirai pas davantage sur ce sujet, me contentant de déplorer ce malheur en mon particulier, comme étant la cause (ainsi que je pense) de la plupart des misères que nous expérimentons à présent par toute la chrétienté. Prions ceux qui lirons ceci qu'ils prient le bon Dieu qu'il nous fasse la grâce de voir en nos jours ce qui est souhaité par tous les gens de bien, et avait été résolu par Louis treize d'heureuse mémoire, surnommé le Juste et père de notre grand roi Louis XIV Dieudonné, afin que par ce moyen le service divin en soit augmenté et Dieu de plus en plus glorifié.

Or si une de ces calamités est seule capable de ruiner un monastère, que sera-ce quand elles se rencontrent toutes ensemble. Véritablement nous pouvons dire que ce monastère étoit aux abois, et nous ne saurions mieux faire voir l'effet de ses misères qu'en rapportant l'état auquel il étoit à notre introduction.

CHAPITRE XXXIV

Etat misérable du monastère de Solemnac.

Or pour comprendre plus facilement l'état pitoyable d'icelui, imaginez-vous un bel arbre chargé de beaux fruits qui donnent du contentement à ceux qui les regardent, ou une vigne bien fermée en sorte que difficilement peut-on y entrer que par un certain endroit, et au reste chargée de raisins. Mais qu'il vienne une grêle un peu forte, elle met en pièces tous ses fruits, en sorte qu'il semble que ce ne soit pas le même arbre qu'auparavant, et qu'après que la vigne a été vendangée et les raisins cueillis, on y entre par où on veut, et n'y reste plus que quelques grains de raisin épars par ci par là. C'est en quelque façon l'état auquel étoit réduit ce monastère. Il est vrai, il avoit été comme un bel arbre qui a apporté de beaux fruits, fruits de sainteté, d'observance, de jeûnes, de mortifications, d'oraisons et autres saints exercices qui donnaient de la dévotion à ceux qui prenaient la peine de les contempler. Mais la grêle de la négligence et de la tépidité et de l'inobservance, pour me servir de ce mot, est venue qui a mis tous ces beaux fruits par terre, en sorte que *factum est in derisum et in opprobrium gentibus*, il a servi de dérision et d'opprobre au peuple, pour ne pas dire de scandale et de ruine, par la vie déréglée de ceux qui y demeuraient, lesquels l'avaient réduit à telle extrémité, qu'au lieu de la solitude et closture dont les religieux font profession, il servoit d'un passage commun à toute sorte de personnes, hommes et femmes, car tous y pouvaient entrer indifféremment comme en lieu public, délaissé et abandonné. Jugez par là si l'observance régulière y étoit en vigueur. Certes la sainte règle y étoit écrite, mais c'étoit tout.

Pour les bâtiments, hormis l'église en laquelle pourtant pleuvoit de tous côtés, tout étoit ruiné, n'y ayant aucun des lieux réguliers en état, en sorte que c'étoit misère que de voir ce monastère auguste être à présent réduit à une telle condition. C'est ce que nous avons vu et voyons encore, si ce n'est quelques réparations qui ont été faites depuis quelque temps. Le cloître étoit et est encore à présent en tel état que nous n'y osons passer de peur d'être accablés sous ses ruines. Tout ce qui y est ne ressent que trop son antiquité, témoins les quatre ou cinq sépulcres qu'on y voit encore avec quelques épitaphes tout effacées, et des figures qui y sont représentées presque toutes en pierre. Bref tout y émeut à compassion.

L'église qui est la maison de Dieu se ressentoit mais bien fort de la calamité. Car, chose véritable, et qu'on aura peut-être de la peine à croire, il n'y avoit pas une seule nappe qui fut honnête et décente pour couvrir un autel ; de parements, il n'en falloit pas parler ; de calice d'argent, on ne savoit ce que c'étoit. Je ne peux passer outre à décrire une telle pauvreté et il me prend envie de m'écrier et de dire avec le dévot Saint Bernard, à l'occasion de ce monastère, ce qu'il disoit autrefois à l'occasion de tout l'ordre : *heu me miserum qualemcumque monachum me adhuc vivo videre ad id devenisse ordinem nostrum.* Eh quoi voir ce monastère qui a été autrefois le premier en observance parmi tous les monastères de France, ce monastère autrefois auguste, bâti et enrichi si magnifiquement par Saint Eloy, voir cette église si dévote et si riche en ornements au temps passé, venue à une telle disette et nécessité que de n'avoir pas une nappe pour couvrir ses autels, voir ses prêtres et ses ministres envelopper et consacrer le précieux corps et le précieux sang de son époux et l'auteur du monde, Jésus-Christ, dans des linges et vaisseaux desquels on n'oseroit pas se servir à des usages ordinaires. *O tempora ! o mores !*

Mais ce n'est pas le tout, il faut un peu nous contraindre pour voir encore des choses tristes et pitoyables. Nous avons vu cidevant comme ce monastère avoit été décoré d'un grand nombre de très saintes et précieuses reliques, mais quelles y avons-nous trouvées et que nous en reste-t-il ?

L'inventaire de quelques unes incertaines, comme nous pouvons voir par le procès-verbal qui en fut dressé les années passées par le R. P. Dom Claude Roussel, visiteur, que je veux rapporter ici.

Extrait du procès-verbal dressé par le R. P. Dom Placide Roussel, visiteur des religieux du Monastère de Solemnac.

(1641)

Un chef de cuivre dans lequel il y a partie d'un chef avec cette inscription : Pars cranii S^ti Pauli apostoli. — Et dans ce chef il y a une boîte d'ivoire, laquelle contient trois petits paquets, en l'un desquels il y a une liqueur figée dans un fragment de fiole de verre avec cette écriture : De oleo S^tæ Catharinæ. En l'autre il y a quelques ossements avec cette inscription : De S^to Marco Evangelista : de S^to Martino et de S^to Basilio [Blasio.] Dans le troisième, un petit morceau de bois, d'environ deux doigts de travers, couvert de son écorce, avec cette écriture : De ligno S^tæ Crucis.

Un chef de bois peint au devant duquel il y a une dent avec cette inscription : Dens S^ti Martini Turonensis, et au-dessous du chef un ossement avec cette inscription : Os de manu S^ti Martini Turonensis.

Un reliquaire de bois en forme de châsse, couvert de lames de cuivre, sur un côté duquel est représenté la décollation de Saint-Jean-Baptiste, et au dedans est conservé un ossement avec cette inscription : De sancto Johanne-Baptista, et quelques poudres d'ossements séparés les uns des autres avec cette écriture de Sta Flavia, de S^to Asclepio, de S^to Roricio.

Un petit reliquaire de cuivre doré en forme d'ange, dans lequel sont deux petits paquets, l'un contenant de petits ossements avec un un vieil écriteau que nous avons renouvelé : de S^to Remaclo, de S^to Clodulpho. Dans l'autre, un petit ossement avec du coton et un vieil écriteau, difficile à lire et semble y avoir S^tæ Eulaliæ. A ce reliquaire est attaché un anneau de cuivre avec un cristal pour chaston, qu'on appelle communément l'anneau de Saint-Eloy, auquel de tout temps le peuple a une grande dévotion-

Un bras de cuivre doré, en iceluy quelques petits drapelets usés, qu'on croit estre du voile ou des drapelets de la Sainte-Vierge, enveloppés dans du taffetas. Plus quelques petits ossements dont quelques uns sont un peu bruslés. Le tout enveloppé ensemble d'un plus grand taffetas à fleurs. Lesquels ossements on estime estre partie de saint Theau, religieux de ce monastère, partie de saint Eloy, et saint Quentin, parce que le tout est accompagné de ces deux écriteaux fort anciens, l'un : de Beata Genitrice, de S^to Quintino. L'autre : Corpus patris nostri Eligii, sicut proposueramus transtulimus et de reliquiis ejusdem civitate veteri transmittimus. Parmi les ossements susdits trouvés en ce bras est un petit morceau de bois de mesme nature que celui de dessus trouvé dans le chef de cuivre doré qu'on tient estre du bâton de saint Eloy. En ce reliquaire il y a un autre paquet contenant un ossement avec cet écriteau : S^ti Quinidii Vosconensis epis.

Une chasse de bois, qui autrefois a été couverte de lames de cuivre, dans laquelle ne s'est trouvé que quelques ossements demi brulés, lesquels les religieux disent être révérés comme reliques partie de Saint Theau religieux dudit monastère, le corps duquel on assure avoir été bruslé par les huguenots, partie de quantité d'autres reliques dont l'inventaire est cy-dessous (1), lesquelles reliques furent sauvées du feu dans lequel l'impiété des huguenots les avoit jettées, après avoir volé les argenteries.

Voilà ce qui est pris du procès-verbal. Cette châsse dont il est ici fait mention est celle qu'on porte en procession dans les nécessités publiques comme je dirai ailleurs. Le peuple l'appelle ordinairement la châse de saint Marc.

Bien plus, depuis quelques jours, j'ai vu un procès-verbal par lequel il appert que l'an 1562, le sixième du mois de janvier, les religieux de ce monastère furent contraints de prendre de l'argenterie des reliques, avec les calices et autres vaisseaux d'or ou d'argent, hormis un calice pour dire les messes, et la custode où reposoit le Très-Saint-Sacrement, et les porter à Limoges pour obéir au commandement qui leur avoit été fait de la part du Roy, sans pourtant déclarer le sujet pourquoi, ou la nécessité qui obligeoit le Roy d'avoir recours à des choses si saintes et consacrées à Dieu. — R. F. Bonnysset a le dit procès-verbal. Ce fut pour la rançon de François premier, pris devant Pavie ; il y avoit la quantité de quarante-cinq livres en or ou en argent (2).

Nous avons vu encore de notre temps trois ou quatre châsses exposées sur des autels. Mais à notre introduction dans notre grande église, ayant regardé dedans, on n'y trouva que de la poussière et des toiles d'araignées, lesquelles comme il est croyable, avaient été garnies autrefois de belles et précieuses reliques. Voilà ce qui nous est resté d'un si grand trésor que Saint-Eloy et ses successeurs avaient amassé avec tant de soin et de diligence. Depuis notre introduction nous en avons recouvré quelques-unes, mais nous en reparlerons ailleurs.

Pour le grand nombre de religieux que Saint-Eloy rassembla en ce monastère, en son commencement, qui, comme nous avons dit, étoit de plus de cent cinquante, je trouve une bulle du pape Clément, donnée à Avignon, l'an 3e de son pontificat, par laquelle suivant la remontrance que l'abbé et les religieux de ce monastère avaient faite à Sa Sainteté, que le revenu n'étoit suffisant que pour

(1) C'est l'inventaire qui fait le sujet du chapitre XIe. Il se trouve former le dernier article de celui de Dom Placide Roussel, qui existe intégralement à la page 176 du manuscrit de la Bibliothèque nationale, no 12 697. — Au bas de cette pièce on lit la mention suivante : « Depuis quelques années on a reçu un petit ossement du chef de Saint-Eloy notre fondateur, envoyé du monastère de Echelles. — Fr. Laurent-Dumas. »

(2) Cette dernière indication de l'auteur a été ajoutée par lui à son texte primitif. — La bataille de Pavie eut lieu en 1525.

trente religieux, il donne charge à l'évêque de Limoges que ce nombre soit accompli sans en pouvoir recevoir davantage, n'étoit que les possessions vinssent à s'augmenter. Enfin ce nombre est encore diminué et réduit à vingt-quatre, autant étaient-ils à notre introduction, lesquels avec leurs petites pensions et ce qu'ils pouvaient gagner à l'église vivaient assez pauvrement.

C'est tout ce que je pouvois dire touchant l'état de ce monastère, tant pour le temporel que pour le spirituel.

CHAPITRE XXXV

Instructions tirées des ruines du monastère.

Jugez par ce que nous avons entendu touchant un changement si étrange arrivé à ce monastère, combien grande est l'inconstance des choses humaines, et le peu d'état qu'il faut faire de tout ce qui paroît beau et excellent en ce monde, puisque tout passe comme la fumée. C'est ce que nous pouvons tirer de ces ruines que nous voyons de nos yeux. Elles nous doivent servir de motif bien puissant pour nous porter à aspirer avec un grand amour à ces biens éternels, qui ne sont point sujets à l'injure du temps, qui sont exempts des mains des voleurs, et qui seuls peuvent rassasier ceux qui les possèdent. C'est ce que nous prêchent les vieilles masures de ce monastère, et ce d'autant plus efficacement que nous savons qu'il a été autrefois très beau et magnifique. O qu'il fait bon de s'attacher indissolublement à celui *cujus anni non deficiunt,* mais est toujours le même, comme étant celui *apud quem non est transmutatio, nec viscissitudinis obrumbatio.*

Apprenons encore la grande estime que nous devons faire de l'observance de notre sainte règle, et comment un chacun en particulier se doit porter à la garder le plus parfaitement qu'il lui sera possible, s'imaginant que le bien et l'avancement d'une congrégation ou d'une communauté dépend de la perfection de chaque religieux en particulier, étant tout certain que tandis que les particuliers feront leur devoir, tout le corps ou de la congrégation ou de la communauté se maintiendra parfaitement. C'est de l'observance de notre règle que nous pouvons dire assurément que *venerunt nobis omnia bona pariter cum illa,* qu'elle nous peut attirer toute sorte de biens et de bénédictions du ciel. Et au contraire le mépris et la négligence ne peut causer que misère et pauvreté. Et si par la grâce de Dieu il paroît qu'il y ait quelque observance parmi nous, donnons-nous bien de garde de nous élever, mais souvenons-nous de cé que dit l'apôtre : *Qui stat videat ne cadat.*

En effet, qui eut vu ce sacré monastère en son commencement, si bien et si solidement bâti par saint Eloy, enrichi de tant de beaux revenus, décoré de tant de reliques, cette si grande observance qui le rendit le chef des autres monastères, qui eut vu un si grand nombre de religieux qui y servaient Dieu avec tant de perfection, comment eut-il pu s'imagier qu'il dut deschoir d'un si haut état, et venir en une condition si ravallée que nous l'avons vu en nos jours.

CHAPITRE XXXVI

Sujets de consolation et d'action de grâce envers Dieu.

Néanmoins, parmi toutes ces misères nous ne laissons pas d'avoir de grands motifs de consolation, de louanges et bénédictions envers la divine majesté, de ce qu'il n'a pas permis que ce monastère ait pris le train commun de quantité d'autres, qui ont été plus puissants et plus somptueux, desquels à présent ne paroit aucun vestige, pas plus que s'ils n'avaient jamais été, mais l'a voulu conserver un si long temps par les mérites et intercessions de saint Eloy son fondateur, saint Rémacle, saint Tau et ses autres saints tutélaires et glorieux patrons.

Il a permis que la plupart de ses grandes possessions et revenus nous ait été usurpée. *Hæreditas nostra versa sit ad alienos, et domus nostra ad extraneos.* Mais c'étoit lui qui nous les avoit donnés, s'il nous les a ôtés que son saint nom soit béni. Tout est à lui ; peut être nous en eussions abusé : *Melius est modicum justo.* Les biens de ce monde ne sont rien, et partant la perte en est facile à supporter, au reste *multa bona habebimus si timuerimus Deum.*

Il a permis, il est vrai, que ces saintes reliques aient été brûlées et prophanées, mais *judicia Dei abyssus multa.* Il nous en reste encore quelques unes.

Et nous avons la relique des reliques, son précieux corps au Saint Sacrement de l'autel, de laquelle peut-être on ne fait pas tant d'état, pour être si commune, mais néanmoins cet excès d'amour ne doit en rien préjudicier à l'estime que nous en devons faire, étant préférable à toutes les reliques de la terre ; *Ubicumque fuerit corpus congregabuntur et aquilæ.* Il est capable d'en attirer d'autres, comme il l'a fait en nos jours.

Bref, il a permis que cette si grande observance et sainteté qui a paru autrefois en ce monastère se soit flétrie, et qu'au lieu des vrais enfants de saint Benoît, il en soit venu d'autres qui n'ont jamais eu l'esprit de ce grand patriarche. Mais il a voulu faire voir par là, ce que c'est que l'homme, combien il est impuissant et faible au bien sans l'aide de sa grâce. Et il est aussi bon et aussi puissant que jamais pour nous faire revivre des vrais zélateurs de l'observance religieuse : *Pro patribus tuis nati sunt tibi filii.* Au lieu de ces avortons et bâtards, il nous suscitera des autres saint Eloy, des autres saint Remacle et saint Teau, qui auront le véritable esprit de saint Benoît et continueront à suivre les exercices et actes de mortification que ces grands saints et tant d'autres religieux ont pratiqués autrefois en ce monastère.

Enfin, il a permis qu'il ait été tout démoli et ruiné, il peut le rendre aussi beau et fleurissant que jamais. Que s'il n'arrive pourtant pas à cette grandeur et magnificence anciennes par faute de revenu, il en aura suffisamment pour entretenir un nombre médiocre de religieux pour faire le divin service, et autres choses concernant son saint culte. *Tantum in disciplina perseveremus, quæ quamvis non gaudii sed mæroris in præsenti videatur fructum tamen paccatissimum reddet per eam postea justitiæ,* comme dit l'apôtre (1). C'est ce qu'il semble vouloir faire en nos jours, par le moyen des vrais religieux de saint Benoît de la Congrégation de Saint-Maur qu'il y a introduits. Mais d'autant que c'est une des principales pièces concernant ce monastère, il la faut dilater plus au long.

CHAPITRE XXXVII

De l'union du monastère de Solemnac à la réformée Congrégation de Saint-Maur.

Le monastère de Solemnac étant en l'état que nous avons dit et déclaré ci-dessus, et tout l'ordre de saint Benoît en un grand désastre, particulièrement en France, enfin la divine bonté jeta les yeux sur lui, et imprima de forts sentiments en l'âme d'un saint

(1) *Epître aux Hébreux XII. 11.* On voit que l'auteur cite de mémoire l'Epître de saint Paul aux Hébreux et non textuellement.

religieux du monastère de Saint-Vanne en la ville de Verdun en Lorraine, nommé le R. P. Didier de la Cour, duquel la mémoire sera à jamais en bénédiction, de pratiquer ponctuellement la règle de laquelle il avoit fait profession, et la faire pratiquer dans son monastère, à quoi il s'appliqua avec tant de bonheur qu'il fit réussir son dessein, non-seulement dans son abbaye, mais dans une autre du pays des Vosges nommée Saint-Hidulphe. Et ce fut ce qui donna commencement à la Congrégation de Lorraine, laquelle pour ce sujet s'appelle de Saint-Vanne et Saint-Hidulphe, environ l'an 1598. Quiconque voudra voir plus au long ce commencement et le progrès de cette Congrégation, comme aussi la vie du susdit père Didier dont Dieu se servit pour ce grand acte, pourra lire le quatrième tome de la chronique générale de l'ordre où il y a des choses très dignes d'être sues.

Les religieux donc de cette Congrégation s'étudiaient à observer la sainte Règle au pied de la lettre et le mieux qu'ils pouvaient. Or leur ayant été dit que dans la Congrégation du mont Cassin en Italie, l'observance régulière était en vigueur selon l'esprit de la Règle, ils crurent que c'étoit ce qu'ils cherchaient, et envoyèrent à Rome pour avoir les statuts et pratiques concernant la dite Règle et observances, et connaissant qu'elles s'accordaient aux leurs, ils obtiendrent du pape Clément VIII, l'érection d'une Congrégation sous le nom de Saint-Vanne et de Saint-Hidulphe.

Cette Congrégation ayant fait quelques progrès en pays de Lorraine, plusieurs bons religieux français poussés d'un saint zèle s'y transportèrent, y firent leur noviciat et profession, bien instruits des pratiques de la dite Congrégation, retournèrent en France et appelés par Messieurs les abbés et religieux établirent la réforme dans quelques monastères ; le premier desquels fut le monastère de Saint-Augustin-lès-Limoges, après les monastères de Noaillé près Poitiers, Saint-Faron de Meaux, en Brie, Jumièges en Normandie et les Blancs-Manteaux, dans Paris, où ils pratiquaient ce qu'ils avaient appris dans la Congrégation de Lorraine; et pour leur gouvernement faisaient des assemblées extraordinaires, ce qu'ils jugeaient nécessaire pour le bien et manutention de ladite réforme. Cela fut ainsi pratiqué jusque en l'an 1621, qu'ils obtiendrent du pape Grégoire XV, à l'instance du très chrétien roi de France et de Navarre, Louis XIII, d'heureuse mémoire, l'érection d'une Congrégation des dits monastères et autres de France, qui voudraient s'y unir et aggreger, sous le nom de Saint-Maur.

Et c'est cette Congrégation sur laquelle notre bon Dieu a versé abondamment ses grâces et bénédictions, par le moyen desquelles nonobstant les contradictions que le diable lui a suscitées en dedans et dehors, elle a fait un notable progrès dans peu de temps. Car la bonne odeur que les premiers religieux qui s'y sont établis répandirent, attira les affections de plusieurs Messieurs les abbés, qui les introduisirent dans leurs abbayes pour les réformer. Entre lesquels fut Mre Jean Jaubert de Barraud, alors évêque de Bazas et depuis pour ses grands mérites, archevêque d'Arles, lequel étant abbé commendataire de ce monastère, poussé d'un saint zèle de l'honneur et service de Dieu, le 27 du mois d'août de l'an 1615, passa Concordat avec les Révérends Pères Dom Maur Fontaines, prieur claustral de l'abbaye de Saint-Augustin-lès Limoges, Dom Mathieu Oudin et Dom Colombain Corleux, religieux de la dite abbaye, pour introduire la réforme en ce monastère, lequel Concordat, il fit homologuer en cour de Rome, sans avoir égard aux frais et dépens qu'il lui fallut faire pour ce sujet.

Le dit Concordat fut approuvé par le chapitre général, mais néanmoins ne put être sitôt exécuté, à cause que les anciens religieux s'opposaient aux pieux desseins du seigneur archevêque. Mais tout cela au lieu de le refroidir, lui ralluma le courage, et Dieu qui seconde toujours les saintes intentions des gens de bien, lui ayant donné bonne issue d'un procès intenté par les dits anciens religieux pour empêcher notre introduction, il se résolut de la procurer au plus tôt.

Ce qui fut enfin exécuté le 26 de juin de l'an 1619, que six de nos confrères furent admis dans ce monastère pour y faire revivre l'esprit de saint Benoit (1). Mais d'autant que les anciens religieux

(1) Les *Annales manuscrites de Limoges* signalent ce changement en ces termes : « Reforme de l'Abbaye de Solompniac. — Le 26ᵉ juingt 1619, Monsieur Baraud, abbé de Solompniac, mist en pocession six religieux de l'ordre de Saint-Benoist pour reformer ledit couvent ; et les antiens moynes qui ne voulurent suivre la réforme jouyrent de pansion durant leur vie. Lequel sieur abbé et archevesque d'Arles décéda en ladite abbaye ». Cette dernière indication est inexacte comme on le verra un peu plus loin, à la fin du chapitre XXXIX.

Les archives de la Haute-Vienne possédaient le procès-verbal de cette prise de possession ; j'y ai trouvé la dernière feuille du cahier sur lequel il était écrit. Je la reproduis ici : « ..... maisons et chambres, et remis les clefs d'icelles ez mains desdicts vénérables pères réformés, dont et du tout nous avons concédé acte et dressé notre présent procès-verbal, les jour, mois et an que dessus, ainsi signé : Dom Coulombin Reynier, Dom Maurice Pontignon, de Trenchant, procur. dudict seigneur abbé, et à mesme instant, en présence dudict seigneur évêque de Bazas, et desdicts Pères Reynier et Pontignon, ledit contrat de Concordat, Bulle de Sa Sainteté, lettres patentes de Sa Majesté, et arrests de la cour de Parlç-

étaient au nombre de vingt et qu'ayant été introduits contre leur volonté, ils eussent pu molester nos confrères, pour obvier à cela, le dit seigneur abbé nous donna le dortoir, cloître et chapitre, et pour église nous fit accommoder en chapelle le lieu qui nous sert à présent de réfectoire, ce qui dura quelques années pendant lequel temps nous n'avions point de communication avec les anciens religieux, iceux faisant le service dans la grande église, et nous dans la petite chapelle, ayant pour ce sujet acheté calices et ornements nécessaires et fait faire un petit tabernacle doré pour reposer le Saint-Sacrement, lequel tabernacle fut donné depuis à Pierre-Buffière lorsque la prévôté nous eût été résignée.

CHAPITRE XXXVIII

Établissement de la Confrérie du Saint-Rosaire en ce monastère.

Combien que ce soit le propre des moines de vivre seuls, séparés de la conversation et commerce du monde, néanmoins la nécessité et l'ignorance dans lesquelles croupissoit le pauvre peuple, obligea nos premiers pères à s'employer de tout leur possible à prêcher, instruire et entendre les confessions, tâchant par ce moyen de porter chacun à la vertu et à la perfection, ce qui s'est toujours pratiqué depuis, non par devoir, mais par charité. La dévotion à la Sainte Vierge, mère de Dieu, ayant été de tout temps unie et comme inséparable de l'ordre de Saint-Benoit, nos pères sachant combien elle est utile aux âmes qui s'y adonnent, firent tout leur possible dès le commencement d'y porter un chacun et de l'enraciner bien avant dans le cœur du peuple comme un moyen efficace pour obtenir les grâces et bénédictions du ciel, desquelles la Très Sainte Vierge est la dispensatrice. C'est pourquoi leur zèle les porta à présenter requête aux religieux de l'ordre de Saint-Dominique de la ville de Limoges, pour obtenir l'érection de la confrérie du Saint-Rosaire. Ce qui leur fut accordé l'an 1625, comme il se

ment de Bordeaux, ont été retirés des mains du commis du greffier par ledit vénérable frère Jean Seoman, vicaire général dudit seigneur en ladite abbaye de Solompnhat, dont nous avons concédé acte et déclaré ledit greffier déchargé des dites pièces. Fait comme dessus. — Signé : Seoman, vicaire général susdit. — Nicolas ». (Archives de la Haute-Vienne. — Fonds de Solignac, n° provisoire 5081).

voit par l'acte qui en fut dressé et qui se garde parmi les papiers du monastère. Tandis que nous fûmes dans la petite chapelle ; on y faisoit aussi les exercices de la dite confrérie, mais l'année de notre entrée dans la grande église, la confrérie fut transférée de cette chapelle à celle de Saint-Martin, laquelle pour ce sujet changea de nom et fut appelée Notre-Dame-du-Rosaire. Et l'an 1638, cette congrégation fut agréée et confirmée par un religieux de l'ordre de Saint-Dominique, nommé le Père Pierre d'Héricourt, selon la puissance qui lui avoit été donnée par le R. P. Prieur du Couvent de Limoges, le 7 janvier 1638.

Et pour attirer davantage le peuple à la dévotion envers la Très Sainte Vierge, on fit faire l'image, laquelle y est honorée à présent, à laquelle on a eu depuis une grande dévotion, et la Très Sainte Vierge qui ne se laisse jamais vaincre, mais reconnoît jusqu'aux plus petits services qu'on lui rend, a témoigné plusieurs fois combien il est utile d'avoir recours à elle dans nos nécessités. Je m'estimerois trop ingrat si je ne mettois ici quelques exemples assez remarquables de cette vérité, afin que ceux qui viendront après nous soient excités par iceux d'honorer de plus en plus la mère de Dieu. Je ne parle point des changements notables qui ont été faits en diverses personnes par le moyen de la dévotion envers la Sainte Vierge, quoique je pourrois en raconter beaucoup. Je ne parle point aussi de la consolation qu'elle a apportée à beaucoup de personnes qui ont recours à elle dans diverses afflictions, car cela ne sauroit se dire. Je laisse tout cela pour en raconter deux qui m'ont été assurés par les personnes mêmes à qui la chose est arrivée.

Le premier est d'une personne de considération, laquelle venant de dire son chapelet et se recommander à la Très Sainte Vierge, comme elle voulut entrer dans sa maison, il arriva par malheur que la porte de la cave se trouva ouverte, et comme elle ne prenoit point garde à ses pieds, elle tomba du haut en bas, de sorte que naturellement elle se devoit rompre quelque bras ou jambe, et néanmoins en tombant ayant réclamé la Sainte Vierge, elle n'eut aucun mal, si ce n'est qu'elle fut étourdie du coup, et le lendemain, elle me vint prier pour lui faire dire une messe devant la Très Sainte Vierge, en actions de grâces de la faveur qu'elle avoit reçue par son moyen.

Le second est d'une personne, laquelle sortant pour quelques nécessités de sa maison, fut contrainte d'y laisser un sien petit fils auprès du feu ; l'ayant auparavant recommandé à la Sainte Vierge, et revenant de là à quelque temps, trouva que le feu s'étoit pris à la chaise de son petit et l'avoit brûlé jusques à la ceinture, et de lui-même s'étoit éteint sans avoir apporté aucune incommodité à l'enfant. Ce que cette personne jugea ne pouvoir être arrivé que par un particulier secours de celle à qui elle l'avoit recommandé, comme elle témoigna par les larmes qu'elle versoit en me racontant ce qui lui étoit arrivé.

Je pourrois raconter plusieurs autres exemples qui sont arrivés en nos jours à diverses personnes, mais ceux-ci suffiront pour faire voir qu'elle est toujours la même, c'est-à-dire toujours prête à secourir ses fidèles serviteurs, et qu'à présent il se fait autant de miracles qu'il s'est fait autrefois, mais on n'y fait pas réflexion.

A ces exemples de la Très Sainte Vierge, j'en veux raconter un de son cher époux saint Joseph, arrivé depuis peu de jours à une fille des plus honorables familles de Solemnac, laquelle depuis longtemps avoit une incommodité dans le nez, en sorte qu'on ne savoit ce que c'étoit, ce qui affligeoit fort sa mère ; pour la fille, comme bien vertueuse, ne s'en mettoit beaucoup en peine. Enfin la mère voyant qu'il y avoit longtemps que cela duroit et qu'il n'y avoit point d'apparence de guérir, quelques jours auparavant la fête de saint Joseph, elle s'avisa de faire une neuvaine de prières à l'honneur de ce grand saint, et de faire dire messe le jour de la fête. Voilà que justement le jour même de saint Joseph, après que la mère et la fille se furent confessées, la fille s'étant retirée à part selon sa coutume pour entendre la messe que le R. P. Prieur alloit dire à son intention, venant à se moucher, elle jeta une petite peau noire qu'elle avoit dans le nez, avec abondance de sang qui en sortit, dont tous les assistants qui étaient là auprès, et ne sachant ce que c'étoit, furent troublés, et moi-même craignant qu'il lui fut arrivé quelque chose, si bien qu'elle fut tout à fait délivrée de cette incommodité au grand contentement de sa mère ; la fille depuis s'est rendue religieuse.

Puisque donc la dévotion à la Très Sainte Vierge est si utile, nous avons espérance que ceux qui viendront après nous feront leur possible pour l'entretenir et augmenter comme étant un des principaux fruits de notre ordre, et la Très Sainte Vierge étant comme la mère et la protectrice de notre Congrégation et tous nous autres ses enfants, les supérieurs d'icelle l'ayant reconnue pour telle par les vœux qu'ils lui ont faits, les années passées, avec ordonnance de dire tous les jours la première messe de six heures en son honneur, et de chanter tous les samedis, et à toutes ses fêtes, aux premières et secondes vêpres la prose *Inviolata*. Ce qui s'est toujours pratiqué depuis au profit, contentement et plaisir de toute la Congrégation et de tous les religieux en particulier.

ABSIDE DE L'ÉGLISE DE SOLIGNAC.

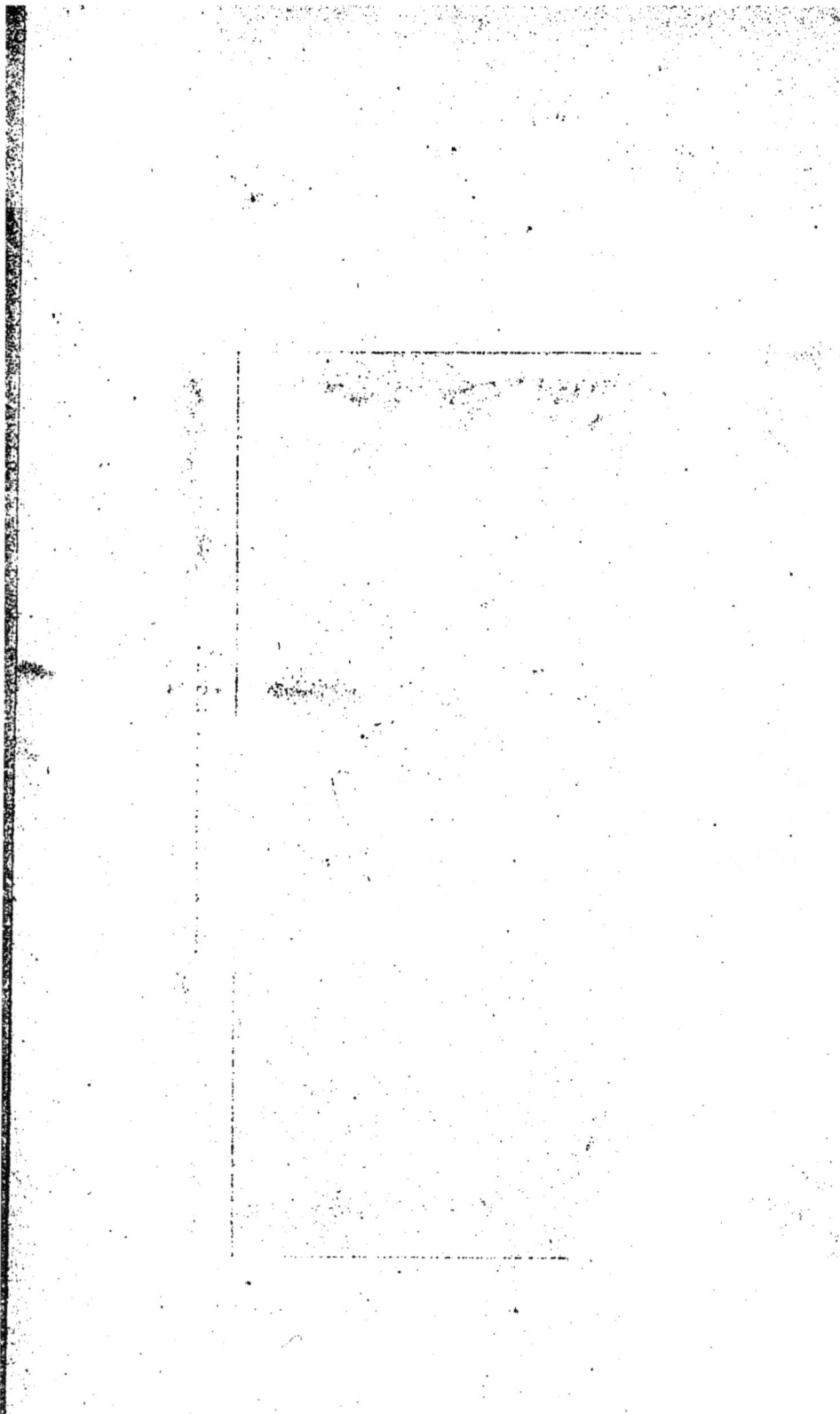

CHAPITRE XXXIX

De notre introduction dans la grande église.

Nous avons vu ci-devant comment les excès que les anciens religieux eussent pu commettre en notre endroit, obligèrent Monsieur l'Abbé à nous faire dresser une chapelle pour faire le service divin. Cela dura jusques en 1635, car aux années 1631 et 1632 six anciens religieux étant morts, on commença à se disposer pour rentrer dans la grande église, pour y faire le divin service, à cause du petit nombre des anciens qui restoit, qui n'étoit que de six. Mais comme elle étoit en un très mauvais ordre on commença l'an 1633 à y travailler, la blanchir, l'orner, l'embellir, hausser, paver et peindre ; bref la mettre en l'état auquel on la voit à présent. On changea aussi le chœur, car il était entre les quatre piliers qui soutiennent le dôme du petit clocher. En ce temps on fit faire la sacristie, la tribune qui est pardessus, et la galerie par laquelle nous descendons en chœur. Le tout coûta environ sept ou huit mille livres.

L'église étant donc mise en meilleur état, nous commençâmes à y célébrer le divin service le 17 d'avril de l'an 1635. Que si vous désirer savoir les richesses et ornements qui y étoient, j'en ai parlé ci-dessus et à présent je me contenterai de dire que tous les ornements consistoient en deux chapes, une chasuble et deux tuniques, de damas rouge tout décoloré, qu'on a fait reteindre depuis, qui avaient été données, comme il est à croire, à cause de leurs armoiries qui y étoient, par Messieurs les Barton, desquels nous avons parlé au catalogue des abbés. C'étoit leurs vaisseaux d'or et d'argent, c'étoit leur brocatel qui servaient pour toutes les fêtes de l'année. Leurs calices et autres ornements dont ils se servoient pour le saint sacrifice de la messe étaient si sales, qu'on eût osé s'en servir en d'autres usages communs et ordinaires. Chose certes pitoyable et digne d'être pleurée avec des larmes de sang, voir les irrévérences qui en suite de cela ont été commises envers le précieux corps et le précieux sang du fils de Dieu, lequel mérite et doit être traité avec tant de respect et de révérence. Quel compte rendront à Dieu et les abbés commendataires qui ont vu cela et n'y ont apporté de remède, et les religieux qui l'ont pratiqué. Car sans doute il eut été plus expédiant de ne pas dire de messe, que de la dire avec des ornements si sales, et quoiqu'ils puissent en quelque

10

façon s'excuser sur le peu de revenu qu'ils avaient, lequel étoit à peine suffisant pour leur entretien ordinaire, néanmoins ils en trouvoient assez pour entretenir autres choses, ce qui les rendoit criminels devant Dieu. Je dis ceci, afin que un chacun de nous autres, et ceux qui viendront après nous soient excités à servir Dieu avec plus d'amour, en un lieu où il a été si mal servi et que *ubi abundavit delictum superabundet et gratia.*

N'y ayant donc point d'ornements, on fut contraint d'en acheter quelques uns, pauvres véritablement, mais néanmoins nets et propres, desquels on s'est servi dudepuis. On acheta aussi des calices et autres meubles pour la sacristie, un soleil pour exposer le Très-Saint-Sacrement, et les années passées on a fait faire une chappe rouge avec des fleurs d'or, et deux autres de satin blanc à grandes fleurs ; comme aussi le tabernacle doré qui est à la chapelle de Notre-Dame, pour faire plus décemment reposer le Très-Saint-Sacrement, aux jours qu'on le porte à la dite chapelle pour la communion du peuple. Depuis peu on a aussi fait faire un poële ou pavillon pour porter le Très-Saint-Sacrement aux processions. On se servoit auparavant de celui de la paroisse ; comme aussi quelques chasubles pour la célébration de la messe.

Pour entretenir la dévotion qu'il y a toujours en ce monastère à saint Cloud, on fit faire le tableau qui se voit à son autel, où se font plusieurs miracles, desquels, si on eut pris la peine de les ramasser, on pouvoit faire un livre entier. Plusieurs personnes vivantes de Limoges et d'ailleurs se recommandent ici à saint Cloud, y offrent des figures de cire et autre en reconnaissance de la santé qu'elles reçoivent par ses miracles. J'en veux mettre ici un arrivé depuis peu de temps :

L'an 1649 un pauvre garçon qui demandoit l'aumône et alloit avec deux potences, après avoir entendu la messe qui se dit tous les jours à six heures en l'honneur de la Sainte Vierge, fit ses prières et autres adorations qu'on a accoutumé de faire à l'autel de saint Cloud. Après avoir entendu la messe qu'il y fit dire des aumônes qu'il avoit amassées, ayant encore demeuré quelque temps pour se recommander au saint, comme on eut commencé une autre messe à l'autel de la Vainte-Vierge, il dit à un des confrères qui la servaient : Mon frère je me porte bien, je m'en vois laissser mon bâton. Lequel il laissa en effet et s'en alla joyeux et content. Plusieurs personnes furent témoins de ceci.

Depuis notre introduction dans la grande église, Monseigneur l'archevêque d'Arles venoit passer la plus grande saison de l'année en ce monastère. et en tout donnoit de grands exemples de piété et dévotion, car il étoit assidu au service divin, ne manquant d'y assister fêtes et dimanches, aux premières et secondes vêpres, aux processions du Rosaire qui se font les premiers dimanches des mois et fêtes de Notre-Dame, aux prédications, et même au catéchisme, hormis la dernière année à cause de ses incommodités extraordinaires. Mais il ne manquoit d'y envoyer ses domestiques et autres, hormis ceux desquels il ne pouvoit se passer.

Mais l'an 1643 il partit d'ici pour s'en aller à Paris, le mardi d'après la Pentecôte, et le dernier du mois de juillet ensuivant, il y mourut, son corps fut porté à Bordeaux, à la maison professe des Jésuites, et son cœur aux Pères Chartreux de Glandier. Nous lui fîmes ici un office fort solennel, avec chapelle ardente et autres solennités. Il donna par son testament la somme de mille livres aux pauvres de la ville. Il fut fort regretté des habitants, lesquels durant sa vie il avoit protégés autant qu'il avoit pu, et de nous autres comme ayant perdu un grand bienfaiteur du monastère, et grand ami de la Congrégation. Je laisse à ceux à qui il touche de plus près de rechercher les vertus de ce grand personnage.

CHAPITRE XL

De la relique de Saint-Eloy, et des processions pour obtenir pluie ou beau temps.

L'an 1639 le Révérend Père dom Constantin Navarre, prieur de ce monastère, désirant avoir quelque relique assurée du grand Saint Eloy notre fondateur, s'adressa au R. P. dom Albert Mainburiel, prieur de nos confrères d'Ecuan? au monastère de Chelles (1). Lequel fit en sorte qu'il obtint des religieuses bénédictines dudit monastère, un petit ossement du chef de Saint Eloy, lequel ossement ledit R. Père dom Albert emporta au monastère de Saint-Sulpice de Bourges, y étant allé pour le gouverner en qualité d'abbé, attendant quelque commodité assurée pour nous l'envoyer. Ce qu'il fit enfin par le R. Père dom Marie Bastide, abbé de Saint-Augustin, lequel accompagné de dom Celse Badet, l'apporta audit Saint-Augustin. Or, comme nous attendions la commodité pour faire un reliquaire pour enchasser la sainte relique, et le R. Père dom Placide Roussel

(1) L'abbaye royale de Chelles, à quatre lieues de Paris, conservait dans le trésor de son église un beau buste en argent dans lequel était le chef de saint Eloi.

visiteur de cette province pour savoir l'ordre qu'il voudroit être observé en la réception de la Sainte-Relique, il arriva l'année 1644 une grande sécheresse, laquelle ayant duré longtemps, menaçoit le peuple de grande calamité, ce qui occasionna les habitants de la présente ville de Solemnac, de venir prier le R. Père Prieur dom Bruno Valles, et toute la communauté, de vouloir faire une procession générale, à la manière accoutumée, pour demander à Dieu de la pluie, ce qui leur fut accordé. Et pour ce on ordonna que la procession se feroit le dimanche ensuivant, jour de la Très-Sainte-Trinité. On prit donc cette occasion pour apporter la Sainte relique. Et pour ce, l'on envoya le soir précédent le R. Père dom Eutrope Birot, cellérier de ce monastère à Limoges, tant pour avoir permission de Monsieur l'Official, en l'absence de Monseigneur de Limoges, pour pouvoir exposer la Sainte Relique, que pour la porter le lendemain matin au Vigen, où nous fûmes la recevoir en procession, portant toutes nos autres reliques, pour, par les mérites et intercessions des saints, obtenir plus facilement l'enterinement de nos prières. La grand'messe y fut célébrée par le R. P. Prieur à l'honneur de la Très-Sainte-Trinité. A la fin, il prit entre ses mains le petit coffret où étoit la Sainte-Relique, et l'apporta, le tout avec un grand concours, joie et dévotion extraordinaire du peuple, espérant que notre Bon-Dieu, par les mérites et intercessions des Saints, et particulièrement de notre glorieux patron saint Eloy exauceroit leurs prières et les délivreroit de la misère dans laquelle ils se voyaient réduits. Ce qui en effet arriva par la bonté et miséricorde de Dieu, car peu de jours après il y eut abondance d'eau ; les fruits de la terre reverdirent et l'année fut bonne. Dieu soit à jamais béni, qui est si admirable en ses Saints.

Outre la susdite relique de Saint Eloy, nous en avons reçu quelques autres de notre temps. L'an 1631 ont été faits et achetés deux grands reliquaires de bois doré dans lesquels elles ont été mises, et exposées au peuple par permission de Monseigneur François de La Fayette, évêque de Limoges. Les reliques sont de saint Gui, martyr, de sainte Eulalie, vierge et martyre, et une dent de saint Alyre, évêque de Clermont en Auvergne, qui a un grand pouvoir pour chasser les diables. Toutes ces reliques nous ont été données par le R. P. Girard des Aleux, abbé autrefois de Saint Augustin et de Saint Alyre.

Or, à l'occasion de cette procession dont nous avons parlé, et de l'effet qui s'en suivit, il sera bon de savoir que c'est une chose qui se pratique ordinairement dans semblables nécessités, assavoir qu'au temps de grande sécheresse, ou abondance d'eau extraordinaire, les habitants de la ville en députent deux ou trois des principaux d'entre eux pour venir, au nom de toute la ville, prier le R. Père Prieur et toute la communauté, pour faire procession générale pour obtenir ce dont on a besoin. Et le R. Père Prieur condescendant volontiers à leur demande, on assigne d'ordinaire le dimanche en suivant, ou quelque autre jour de fête, s'il se rencontre à propos. Et le jour auparavant on sort la chasse qu'on appelle de Saint Marc, dont j'ai parlé ci-dessus, dans laquelle on met les plus assurées reliques que nous avons, et l'ayant honnêtement accommodée et ornée, on la met sur le petit brancard fait à ce dessein, et ainsi on la pose sur l'autel de Saint-Eloy, qu'on appelle l'autel de Sainte-Anne, ou autre. Ayant fait sonner quelques coups de cloche après vêpres ou complies, on va chanter quelques répons propres au temps devant la dite chasse, en ajoutant les oraisons convenantes. Et le lendemain, après la grand messe ou vêpres, selon qu'on trouve plus à propos, on va en procession au Vigen, deux religieux revêtus en aube portant la chasse, et la prédication étant faite sur la présente nécessité, on s'en retourne par le même chemin, et on remet la chasse sur le même autel, et après vêpres ou complies, si la procession a été faite le matin, on va chanter les mêmes répons que le soir précédent. Puis, pour satisfaire à la dévotion du peuple, on prend les chapelets et autres choses qu'ils présentent, et on les fait toucher à la chasse. Puis on l'emporte à la sacristie, ou on la laisse sur le même autel un jour ou deux, dans lequel temps d'ordinaire on obtient ce que l'on a demandé, comme je l'ai vu trois ou quatre fois depuis que je suis en ce monastère. Puis sans autre cérémonie, on la remet en son lieu ordinaire. La procession se doit faire à l'honneur de Saint Theau, ainsi qu'il se pratique de tout temps.

CHAPITRE XLI

Chose extraordinaire arrivée l'an 1656.

Scribantur hæc in generatione altera, et populus qui creabitur laudabit Dominum. Comme en effet étant digne de toute louange et amour, tant pour les bienfaits ordinaires qu'il confère à ses créatures à tout moment, que par les extraordinaires qu'il leur départit dans leurs nécessités urgentes, quand pendant icelles ils ont recours à sa divine Majesté d'un cœur contrit et humilié. On saura donc qu'en la présente année 1656 il y eut une grande sécheresse au mois de juillet et août, en sorte que en beaucoup d'endroits les ruisseaux et fontaines étaient taris. Le peuple ne trouvoit plus d'eau tant pour lui-même que pour le bétail, lequel pour ce sujet mouroit en plusieurs lieux, d'où vint que Messieurs de Limoges firent défense aux bouchers de ne plus tuer de bœufs, ni autre gros bétail, pour le danger qu'il y avoit qu'ils ne prissent du mal. Cependant, de tous côtés, on faisoit des processions et prières publiques, pour obtenir du Bon Dieu de la pluie, et l'obliger à détourner son ire de dessus son pauvre peuple qui apprehendoit de tomber dans quelque grande calamité. Néanmoins il sembloit que le ciel fut de bronze, car encore bien qu'il paraissoit se vouloir disposer à donner de la pluie, c'étoit sans effet. N'y ayant donc point d'apparence d'en avoir de longtemps, les habitants de cette ville vinrent en corps, le 19e jour du mois d'août, pour supplier le R. P. Prieur dom Louis Jamet, et toute la communauté de vouloir faire la procession au Vigen, et porter la chasse qu'on a accoutumé en semblable nécessité. Ce que leur ayant été très volontiers accordé par le dit R. P. Prieur, on désigna le lendemain, jour de dimanche, dédié à la mémoire du glorieux saint Bernard, pour faire la dite procession après vêpres, qu'on dit pour ce sujet à deux heures après midi. Lesquelles, incontinent qu'elles furent commencées, le ciel commença à s'obscurcir, et de grosses nuées à paraître; et à peine la procession fut-elle commencée et la chasse sortie de la ville, qu'une grosse pluie la surprit à moitié du chemin du Vigen, dont tout le peuple commença à remercier Dieu. Mais ce ne fut qu'un échantillon de celle que Dieu envoya les jours suivants, pendant lesquels il plut abondamment, et la terre fut suffisamment abreuvée, dont un chacun eut sujet de ne jamais se défier de la bonté et miséricorde de Dieu, lequel quoiqu'il mortifie parfois, ne laisse pas de vivifier comme il fit en cette occasion, donnant vie et vigueur aux fruits de la terre qui semblaient être morts et secs par la grandeur de la sécheresse. Il y a autant de témoins de la vérité de ceci, qu'il y a d'habitants dans cette ville et aux environs qui assistèrent à la dite procession et furent mouillés à leur grand contentement. Nous avons vu ci-dessus un semblable miracle arrivé l'an 1069.

CHAPITRE XLII

Quelques actes de charités exercés envers le prochain.

L'an 1646, à la persuasion du R. P. dom Placide Roussel, on commença d'exercer un grand acte de charité envers le pauvre peuple, lequel on a continué depuis, de l'avis des autres reverends pères visiteurs, dom Marc Bastide, et dom Albert Marchand, lesquels ont témoigné une grande satisfaction : Assavoir d'aller enseigner aux pauvres villageois les principes de la foi et autres choses concernant leur salut dans leurs villages. Ce qui leur a apporté un profit très notable, quoiqu'au commencement on pensât que cela ne devoit pas réussir. Car, comme ces pauvres gens n'entendent pas bien le français, et que d'ailleurs dans les prédications on ne descend pas si en particulier à parler ou expliquer les mystères de la foi, de là venoit que la plupart d'entre eux étaient si ignorants en cela, que cela causoit étonnement. Car entre deux ou trois cents à peine en eut-on trouvé trois qui sussent les commandements de Dieu. Même il s'en trouvoit, et des plus vieux, qui ne savaient pas faire le signe de la croix. Si bien que pour trouver des infidèles il n'est pas besoin d'aller aux Indes et au Japon, car il s'en trouve en nombre, sans nombre, parmi ceux qui se disent chrétiens, lesquels peuvent être nommés fidèles infidèles. Ce qui nous a grandement porté à continuer cet exercice, outre les persuasions de nos Révérends Pères visiteurs, a été le zèle que ces pauvres gens ont témoigné à venir quelquefois de fort loin pour écouter ce qu'on leur dit, les bénédictions qu'ils nous donnent et le profit qu'ils en font, qui en plusieurs est extraordinaire. Car tout de même que la terre desséchée par les ardeurs du soleil venant à recevoir par après une douce pluie qui la pénètre produit son fruit à merveille, ainsi ces pauvres âmes toutes séchées par défaut d'instruction venant à recevoir la pluie de la parole de Dieu, et des instructions proportionnées à leur capacité, produisent des fruits dignes de la vie éternelle. Et non seulement les pauvres paysans, mais encore des personnes de noblesse et considération ont pris la peine de s'y trouver, témoignant ressentir plus de profit en leur âme de ces instructions familières que non pas des prédications.

Or, ce en quoi on a remarqué plus de profit a été en ce qui touche les sacrements de la confession et communion ; tant pour la fréquentation d'iceux, que pour les dispositions nécessaires pour les recevoir. Aussi cela a été une des principales choses qu'on a taché de leur inculquer, et faire connaître l'importance qu'il y a de se bien servir de ces sacrements, que Notre Seigneur a institué pour notre sanctification, si nous nous en servons comme il faut. Ce d'autant qu'en ce sujet il est arrivé quelques cas extraordinaires, j'en veux rapporter deux tant seulement, car on peut en retirer un grand profit et instruction.

Le premier est arrivé l'an 1648 à une femme, laquelle ayant commis quelque péché demeura douze ans sans oser jamais s'en confesser. Mais ayant entendu dans quelque village où elle s'étoit trouvée que, quiconque garde volontairement un péché mortel dans sa conscience sans vouloir s'en confesser, ne doit attendre de part en paradis, et autres choses touchant l'intégrité de la confession, enfin se résolut de se confesser de son péché, et en effet le déclara à son confesseur avec beaucoup de regret. Et interrogée par hasard comment elle avoit osé recevoir Notre Seigneur en cet état, répondit qu'à chaque fois qu'elle communioit ainsi indignement, il lui étoit avis que la sainte hostie l'étrangloit ; et avertie de revenir dans quelques jours pour savoir si elle avoit ressenti la même difficulté en sa communion, se présenta le dimanche ensuivant, assurant avoir reçu la sainte hostie sans aucune difficulté, mais avec un grand contentement intérieur, et au lieu qu'auparavant elle avoit de la difficulté d'entendre une messe, ce jour elle en avoit entendu trois, ressentant une grande satisfaction en son âme, ce qu'elle disoit les larmes aux yeux. Dont je fus fort consolé voyant ce que Dieu avoit opéré en cette pauvre villageoise.

Le second arriva l'an 1650. Le jour de Pâques dorée de la susdite année se présenta un homme qui depuis vingt ans avoit été en péché par honte, sans oser jamais le confesser ; encore qu'il connut fort bien qu'il le falloit faire, car il lui étoit avis qu'il avoit une pierre continuellement sur son estomac. Or, ayant entendu parler de la façon dont il faut se confesser, et qu'il faut chasser toute honte qui empêche de déclarer tous les péchés, que telle honte vient du diable et choses semblables, enfin touché de Dieu qui ne vouloit pas le perdre, il prend la résolution de se confesser de son péché. Duquel s'étant confessé il fut averti de revenir en un temps plus commode pour le mieux aider à nétoyer sa concience, ce qu'on ne pouvoit faire à cause de l'affluence du peuple. Il ne manqua pas de revenir le jour même après la prédication, et se confessa généralement de tous ses péchés le mieux qu'il put. Or, me ressouvenant de ce qui étoit arrivé à d'autres, je lui demandai s'il n'avait point eu de peine durant ce temps d'avaler la sainte hostie. Il me répondit que oui, d'autant que d'ordinaire elle s'attachoit au palais de la bouche, ce qui lui faisoit une grande peine. Or, ayant reçu l'absolution et une pénitence assez légère pour tant de péchés, le voyant d'ailleurs fort contrit, il fut renvoyé en paix, l'avertissant néanmoins de me faire savoir ce qui se seroit passé en sa communion. Ce qu'il fit le lendemain, et me dit n'avoir ressenti aucune difficulté, mais une grande satisfaction, me faisant mille offres de son petit service, et m'assurant que sans nous il ne croyoit pas qu'il se fut jamais confessé de son péché. Et partant que lui et les autres nous avaient de grandes obligations pour la peine que nous prenions à les instruire, nous souhaitant mille bénédictions. Or, averti d'en remercier le Bon Dieu, et de rapporter à lui seul la gloire de tout ce qui lui étoit arrivé, et de le servir fidèlement les reste de ses jours, il me promit de le faire.

Je pourrois rapporter plusieurs autres exemples arrivés depuis quelques années, en suite de ces instructions familières qu'on a données au pauvre peuple, mais ceux-ci suffisent pour porter ceux qui les liront à glorifier Dieu, et à admirer sa bonté à attendre les pauvres pécheurs à miséricorde, et les incitant à se remettre en sa grâce par des voies si extraordinaires.

CHAPITRE XLIII

Lettres de Monseigneur de Lionne, évêque de Gap, aux Religieux de Solemnac.

L'an 1648, messire Georges d'Aubusson, sieur de la Feuillade, abbé commendataire de ce monastère, ayant succédé à Mgr l'Archevêques d'Arles, fut nommé de Gap, et Mgr Artus de Lionne, évêque dé Gap, à l'archevéché d'Embrun. Mais ledit seigneur de Lionne étant déjà sur l'âge, ne cherchant que le repos pour vaquer à Dieu, refusa l'archevêché d'Embrun. C'est pourquoi ledit sieur de la Feuillade fut fait archevêque et résigna son abbaye de Solignac audit sieur de Lionne, au nom duquel un certain ecclesiastique demeurant dans la ville de Limoges, en prit possession l'année 1650. Or quelques mois auparavant, il prit la peine d'écrire de sa propre main à toute notre communauté une lettre toute remplie d'affection. Je la veux mettre ici tout au long et mot à moi, car elle le mérite, ne pouvant mieux faire voir la vertu et la sainteté de Mgr de Lionne, à présent notre abbé, que par ladite lettre et l'espérance qu'on peut tirer du bonheur qu'a eu ce monastère de l'avoir pour abbé. Voici donc sa teneur :

A mes Révérends Pères,

Les Révérends Pères Religieux au vénérable monastère de Solignac, à Solignac.

Mes Révérends Pères et Frères en Jésus-Christ, salut ! Je ne puis que demeurer grandement confus des grâces qu'il a plu à Sa Sainteté et à Sa Majesté très chrétienne de me faire, le Roi m'ayant honoré de la nomination en l'abbaye de Solignac, et Sa Sainteté en ayant accordé ses bulles et provisions en ma faveur. Ce ne sont point mes mérites, mais leur seule bonté, qui les a invités à me gratifier de la sorte. Ce qui augmente ma confusion, c'est de me voir établi comme Père directeur et gouverneur sur des enfants de la dextre, sur une si sainte maison et troupe religieuse, et sur tant de bonnes âmes qui tendent à grands pas à la perfection, si déjà elles n'y sont arrivées, perfection de laquelle je me sens si éloigné, que j'ai grand sujet de m'étonner comment j'ai pu me résoudre d'accepter une dignité et charge de laquelle je me reconnois si peu digne. Toutefois ce qui me donne du courage, c'est votre même perfection et piété.

Mes très Honorés et Révérends Pères, vous savez qu'un certain qu'on vouloit élire pour supérieur, s'en excusoit en ces termes : *Non sum medicus,* signifiant par ces paroles que c'est l'office et devoir d'un bon supérieur et prélat, d'apporter et appliquer les remèdes convenables et propres pour la guérison des infirmités et maladies spirituelles de ceux qu'il a sous sa charge, et je sais qu'en notre St Ordre, qui est un des plus anciens, illustres et étendus que nous ayons en l'église de Dieu, il y a des monastères et couvents qui sont malades et dans l'infirmité spirituelle. Ils se sont détraqués du premier institut et de leur règle, et ceux-ci ont besoin d'un bon médecin, d'un bon supérieur et d'un bon prélat qui appliquent les remèdes purgatifs, lenitifs et correctifs, et qui tâche de les guérir par sa parole et par son exemple. Mais pour vous, mes Révérends Pères, qui vivez dans la pureté de votre institut, et qui ici-bas menez une vie si angélique, il me semble que je puis méritoirement vous appliquer les paroles du grand médecin de vos âmes : *Non est opus bene valentibus medicus ;* vous êtes en un état très-saint et très-sain, et vous n'avez pas besoin de médecin. C'est ce qui m'a donné l'assurance pour ne m'excuser sur mon peu de capacité et d'expérience en la direction et conduite des âmes religieuses. Ce mien défaut ne pouvant pas apporter à votre famille si bien ordonnée et réglée, le préjudice qu'il feroit en une autre maison qui ne vivroit pas dans la pureté de son institut, comme vous faites. Dieu vous conserve par sa bonté en ce saint état et me fasse la grâce d'imiter votre piété et vos vertus. Vous me l'obtiendrez s'il vous plaît par vos saintes prières, auxquelles je me recommande de tout mon cœur. C'est ce que j'ai de meilleur et ce que je vous offre avec l'humble service que je désire rendre à tout votre corps religieux et à tous les particuliers de votre dévote et vénérable famille, quand j'en aurai le moyen ; je manquerai plutôt de pouvoir que de bonne volonté. Je me recommande à vos ss. sacrifices et prie la divine bonté qu'elle comble très abondamment votre Sainte Maison de toutes les grâces et bénédictions spirituelles et temporelles que vous souhaitez

Mes Révérends Pères et Frères en J.-C.,

Votre très humble et très affectionné serviteur,

ARTUS, évêque de Gap, abbé de Solignac.

A Gap, ce 25 octobre 1648.

Depuis quelques jours il a pris encore la peine d'écrire une autre lettre de sa main au Révérend Père Prieur, du même style, et témoignant les mêmes sentiments, par laquelle aussi bien que par la précédente, il foit paraître sa profonde humilité et les autres vertus qui reluisent en lui, et nous apprend quels nous devrions être en nous estimant cela qu'il étoit.

L'année 1650, le sieur Mosandy lieutenant d'une compagnie de cavalerie logée à Banueit (1) nous amena un sien domestique nommé Jacques Bonenfan, huguenot, pour l'instruire et lui apprendre les points de la foi, son capitaine et lui furent à Limoges pour obtenir permission de Monseigneur l'évêque pour l'absoudre et lui faire abjurer ici son hérésie. Ce qui fut fait le jour de l'Ascension de Notre Seigneur.

Voici la teneur de la permission :

Nous, François de la Fayette, évêque de Limoges, permettons au R. Père Prieur des Pères Bénédictins de Solignac, d'absoudre de l'hérésie celui qui lui sera mené par M. de Salis. Fait à Limoges, ce 24 mai 1650.

† FRANÇOIS, év. de Limoges.

Le R. Père Prieur est aussi prié d'en garder un procès-verbal signé de sa main et de ceux qui seront présents.

Le procès-verbal se trouve parmi les papiers du monastère, reçu par Béchade, Monsieur de Salis, dont il est parlé dans la permission, est le nom du capitaine.

CHAPITRE XLIV

Autres lettres de Monseigneur de Gap écrites l'an 1651

Cette année le R. P. Dom François Ducher ayant succédé au R. P. Dom Ambroise Frégeat, écrivit une lettre à M' notre Abbé,

(1) Peut-être Banneix, commune de Jourgnac,

de soumission et congratulation du bonheur de ce monastère d'avoir pour abbé une personne de si grande vertu et considération, lui faisant présent d'un anagramme sur son nom Artus de Lyonne, (St-Eloy dure) ce qui nous faisoit espérer beaucoup de sa piété et de son zèle et choses semblables. A cette lettre ledit seigneur fit une réponse modeste et d'un personnage tel qu'il est.

M. R. Père,

Vous me rendez confus par votre humilité et les éloges qu'il vous a plu de me donner en votre lettre du 27 de juillet, que j'ai reçue depuis quelque jours. Je vous suis particulièrement redevable de l'honneur qu'il vous a plu me rendre, et à l'auteur de l'anagramme, dont vous m'avez fait part. Il est vrai que St-Eloy dure. Il dure en votre vénérable et dévot monastère, et sa sainteté et ses mérites reluisent en vos bons religieux et en vous, mon R. P. qui en avez le régime et la conduite. On y voit durer et revivre St Eloy par la pratique des plus solides vertus religieuses, et par l'étroite observance de notre Sainte Règle ; mais il ne dure pas en moi qui suis par trop éloigné de la sainte perfection d'un si grand Saint, St Eloy dure au chef et aux membres de l'abbaye de Solignac, mais non pas au chef gouverneur tel que je le suis par la grâce de Sa Sainteté et la faveur de Sa Majesté, mais au chef homogène, tel que vous êtes mon R. P. qui étant vêtu du caractère et ornements de la profession religieuse, avez été choisi de Dieu, pour présider et résider en cette sainte maison de Dieu, qui y réglez toutes choses, autant par votre bon exemple que par l'autorité qui vous est commise. Je prie de tout mon cœur la divine bonté qu'elle vous augmente la santé, les forces et les grâces, afin qu'augmentant votre couronne, vous perfectionniez toujours cette sainte maison et les âmes qui vous sont soumises. Je me recommande bien fort à leurs saintes prières et aux vôtres. Et si je puis quelque chose pour votre service, employez, s'il vous plait, une personne qui sera le reste de ses jours.

Mon R. P.

Votre très humble et affectionné serviteur

Artus, évêque de Gap, et abbé commendataire de Solignac.

A Gap, ce 21 septembre 1651.

On ne sauroit mieux voir la sainteté et les vertus de Mgr de Gap que par ces lettres, car quelle humilité en un si grand personnage doué de si belles qualités et de nature et de grâce. Il a bien fait paraître cette humilité en refusant ce que d'autres pourchassent avec tant d'ardeur et d'avidité. C'est cette même humilité qui lui donne de si bas sentiments de lui-même et lui fait estimer tous les autres des Saints. Quelle haute estime de la perfection religieuse, si ravalée par d'autres qui à présent semblent n'avoir autre désir que de l'exterminer s'ils pouvaient. Quel état de la règle de notre saint patriarche, la qualifiant de ce titre qui lui a été donné il y a si longtemps et par les Souverains Pontifes, et par les Conciles, lesquels ne l'appellent, et à leur imitation Monseigneur de Gap, que Sainte Règle, sainte véritablement puisque la pratique et l'observance d'icelle a fait tant de Saints. Nous espérons qu'il sera un digne successeur de Saint Eloy, puisque à l'exemple, de ce grand Saint il fait tant d'état de la perfection religieuse, et a jeté de si profondes racines d'une parfaite humilité. Animé donc et poussé de l'esprit de notre saint fondateur et suivant ses exemples il a grandement à cœur le profit et l'avancement de ce monastère, ainsi qu'il le témoigne jusqu'à présent. Et voici en quoi particulièrement :

L'année 1652 M. le Prévost de Sainte-Fauste-de-Brvezac ayant été tué, nous en fûmes avertis par quelques uns de nos amis, et sollicités de rentrer dans le bénéfice dépendant de ce monastère, dont la nomination appartenoit à M. l'Abbé. Lequel, sans doute, nous considéreroit en cette occasion, et nous préféreroit à plusieurs autres qui faisaient toutes les diligences possibles pour obtenir le susdit bénéfice. Nonobstant toutes les difficultés qui se présentèrent, le R. P. Prieur se résolut d'envoyer notre serviteur à Gap où était Mᵣ notre Abbé, pour lui donner avis de tout ce qui se passoit, et le prier de se vouloir ressouvenir du pauvre état de son monastère et des bâtiments d'icelui qui s'en allaient en ruines, à quoi il pouvoit remédier en confiant ce bénéfice à un de ses religieux qu'il lui nommoit, et que ce seroit le moyen de faire revivre saint Eloy de nouveau, de quoi nous autres, nous lui en demeurerions grandement obligés. Monseigneur de Gap, après avoir reçu et lu la lettre écrite sur ce sujet, fit promptement les dépêches pour notre domestique et accorda le tout en notre faveur, envoie les provisions, fait réponse à la lettre que lui avoit écrite le R. P. Dom François Ducher, avec des protestations de nous servir et en cela et en tout ce qu'il pourroit. Voilà un acte d'un vrai père et qui n'est pas comme la plupart des autres commendataires qui n'ont rien moins à cœur que l'avancement de leurs monastères. Car encore que nous ignorions quel succès aura cette affaire, néanmoins ledit seigneur abbé y a contribué en ce qui étoit nécessaire de sa part, et nous espérons qu'il réussira à l'honneur et gloire de Dieu, qui semble l'avoir conduit jusqu'ici heureusement et la terminera selon son bon plaisir et divine volonté.

CHAPITRE XLV

Refroidissement de Monseigneur de Gap envers nous l'année 1653.

Jusqu'à présent nous avons eu tout sujet d'espérer beaucoup de Mgr de Gap, notre Abbé, comme nous avons vu par les lettres pleines d'affection qu'il nous a écrites. Mais voici qu'au commencement de cette année, nous expérimentons tout le contraire, tant il est aisé de donner de belles paroles, mais d'en venir aux effets : *Hoc opus, hic labor est.* Or, afin qu'on sache le peu de sujet qu'il a eu de se refroidir à notre endroit, je dirai la chose tout naïvement comme elle s'est passée. Nous avons vu ci-dessus, comment, sur la fin d'octobre de l'année passée, la prévôté de Brivesac étoit venue à vaquer, et comment nous avions envoyé vers Mgr de Gap, pour le supplier de la confier à quelqu'un de la communauté, et que ce seroit le moyen de pouvoir remettre ce monastère qui étoit presque tout ruiné, et comment ledit seigneur avoit condescendu à nos désirs et envoyé des provisions en notre faveur. Ayant donc reçu cette faveur singulière du dit seigneur, le R. P. en donna avis tout incontinent au R. P. Dom Placide de Sareus, assistant du T. R. P. supérieur général de notre Congrégation, pour savoir comment il falloit se comporter en cette affaire, tant pour la prise de possession que du visa de Monseigneur l'Evêque de Limoges qu'il nous falloit prendre, conformément aux provisions que le dit seigneur nous avoit envoyées, desquelles ayant envoyé copie au R. P. Dom Placide furent jugées nulles par les trois plus fameux avocats de Paris, d'autant qu'il ne conféroit pas le dit bénéfice *pleno jure.*

C'est pourquoi nos RR. PP. jugeant que Mgr du Gap seroit encore dans les mêmes sentiments de nous faire du bien, se résolurent d'envoyer vers lui celui qui avoit été pourvu du dit bénéfice qui étoit le P. Dom François de Villemonteys, étudiant lors en théologie au collège de Tournon comme religieux de la Chaise-Dieu, afin de mettre les choses en l'état qu'elles devaient être pour le bien de ce monastère. Mais on verra l'issue de son voyage et de tout ce qu'il y négocia par la lettre qu'il écrivit au dit R. P. Assistant, duquel elle nous a été envoyée.

« Mon Révérend Père,

» La présente sera pour avertir votre Révérence comme j'ai été voir Mgr de Gap, duquel je n'ai pu obtenir aucune faveur touchant la prévôté de Brivesac : au contraire. La première fois que je l'ai vu, il m'a parlé assez rudement. Les discours qu'il m'a tenus cette fois, sont qu'il n'auroit plus pour nous la bonne volonté qu'il avoit ci-devant, que s'il eût su pour lors ses droits, il n'eut pas lâché si facilement la pièce, que poussé par sa bonté, il alloit volontiers s'obliger à plus qu'il ne devoit, mais que dorénavant il tiendroit la bride serrée. Ce qui fut dit à l'occasion des réparations de Solemnac, que nos pères, à ce qu'il dit, lui ont demandées. A tout cela, je tâchai de satisfaire avec beaucoup de soumission, en lui remontrant que nos pères n'avaient jamais eu dessein de le choquer en rien du monde, qu'au contraire, ils ne respiraient que son honneur et la conservation de ses droits, et que le Père Prieur de Solemnac n'avoit pas supprimé dans sa lettre le droit que Sa Grandeur avoit de conférer ce bénéfice pour le surprendre, mais que plutôt lui-même y avoit été surpris. Le lendemain il m'envoya quérir par un laquais, et me dit qu'il avoit pensé à l'affaire dont je lui avois parlé ; qu'il seroit bien aise, si je l'avois pour agréable, que nous nous déduisissions tous deux nos raisons devant M. le Juge qui est tout son conseil. Il commença donc à raconter toute l'affaire ; les paroles que je lui avois tenues, la chaleur avec laquelle il m'avoit répondu, l'humilité que j'avois témoignée en cette conférence qu'il étendit sur notre Congrégation, des religieux de laquelle il dit quelques louanges. Enfin sa conclusion fut que cette nomination première préjudicioit à ses droits et qu'il étoit nécessaire d'en faire une révocation : le Juge, dans son discours, conclut la même chose. Ayant ensuite demandé à Monseigneur la permission de parler, je voulus faire une récapitulation de tout ce qu'ils avaient dit, et la réduire à deux ou trois choses. Je commençai par les droits de Monseigneur et m'accordai que cette nomination préjudicioit à iceux et qu'il étoit absolument nécessaire de la révoquer, mais qu'il n'étoit pas besoin d'en faire un acte particulier, seulement que Monseigneur me voulut gratifier d'une collation, il seroit facile d'y insérer la révocation suivant la forme que Votre Révérence m'avoit envoyée. A cela M. le Juge me répondit un peu brusquement : Savez-vous, dit-il, si Monseigneur ne l'a pas conférée à quelque autre ? Et le dit seigneur m'a dit après qu'il ne pouvoit pas faire collation pour des raisons qu'il ne pouvoit pas dire, et il persista toujours dans ce sentiment, en sorte que je ne me rendis plus importun.

» Il m'a fait intimer un acte de révocation duquel j'ai demandé copie que j'envoie à Votre Révérence. J'y ai fait une réponse la plus succinte qu'il m'a été possible. Je crois que la cause du peu de succès de cette affaire est qu'avant mon arrivée Monseigneur a été informé de ses droits, et que peut-être on lui a fait entendre que nous l'avions voulu surprendre, et lui faire perdre son droit à collation, ce qui l'auroit rendu inflexible à nos requêtes.

» Hors de cette affaire, il m'a témoigné toutes les civilités possibles, car il me mena après aux Capucins où il voulut entendre ma messe, et ensuite me contraignit d'aller dîner avec lui, où sa familiarité combattit beaucoup avec sa civilité. Ayant pris congé de lui et demandé sa sainte bénédiction, je fus à la maison de M. le Juge pour savoir de lui, le plus adroitement qu'il me seroit possible, si Monseigneur n'avoit point conféré en effet le bénéfice à quelqu'un, mais jamais je ne pus lui parler. »

Voilà la lettre qu'écrivit le P. Dom François de Villemonteys au R. P. Dom Placide de Sareus, lui rendant compte de son voyage, par laquelle on voit combien l'homme est changeant et le peu de confiance qu'il faut mettre aux grands de ce monde, puisque Mgr de Gap, après avoir si bien commencé et protesté tant de témoignages d'amitié, s'est laissé emporter aux paroles de quelques envieux à l'encontre de nous, et tellement changé qu'il dit nous vouloir dorénavant tenir la bride serrée et n'avoir plus pour nous l'affection qu'il avoit autrefois, de laquelle pourtant nous n'avons vu aucun effet que de belles promesses, au moins jusques à présent, nous verrons quels moyens il prendra pour exécuter ses menaces. Cependant *nolite confidere in filiis hominum, in quibus non est salus.* Je ne prétends pas par ceci déroger à sa vertu, laquelle j'admirerai toujours et en toute occasion comme étant très grande à ce qu'on dit. Mais le proverbe est très véritable qui dit que *septies in die cadit justus;* que s'il tâche de se relever de la faute qu'il a faite, nous aurons encore sujet de le publier et admirer davantage et lui témoigner l'état que nous en faisons. Ce sera peut-être quand il aura été assuré de notre innocence, laquelle me fait espérer, étant reconnue, qu'il rejettera toutes sortes de menaces et usera à notre endroit de sa bonté ordinaire.

Cette même année ont été faites diverses réparations à l'église, savoir le rétable qui est au grand autel, avec les deux tableaux dont l'un contient le couronnement de la T. S. Vierge, et l'autre le ravissement de notre bienheureux père Saint Benoît. Le tout a coûté environ six cents livres.

La chapelle aussi de la T. S. Vierge a été réparée, reblanchie et peinte. De plus, nous avons fait faire une chape de satin à grandes fleurs avec diverses couleurs, pour le célébrant des jours des grandes fêtes, avec une chasuble et deux tuniques de même étoffe, le tout garni de grandes dentelles d'or fin, et a été acheté par le consentement du T. R. P. Supérieur général de notre Congrégation et coûte environ quatre cents livres. Nous ne manquons pas de bonne volonté d'en faire davantage si nous avions de quoi, mais le bon Dieu y pourvoira, qui récompense toujours et bien avantageusement ce qui se fait pour son service.

CHAPITRE XLVI

Bref d'Innocent X de l'année 1654.

Nous commencerons cette année par une faveur spéciale que nous avons reçue de Notre Saint Père le Pape Innocent X. C'est un bref pour un autel privilégié, que nous a envoyé un bon père minime, lequel allant à Rome passa par ce monastère le samedi saint de l'année passée, et se chargea fort volontiers de nous l'obtenir, dont voici la teneur :

Innocentius P. P. X.

Ad futuram rei memoriam. Omnium saluti paterna charitate intenti, sacra interdum loca spiritualibus indulgentiarum muneribus decoramus, ut inde fidelium defunctorum animæ Domini nostri Jesu Christi, ejus que sanctorum suffragia meritorum consequi, et illis adjutæ ex purgatorii pœnis, ad æternam salutem per Dei misericordiam perduci valeant. Volentes igitur ecclesiam domus monachorum ordinis sancti Benedicti loci de Solignac, Lemovicensis diœcesis, in qua nullum aliud altare privilegiatum reperitur concessum, et in ea situm altare majus hoc speciali dono illustrare, dummodo in ea septem missæ quotidie celebrentur, autoritate nobis a Domino tradita, ac de omnipotentis Dei misericordia, et beatorum Petri et Pauli apostolorum ejus authoritate confisi, ut quandocumque sacerdos aliquis ejusdem ecclesiæ dumtaxat missam defunctorum in die Commemorationis defunctorum, et singulis diebus infra illius octavam, ac secunda feria cujuslibet hebdomadæ, pro anima cujuscumque fidelis qua deo in charitate conjuncta ab hac luce migraverit ad præfatum altare celebrabit, anima ipsa de thesauro Ecclesiæ, per modum suffragii indugentiam consequatur. Ita ut ejusdem Domini nostri Jesu Christi et beatissimæ Virginis Mariæ, sanctorum que omnium meritis sibi suffragantibus, a purgatorii pœnis liberetur, concedimus et indulgemus. In contrarium faciens, non obstantibus quibuscumque præsentibus. Ad septemnium tantum valeturis. Datum Romæ apud sanctam Mariam majorem, sub annulo piscatoris, die xxvi novembris M.D.C.L.III. Pontificatus nostri anno decimo.

Gratis pro Deo et scriptura,   G. Galterius.

'Tel étoit le bref qui nous a été envoyé, lequel nous avons reçu avec grande satisfaction. Monseigneur l'évêque de Limoges en a permis la publication, laquelle a été faite le premier jour de mars, second dimanche de carême de la même année à la prédication, la teneur de la permission étoit telle :

Nous François de la Fayette, par la grâce de Dieu et du Saint-Siège apostolique, évêque de Limoges, après avoir vu et lu le bref ci-dessus, et icelui trouvé en bonne et due forme, nous avons permis et permettons aux religieux du monastère de Solignac d'en faire la publication et de célébrer à l'autel désigné dans ledit bref aux jours y marqués les messes pour gagner les indulgences et les grâces accordées par notre Saint Père le Pape en la manière spécifiée dans ledit bref.

Donné dans le palais épiscopal de notre cité de Limoges, le vingt-cinquième jour du mois de février mil six cent cinquante quatre,

† FRANÇOIS, év. de Limoges,

Par commandement de mondit seigneur, Palays.

CHAPITRE XLVII

Autres particularités concernant le monastère de Solemnac.

Mgr l'évêque de Condom après avoir demeuré sept ou huit mois chez Mgr de Limoges, s'en retournant en son évêché, voulut nous honorer de sa visite, venant coucher dans ce monastère avec tout son train. Il nous témoigna une grande affection, et écrivit à Mgr de Gap, notre abbé, pour le désabuser de ce qu'on lui avoit voulu faire croire de ce que nous avions fait contre lui, à l'occasion du bénéfice de Brivesac, et à sa sollicitation le P. Prieur lui écrivit aussi touchant le même sujet, auquel enfin il fit réponse témoignant encore la bonne volonté qu'il avoit autrefois. Néanmoins nonobstant tous ces beaux témoignages, craignant que par son éloignement il perdit quelque chose de ses droits, il a constitué pour son grand vicaire le fils de Monsieur Pinot, lequel à son arrivée a voulu accorder quelques différends que nous avions contre le vicaire et prêtres de la paroisse. Mais on lui a fait entendre qu'il falloit suivre la sentence donnée par l'official de Mgr de Limoges. Le différend et autres choses qui s'en sont suivies sont décrits plus au long dans un autre livre, comme aussi diverses réparations qui ont été faites tant en l'église qu'au cloître, et ce les années 1654, 1655, 1656, entre lesquelles je n'en peux omettre une fort notable que le R. P. Prieur a procuré au commencement de cette année 1656, qui est la plus grande croix.

§ 1. — LA GRANDE CROIX D'ARGENT POUR PORTER AUX PROCESSIONS.

Il y a bien longtemps que nous avions un grand désir d'avoir une croix d'argent pour porter aux processions, n'en ayant qu'une de cuivre de laquelle nous nous étions servis depuis notre introduction. Mais la nécessité dans laquelle nous étions à présent particulièrement ou on faisoit faire diverses réparations grandement nécessaires, étoit cause qu'on n'osoit seulement y penser, jusqu'à ce que le Bon Dieu qui pour l'ordinaire fait paraître son pouvoir dans les plus grands besoins, nous en présenta une occasion, de laquelle le R. Père Prieur s'étant servi, en demanda la permission au très Révérend Père supérieur général de notre Congrégation. Lequel la lui accorda très volontiers et en donna la conduite au Révérend Père dom Placide Roussel, son secrétaire. Lequel se comporta si bien que nous avons une des belles croix qui soient dans tout le Limousin, ayant coûté près de cinq cents livres, quoique au commencement on ne croyoit pas passer la somme de cent écus au plus. Mais le Bon Dieu qui exauce le désir de ses serviteurs a fait voir que ceux qui ont confiance en lui ne sont jamais trompés. Encore pardessus tout cela, il nous a fait une grâce que nous n'eussions jamais osé espérer, car il a suscité ledit Très-Révérend Père Supérieur général Dom Jean Heret, pour nous procurer un petit morceau de la vraie croix de notre rédemption, qui y a été enchassé, et a été reçu avec un indicible contentement, tant de tous les religieux que du peuple. Cependant nous jouirons de ce très grand trésor, attendant que le Bon Dieu nous élargisse encore quelque libéralité, le remerciant humblement de celles dont il a usé envers nous jusqu'à présent.

§ 2. — APPRORATION DE LA PARTICULE DE LA VRAIE CROIX RCÇUE CETTE ANNÉE 1656.

Après avoir reçu la particule de la vraie croix que nous avons vu ci-devant nous avoir été procurée par le T. R. P. Supérieur général de notre congrégation, enchâssée dans la grande croix d'argent qu'on porte aux processions, on trouva à propos d'avoir l'approbation de ladite particule, afin de la rendre plus assurée et

par ce moyen la pouvoir exposer au peuple et adorer avec plus
d'assurance. C'est pourquoi le R. P. Prieur en écrivit au P. Dom
Martial Pichon, prieur du monastère de Corbie, qui nous avoit fait
la charité de nous envoyer ladite particule, auquel il fit une réponse
remplie d'affection, se réjouissant avec nous de ce qu'il avoit
enrichi ce monastère d'un morceau du bois de la croix de notre
Rédemption et envoya l'attestation authentique comme s'ensuit :

Nos frater Martialis de Pichon, humilis prior monasterii Sancti
Petri Corbiensis, nullo medio ad sedem apostolicam pertinentis,
omnibus, quorum intererit, fidem facimus, die mensis martii vige-
sima nona, anni millesimi sexentesimi quinquangesimi sexti,
eductam esse e sacro hujusce monasterii thesauro ligni veræ crucis
particulam ex ampliori ejusdem sacri ligni decisam portione,
argenteæ cruci, antiquo opere affarie (?) laboratæ inserta, quam
Robichardus de Clery, ex illustri hujus nomini apud Picardos
familia ortus, a Balduino Flandriæ comite, Constantinopolitanorum
que imperatore acceptam, huic monasterio benigne contulerat.
Præfatamque particulam Reverendis Patribus monasterii Sancti
Petri Solemniacensis monachis, a nobis esse concessam. Quod
hisce litteris testatum esse voluimus, quas nostro, nostri subprioris,
thesaurariique chirographis, nec non monasterii sigillo munitas
dedimus. Corbeiæ die prima septembris. Anno millesimo sexcen-
tesimo quinquagesimo sexto.

Fr. Martialis de Pichon, humilis prior
Fr. Robertus Hardy, humilis subprior
Fr. Cyrillus Godin thesaurarius
Locus sigilli primi   Locus sigilli secundi.

La susdite attestation est écrite en parchemin, scellée de deux
sceaux, et sera conservée soigneusement. Les sceaux sont en cire
verte.

La même année 1656, le peuple ayant su que nous avions reçu la
susdite particule de la vraie croix, il y eut une femme nommée
Anne Plaignard, à laquelle, quelques mois après la réception de la
susdite particule, étant survenu une incommodité aux yeux, elle
se voua à la Sainte Croix, et ayant fait dire une messe, et baisé
la sainte relique elle fut entièrement guérie. Laquelle l'a publié
depuis à diverses personnnes, et augmente la dévotion envers la
Sainte Croix.

§ 3. — LA DÉVOTION AU PETIT-JÉSUS.

Cette guérison m'a fait ressouvenir de quelques autres qui
arrrivèrent l'année passée, que j'avois oublié de décrire. Mais

auparavant que de le faire il faut savoir que depuis quatorze ans ou environ, nous avons accoutumé de mettre dans l'église, à côté de l'autel de la sainte Vierge, une petite crèche de paille, la nuit de Noel, où on expose le petit Jésus dans un petit berceau, sur un peu de foin, avec la sainte Vierge, et autres choses qui représentent le mystère que la saint église célèbre ce jour là, lesquelles on y laisse jusqu'au soir de la Purification de la Sainte Vierge. Or le peuple qui d'ordinaire se laisse plus facilement toucher par ces choses sensibles que autres qui ne tombent pas sous ses sens, y témoigne beaucoup de dévotion, et quelques uns y présentent des cierges blancs ou de l'huile pour être brûlés devant le petit Jésus. Ce qui a été vu et approuvé par tous les supérieurs qui ont été ici depuis, et même les Révérends Pères visiteurs, qui n'ont point improuvé cette petite dévotion, mais quelques uns même y ont été visiter le petit Jésus dans sa crèche, et lui ont fait des présents, entre autres le R. P. dom Albert Marchand, et dom Placide Roussel. Il arriva donc, l'année passée, qu'un certain homme de cette ville, nommé Jean de Vieille-Ville, et communément Jean de Paibarou, tomba gravement malade avec sa femme, en sorte qu'on ne croyoit pas qu'il en échappât, étant d'ailleurs assez infirme, avec accès de fièvre fort violente. Dans cette nécessité donc il se voua au petit Jésus, avec sa femme, et promirent de lui présenter un cierge pour la nuit de Noel. L'un et l'autre ayant recouvré la santé, accomplirent leur vœu, et donnèrent un beau cierge ainsi qu'ils avaient promis.

La même chose arriva à un autre habitant de cette ville nommé Mathurin Marsoudon, autrement Guérin. Lequel étant aussi gravement malade, sa femme fit le même vœu que dessus et l'accomplit, son mari ayant retrouvé une santé parfaite.

L'année 1657, le R. P. Prieur dom Louis Jamet, ayant été continué prieur de ce monastère au chapitre général tenu cette année, a procuré que le tabernacle du grand autel a été doré, et ce par la libéralité de dame Léonarde Chavaignac, veuve du sieur Jacques Lombard, lequel ayant été enterré dans notre église devant l'autel de saint Cloud, icelle pour ce sujet et autres œuvres de charité exercées envers elle et son défunt mari, témoigne une grande affection à ce monastère. Ce qui a obligé le R. P. Prieur de lui obtenir des lettres de filiation de nos Révérends Pères du chapitre général.

Il a fait faire aussi quelques ornements, entre autres une chape de damas blanc, garnie de petite dentelle d'or, comme aussi un bras d'argent, pour y mettre une petite relique de saint Cloud, qui lui avoit été donnée par un de nos amis. L'église aussi a été couverte de nouveau. Le reste de ce qu'il a fait a été rapporté ci-dessus, au catalogue des supérieurs, comme aussi ce que son successeur le R. P. dom Benoît Rabby a fait faire, et comme icelui après avoir gouverné deux ans, a été déchargé de son office, a eu pour successeur le R. P. dom Etienne Roulleau, lequel avait été longtemps cellérier et sous-prieur en ce monastère, a fait les réparations aussi rapportées ci-dessus.

L'année 1659, en la diete annuelle tenue à Paris, a été institué un cours de philosophie en ce monastère, composé d'un maître et neuf étudiants. Le maître s'appelle le R. P. dom Jean Lavasseur. Il a été heureusement commencé le quinzième du mois de septembre de la même année, a fini le quinzième de juin 1661. Le maître a été envoyé à la Chaise-Dieu pour enseigner un autre cours (1).

L'année 1659, nos Révérends Pères assemblés en la diète annuelle ont institué ici un cours de philosophie, et pour maître le R. P. dom Levasseur; et icelui fini, un cours de théologie en la diete tenue l'année 1661, et pour lecteur le R. P. dom Louis Thoumin.

L'année 1661, le septième jour du mois de juillet, la communauté de ce monastère a souscrit à la formule de profession de foi, dressée par l'Assemblée de 1657. En foi, nous prieur et senieur avons soussigné avec le secrétaire de la communauté.

Fr. ETIENNE ROULLEAU (2).

(1) La rédaction de cette note diffère de celle du manuscrit de la Bibliothèque nationale. Je donne ici l'une et l'autre.

(2) Les lignes ci-dessus sont toujours écrites par dom Laurent Dumas, mais c'est le prieur qui a signé lui-même le manuscrit, où ne se trouve pas la signature du secrétaire.

Le formulaire, rédigé par l'Assemblée du clergé, le 17 mars 1657, imposé par une bulle d'Alexandre VII, que vint confirmer une déclaration royale du 29 avril 1665, était ainsi conçu : « Je soussigné me soumets à la constitution apostolique d'Innocent X, du 31 mai 1653, et à celle d'Alexandre VII, du 16 octobre 1656, et rejette et condamne sincèrement les cinq propositions extraites du livre de Corneille Jansénius, intitulé *Augustinus*, dans le propre sens du même auteur, comme le Saint-Siège les a condamnées par les mêmes constitutions. Je le jure. Ainsi Dieu me soit en aide et ses saints Evangiles. » Ce serment devait être prêté par les évêques à leur entrée en fonction, par les professeurs des universités, des séminaires et des collèges, par tous les séminaristes promus au sous-diaconat ou aspirant aux grades universitaires; par tous les bénéficiers déjà pourvus ou à pourvoir, par tous les novices faisant profession et prononçant des vœux dans un monastère.

§ 4. — Quelques particularités concernant le monastère de Solemnac (1).

Quoique nos pères de la Congrégation de Saint-Maur, depuis qu'ils ont été introduits dans ce monastère, aient tâché d'assister les habitants de ce lieu en tout ce qu'ils ont pu, tant par le moyen des prédications, confessions et autres œuvres de charité, et qu'en effet quelques-uns en témoignent quelque reconnaissance, néanmoins plusieurs autres n'ont pas laissé de temps en temps de les molester par des violences assez considérables que je rapporterai ici, non par esprit de vengeance, mais plutôt de commisération.

La première fut livrée par les anciens religieux l'année 1615, lorsque messire Jean Jaubert de Barraud, évêque de Bazas, abbé commendataire, ayant passé concordat avec quelques religieux de Saint-Augustin, dom Mathieu Oudin, dom Colombin Carleux et dom Maur Fontaine, pour notre introduction à ce monastère, les mêmes anciens religieux, tous unanimement, s'y opposèrent de tout leur possible. Ayant intenté procès au parlement de Bordeaux pour ce sujet, et comme ils n'avaient de quoi fournir aux frais du procès, ils aliénèrent un pré appelé le pré de l'Auradour, pour la somme de cinq cents livres, quoiqu'il soit estimé plus de cinq cents écus ; mais le bon Dieu, nonobstant leur opposition, ne laissa pas de seconder les bonnes volontés du sieur abbé, lui donnant bonne issue du procès et telle qu'il souhaitoit, les religieux ayant été condamnés à l'amende.

La seconde arriva l'année 1629, lorsque notre jardin étant en bon état, plusieurs des habitants y entrèrent la nuit, au mois de septembre, mettant tout à perdition, arbres, fruits, et tout ce qu'ils y rencontrèrent, découvrant même la moitié des murailles, dont fut fait procès-verbal par Messieurs de la justice de Limoges qui se transportèrent ici pour ce sujet.

La troisième advint l'année 1631, lorsque nos confrères voulurent les empêcher d'enterrer les corps infants dans un petit cimetière qui étoit joignant et sous quelques fenêtres des chambres du dortoir ; car ils furent si transportés que de brûler la porte que nos confrères avaient fermée et de tirer un coup de fusil à un d'iceux et à un domestique qui s'opposaient à leurs violences, dont fut intenté un autre procès qui leur donna bien des affaires, la plupart

(1) Cet article, qui se termine au 22 avril 1665, ne se trouve pas dans notre manuscrit, mais seulement dans celui de la Bibliothèque nationale, n° 19,857.

ayant été contraints d'aller à Bordeaux comparaître en personne.
Et si nos pères eussent voulu, ils eussent été punis exemplaire-
ment, mais comme ils ne voulaient que les intimider, ils se conten-
tèrent de les faire condamner à payer la somme de cent écus. Et
Monseigneur de Limoges, François de la Fayette, s'étant trouvé à
Bordeaux, se chargea de l'affaire touchant le cimetière. C'est pourquoi le vingtième de juin de l'année 1633, il vint lui-même en personne, et ayant reconnu par les grandes murailles et autres cir-
constances du dit cimetière que c'étoit une usurpation manifeste
faite au monastère, condamna les habitants de laisser le dit cimetière au profit d'icelui ; et lui présent fit mûrer la porte, y mettant
lui-même la première pierre, coupant par ce moyen chemin aux
désordres qui eussent pu s'en suivre. Depuis, la sacristie y a été
bâtie.

La quatrième fut suscitée par les prêtres de la paroisse de Saint-
Michel de cette ville (1), l'année 1653, lesquels voulurent se rendre
indépendants du monastère, faire leur procession à part, ne point
assister aux nôtres, et l'un d'iceux écrivit une lettre à Mgr de Gap,
pour lors abbé, pleine d'invectives et de faussetés à l'encontre de
nous, pour l'attirer de leur côté s'ils l'eussent pu, mais le dit seigneur se contenta de nous en envoyer une copie, sans lui faire de
réponse. Le procès a duré longtemps, pendant lequel se sont faits
quelques accomodements, mais enfin l'année passée 1664, l'arrêt
définitif fut donné au parlement de Bordeaux en notre faveur, le
sieur abbé et les religieux ayant été déclarés curés primitifs de la
paroisse de Saint-Michel. [Il fut ordonné que le curé] nommé
François Dardent, se rendroit dans quinzaine dans le cloître

---

(1) La paroisse de Saint-Michel, dont il est parlé aux chapitres IV, XV
et XXVIII, avait pour curé, le 25 septembre 1616 Jean Baillot (Archives de
la Haute-Vienne, n° prov. 4,593) ; Jérôme Mageral, dit ancien curé, par son
testament du 1er juillet 1662, demande à être enterré dans l'église du monastère (n° prov. 26); François Dardant était curé le 2 mai 1663 (*idem*);
Martial Mandavy, nommé curé de Saint-Michel en 1754, résigna cette cure
le 4 août 1788, à son neveu Mathieu Jonchade ; ce dernier est mort pour
la foi, sur les pontons de Rochefort, le 9 août 1794. On a vu aussi au chapitre XXIV que le clocher de l'église de Saint-Michel avait était construit
sous l'abbé Guillaume Barton, vers 1517.

Il a existé dans cette paroisse un usage fort curieux que M. L. Guibert a déjà signalé dans l'*Almanach limousin* de 1878; je veux parler de
l'organisation périodique de pèlerinages d'enfants à Saint-Michel-en-Mer.
L'abbé Legros dans la *Continuation des Annales du Limousin* nous fournit à cet égard les détails fort intéressants que je reproduis ici : « Le
11 août 1779, les *Micholets* de Solignac sont partis pour le Mont-Saint-

du couvent des Bénédictins et là, en présence du supérieur du dit ordre, du premier juge royal des lieux non suspect et de deux témoins numéraires de l'information, déclareroit qu'il étoit marri de ce qui s'étoit passé dans l'église de Saint-Michel de Solignac contre les dits religieux, et qu'il les prioit de l'excuser. Condamné à dix écus. C'étoient quelques insultes qu'il avoit faites un jour de la Pentecôte à nos confrères qui y étoient allés pour faire l'office.

La dernière arriva sur la fin de l'année passée et dure encore ; car après avoir acheté les maisons qui sont devant le réfectoire et

Michel, armés de piques, selon l'usage. Je ne fais ici cette remarque que pour avoir occasion de faire connaître cet usage, qui subsiste de temps immémorial. Il s'agit d'une espèce de pèlerinage, que les jeunes gens de la ville de Solignac font chaque année au Mont-Saint-Michel, qui est une célèbre abbaye, située sur un rocher dans la mer, proche la Normandie, et où on va en pèlerinage de toutes parts, dit M. Vosgien, dans son *Dictionnaire géographique*. Chaque année les jeunes gens de Solignac, au nombre de vingt à trente, entreprennent ce pèlerinage, ayant à leur tête un ou deux hommes faits, qui ont fait précédemment le même pèlerinage. Ils s'arment de bâtons ferrés en forme de piques, pour se précautionner contre les bêtes fauves ou autres qu'ils pourraient rencontrer sur la route. Ils passent d'abord par Limoges, où ils font la quête le premier jour, et on dit qu'ils quêtent aussi pendant toute la route. On ajoute qu'à leur arrivée sur le bord de la mer, celui qui découvre le premier de loin le clocher du Mont-Saint-Michel est réputé *roi* parmi eux, non seulement durant tout leur séjour dans ce pays, mais aussi pendant toute la route, et surtout à leur retour, dans la ville de Solignac, le jour de Saint-Michel, auquel ils font en sorte d'être rendus dans cette ville, pour y célébrer avec beaucoup de solennité cette fête, qui est celle de la paroisse. A leur retour, ils emportent des espèces de collerets, semblables à ceux des pèlerins de Compostelle, et ornés de coquillages et d'autres ornements en plomb, etc. Ils ont aussi des casques en plomb, en forme de couronnes, — mais celui du *roi* est beaucoup plus grand que ceux des autres, — et de petites trompes ou trompettes de terre, dont ils sonnent à leur passage dans Limoges. Leur départ se fait ordinairement vers le milieu du mois d'août, et leur retour est fixé, pour Limoges et Solignac, à la veille de Saint-Michel, 28 septembre. On les nomme *Micholets*, ce qui est un diminutif de Michel, et c'est comme si on disait *petits Michels* ou pèlerins de Saint-Michel. Je crois qu'ailleurs ceux qui entreprennent ce pèlerinage sont nommés *Miquelets*. Pour être admis dans leur bande, il faut être natif de Solignac, et ils n'en souffrent pas d'autres dans leur compagnie. Il n'y a pas d'exemple qu'ils aient jamais commis aucun excès ni forfait. On y voit quelquefois des enfants de neuf ou dix ans; plus communément, ils sont tous entre douze et dix-huit ans. »

autres lieux réguliers, et obtenu le consentement du seigneur abbé de fermer la porte et le passage qui conduit à Saint-Michel, ceci fut exécuté la veille de Noël. Quelques-uns (nonobstant le dit consentement et des syndics de la ville et de plusieurs habitants) s'y sont opposés avec tant de violence, et après en avoir sollicité tant qu'ils ont pu, ou par menaces ou autrement, pour les ranger de leur côté, et menacé ceux qui faisoient pour nous, ont porté l'affaire si avant que le T. R. P. Dom Bernard Audebert, supérieur général de notre Congrégation, a été contraint de mander qu'on remit la chose en son premier état. Ce qui fut fait le mercredi saint de la présente année, ayant eu par ce moyen sujet de participer sinon aux douleurs, au moins à une partie des moqueries et confusions de notre divin maître, par celles qu'ils nous ont faites et font assez souvent pour l'ouverture du passage. Car sans parler de ce qu'ils ne voulurent attendre qu'on eut ouvert une des portes qu'on tenoit fermée, pour ôter plus facilement ou ranger quelque chose qui étoit dans la prétendue basse-cour, à la sortie des ténèbres, quelques habitants furent rompre la serrure et emportèrent une petite chaîne qui y étoit, et le tout de leur propre autorité. Nous croyions qu'ayant ouvert le dit passage, ils seraient contents, mais tant s'en faut, car prenant avantage de ceci, ils y passent et font passer par dépit, et ne se contentent pas d'y passer simplement, mais ils y chantent, huent comme des chats-huants, tirent des coups de pistolet et commettent mille autres insolences. Et cependant l'auteur de cette tragédie, et qui est cause de tous ces désordres, quoiqu'on lui ait fait parler d'accommodement par ses plus grands amis, et que le R. P. abbé de Saint-Augustin Dom Joseph Séguin ait été le voir, est rempli de joie dans son cœur, étant bien aise qu'un chacun admire son pouvoir, et s'étonne de ce qu'il se soit trouvé si peu des habitants qui aient reconnu le grand service qu'il croit leur avoir rendu, disant que ce sont des ingrats, et qu'ils ne méritent pas qu'il s'emploie pour eux, qu'il s'est bien mieux comporté en cette affaire que nous, qui ne nous sommes adressés qu'à M. l'abbé, mais que lui s'est adressé immédiatement au roi, étant bien aise de nous voir dans une si grande humiliation, qu'on n'ose rien dire et faire qu'il n'en prenne avantage, tournant tout en venin. Bien plus, il y en a, à ce qu'on dit, qui se sont vantés de faire encore ouvrir la porte du petit cimetière dont il a été parlé ci-dessus, fermée par ordre de Monseigneur de Limoges. Enfin si leur pouvoir étoit conforme à leurs désirs, et à ce qu'ils témoignent, et le tout sous l'ombre du dit sieur, les affaires de ce monastère seroient en pauvre état; mais nous espérons tout de la bonté de Dieu, qu'il nous assistera et qu'après avoir laissé ses serviteurs dans l'humiliation tant et si longtemps qu'il lui plaira, si les hommes n'y mettent point ordre, et si cette injustice continue, il y mettra la main et fera réussir le tout à sa plus grande gloire. *Qui habitat in cœlis,* etc.

Nous le prions pourtant de n'en pas user de la sorte, mais qu'il leur pardonne selon le saint commandement qu'il nous fait : *Diligite inimicos vestros et orate pro persequentibus et calomnientibus vos.*

Cette affaire est en l'état que dessus. Cejourd'hui **22 avril 1665.**

Depuis l'année 1661 il s'est passé des choses de conséquence, et en grand nombre, lesquelles sont fidèlement rapportées ailleurs dans un autre livre, et au long.

Cette année 1670, le Révérend Père dom Joseph Seguin, visiteur de la province de Chesal-Benoit, par ordre du très Révérend Père Supérieur général de la Congrégation dom Bernard Audebert, en présence du Révérend Père dom Ildephonse Vigier, prieur, dom Simon Pochet, sous-prieur, et dom Jacques Fayolle, senieur, a tiré le petit coffret où étoit enfermée la petite relique de saint Eloy, dans l'intention de faire · faire un reliquaire pour la mettre, de la grande chasse qui est conservée dans la sacristie, où elle avoit été mise pour la porter en procession au temps de quelque nécessité publique depuis quelques années, et a été mise dans le coffre du dépôt. Et de ce que dessus le dit Révérend Père visiteur a fait dresser un acte, lequel a été signé des susdits et de son secrétaire. Depuis elle a été mise dans un reliquaire d'argent, comme il a été dit ci-dessus.

L'année 1734, le 18 de mai (1), le feu du ciel tomba sur le petit clocher du chœur et le consomma sans qu'on put porter aucun remède. Toute la charpente de la croisée de l'église fut endommagée, les deux cloches qui y étaient furent entièrement fondues, que le R. P. dom Etienne Vernet, alors prieur, avait fait fondre. C'est ce même prieur qui fit fondre les autres trois cloches du grand clocher, qui fit faire le réservoir qui est dans le bas jardin, les commodités du grand dortoir qui sont proches les écuries, et fit la communication d'icelui dortoir avec les greniers de M. l'abbé pour aller à l'église dans le bas de la nef, qui a acheté trois devants d'autel de cuir doré pour la décoration de l'église.

(1) Cette dernière note est la seule de notre manuscrit qui ne soit pas écrite de la main de Fr. Laurent Dumas ; il était mort cinquante-six ans avant l'événement qu'elle rapporte.

Prière au grand Saint Eloy, fondateur du monastère
de Solemnac (1).

O glorieux saint ! puisque je n'ai pas eu la hardiesse de vous
offrir le petit recueil que j'ai fait autrefois des antiquités de votre
monastère, quoique je vous sois obligé en tant de façons, écoutez
au moins la prière que je vous fais du meilleur de mon cœur,
quoique vous soyez là haut élevé dans la gloire et enivré du torrent
de volupté qui réjouit tous les citoyens de cette noble cité. Puisque
étant en ce monde vous étiez si amoureux des pauvres, jetez les
yeux sur votre pauvre monastère de Solemnac qui, par la grâce de
Dieu et vos intercessions, commence un peu à respirer et se relever
de la misère dans laquelle il avoit demeuré si longtemps. C'est le
monastère que vous avez fondé et qui vous devoit servir d'échelle
et au roi Dagobert pour monter au Ciel, c'est ce monastère que
vous avez daigné visiter si souvent de votre sainte présence, pour
l'étroite observance de la Sainte Règle qui y étoit en vigueur,
observance qui provenoit des ferventes exhortations que vous
faisiez aux religieux d'icelui, tant en public qu'en particulier,
tachant selon votre possible de les faire avancer toujours de vertu
en vertu, c'est ce monastère que vous avez ennobli et enrichi tout
autant que vous avez pu, tandis que vous étiez ici bas, en sorte que
les enfants du siècle en avaient de la jalousie, comme il est rapporté dans votre vie, mais nonobstant tout cela, vous ne laissiez pas
d'y fournir tout ce qui étoit nécessaire pour le service de Dieu, et y
ramasser tant de saintes et précieuses reliques. Hélas ! ô grand
saint, tout cela de quoi est-il devenu? Et en quel état avons-nous
vu ce pauvre monastère, lequel autrefois contenoit trois quarts de
lieue de circuit et étoit habité par plus de cent cinquante religieux.
Protégez-le contre ceux qui voudraient s'opposer à son avancement,
et ne lui refusez pas une de vos œillades, par le moyen de laquelle
les religieux d'icelui soient animés de plus en plus à mettre en
pratique les célestes documents de leur Sainte Règle, et que toute
la Congrégation dont ils sont membres puisse faire revivre l'esprit
de la même règle, laquelle vous avez tant dilatée autrefois, fondant
divers monastères pour qu'ils fissent profession de l'observer parfaitement.

C'est ce que je vous demande avec toute l'humilité possible.

(1) Cet article ne se trouve pas dans notre manuscrit, mais seulement
dans celui de la Bibliothèque nationale.

APPENDICE

Dom Laurent Dumas dit en terminant le xxiv⁰ chapitre de sa chronique, qu'on pourrait faire un catalogue complet des abbés de ce monastère, avec ceux qu'il a donnés. C'est ce qu'un religieux du même ordre (peut-être dom François du Cher, dont il est parlé au chapitre xxvi page 101), a essayé de faire dans son *Tableau historique du monastère de Saint-Pierre-de-Solignac,* que l'on trouve à la suite des écrits de notre chroniqueur, dans le manuscrit n° 12691 de la Bibliothèque nationale.

Je donne ici ce catalogue en y ajoutant quelques notes que je place entre crochets [].

1. — Sanctus Remaclus, 641. Etabli par saint Eloi, fut ensuite évêque de Maestrich. [Sa vie est au chapitre xxii⁰ p. 63.]

2. — Dagobertus [Saint Ouen raconte que visitant les frères de Solignac, saint Eloi leur aurait donné vers 646, un second abbé. Cet abbé est appelé Dagobert dans le manuscrit de la Bibliothèque Nationale qui portait le n° 5452.]

3. — Childemnus.

4. — Papolinus.

5. — Childemarus, ou Childomarus, était abbé vers 695.

6. — Godobertus, ou Gundobertus [voir chapitre xxiv p. 76]. Vers 698.

7. — Silmo, vers 700.

8. — Frotarius.

9. — Agiulfus, neuvième abbé qui vivait l'an 790.

10. — Ebbo, ou Ebulus — fut ensuite évêque de Limoges. [Voir chapitre xxiv, p. 77.]

11. — Gerardus I.

12. — Aymericus.

13. — Ductramnus, 823 et 839. — Rodulfe qui fut ensuite archevêque de Bourges aurait été abbé de Solignac en 841 et 842. [Voir *Cartulaire de Beaulieu* par M. Deloche, page ccxx.]

14. — Alexander.

15. — BERNULPHUS. 846 — De son temps Rodulfe, archevêque de Bourges fonda l'abbaye de Beaulieu en Limousin et y mit des religieux de Solignac, du nombre desquels Chunibert fut choisi pour en être le premier abbé, comme il est marqué dans la charte de fondation, qui fut la 6e année du règne de Charles-le-Chauve, qui revient à l'année 846. [Au lieu de cette date il faut porter cette fondation à l'année 859 et 860. — Voir le *Cartulaire de Beaulieu*, page CCXXXI.]

16. — SILVIUS, — 852 — nommé abbé à la sollicitation de Stodile évêque de Limoges, par Charles-le-Chauve l'an 12 de son règne. [Voir chapitre XXIV p. 78. C'est à lui que l'archevêque Rodulphe confia en 856, l'administration du monastère de Vegennes au moment de sa fondation. — Voir *Cartulaire de Beaulieu*, page CCXLVI.]

17. — BERNARD I qui alla au 3e concile de Soissons, pour les affaires de son abbaye, dont les titres avaient été brûlés par les Normands, 866.

18. — ETIENNE I.

19. — GÉRALD II.

20. — DANIEL.

21. — SICARD.

22. — RICHAMBAL.

23. — BOZON I.

24. — THÉODERIC.

25. — ETIENNE II.

26. — GÉRALD III. — [En février 942, sous l'abbé Gérald les religieux de Solignac firent société de prières avec ceux du monastère bénédictin de Floirac (Lot); on en trouve l'instrument publié par M. Champeval dans le *Bulletin de la Société archéologique du Limousin*, tome XLII, p. 312. — Le même abbé donna le village de Lonzac à l'abbaye de Tulle. Cette donation qui figure au cartulaire de cette abbaye, a aussi été publiée par M. R. de Lasteyrie: *Etude sur les comtes et vicomtes de Limoges*, p. 119.]

27. — RAMNULPHUS.

28.— BERNARD II DE COMBORN. — 958 — Oncle du vicomte de Comborn, qui fut envoyé par son père Hugues, un des principaux de la Guienne, dans le monastère de Fleury-sur-Loire pour y être instruit aux lettres, prit l'habit de Saint Benoît à Solignac, d'où il fut tiré pour être abbé de Beaulieu, que son père avait conquis par le droit des armes, fut par après abbé de Solignac et ensuite évêque de Cahors, environ l'an 970, selon le catalogue des évêques de Cahors rapporté dans *Gallia Christiana*. [Voir la notice biographique qui lui est consacrée par M. Deloche dans le *Cartulaire de Beaulieu*, page CCLII.]

29. — Etienne III.

30. — Adalbald qui fut le 6ᵉ abbé de Sᵗ Augustin de Limoges, et le 12ᵉ de Sᵗ Martial, environ l'an 1000. [Voir chapitre XXIV, p. 78.]

31. — Gérald IV qui se trouva au concile tenu à Limoges à l'occasion de l'apostolat de Sᵗ Martial l'an 1031. [Voir chapitre XXIV p. 79.]

32. — Umbert.

33. — Adalfrede. — 1055. — Une donation lui fut faite de la borderie de Monteil par Gérard de Bonneval.

34. — Gui I. — 1070. — De son temps le monastère de Sainte-Croix de Pierrebuffière fut fondé et donné à Solignac par les seigneurs de Pierrebuffière. [Voir chapitre XXIV, p. 79.]

35. — Robert. — 1090. — Pendant son administration Ildegarius de Jaunac étant au lit de la mort, donna la terre de Lobeac, et voulut être associé au nombre des Enfants de saint Benoit en prenant son habit. [Voir chapitre XXIV, p. 80.]

36. — Audoin, ou Elduin, qui eut le régime environ l'an 1105 ; auquel temps Adémar, vicomte de Limoges, fit quelque donation au monastère. [Voir chapitre XXIV, p. 81.]

37. — Gérald V. — 1117 — obtint deux bulles en faveur de ce monastère, l'une d'Eugène III et l'autre d'Adrien IV. Il fit conduire une fontaine dans le cloître, à la sollicitation d'un religieux de ce monastère, prévôt d'Arthon, qui donna trois cents sols pour cet effet. [Voir chapitre XXIV, p. 81. — On a une lettre écrite, en 1157, à Henri II Plantagenet, par l'empereur Frédéric I, pour lui recommander l'abbé Gérald, qu'il avait très honorablement accueilli à Aix-la-Chapelle, à la prière de Wibald, abbé de Stavelo. (*Historiens de France*, tome XVI, p. 685). L. Guibert.]

38. — Archambaud I. — 1160 — à qui Beaudoin II, évêque de Noyon, donna le bras de saint Eloi. [Voir chapitre XXIV, p. 82.]

39. — Hugues de Maumont, qui contracta une confraternité, si elle n'était déjà contractée, avec Raoul, premier abbé de Saint-Eloi de Noyon l'an 1214. [Cet abbé que quelques uns appellent Hélie, assistait à la consécration de l'église d'Altavaux en 1208. (Nadaud.) De quelques débats entre cet abbé et les bourgeois de Solignac en 1218, on pourrait conclure qu'il y avait dès lors dans cette ville un commencement d'organisation communale. Voir à ce sujet les

Notes pour servir à l'histoire de la ville de Solignac, publiées par
M. L. Guibert, dans l'*Almanach limousin*, 1883.]

[Dom Laurent Dumas place ici : Bernard, chapitre xxiv, p. 83.]

40. — Adémar 1. — 1228 — qui fit quelques donations à l'abbaye de Grandmont.

[Dom Laurent Dumas place ici : Hugues, chapitre xxiv, p. 83, pendant que le présent catalogue n'en fait qu'un avec celui du n° 39.]

41. — Maurice. — 1234. — contracta confraternité avec le monastère de Stevelo, fondé par saint Remacle, dont les lettres d'union sont imprimées par les soins du R. P. Dom Jean Mabillon dans son second tome des actes des Saints de l'ordre de N. B. P. saint Benoit.

42. — Pierre — 1250 — qui fit quelques acquisitions au monastère [et dont l'épitaphe est rapportée au chapitre xxv, page 96.]

43. — Archambaud II. - 1263 — qui confirma la confraternité contractée avec les religieux de saint Remacle, en envoyant quelques uns des siens pour les en assurer, et pour avoir d'eux quelques reliques de ce glorieux saint, dont ils obtinrent seulement quelques morceaux de la crosse, de ses sandales et de la chasuble avec laquelle il fut enterré. Mais cinq ans après, en 1268, les religieux de saint Remacle ayant translaté ce saint corps dans une chasse *magnifique*, ils envoyèrent à l'abbé et aux religieux de Solignac un bras de leur saint patron, quelques reliques des onze mille vierges et des saints Thébains, martyrs, avec des lettres remplies d'affection que le R. P. Dom Jean Mabillon a mises dans son second tome des actes des Saints de l'ordre de Saint-Benoit. Il mourut l'an 1270 [Voir chapitre xxiv, p. 85], et fut élu :

44. — Bertrand Addemar I. — 1270 — qui vécut peu de temps dans son régime.

45. — Gerald VI, qui fut sacré par Aimeric, évêque de Limoges dans l'octave de Pâques l'an 1272 ; mourut à Bourges l'an 1276, en s'en retournant de la cour du roi de France, où il plaidait avec le roi d'Angleterre et la vicomtesse de Limoges. [Voir chapitre xxiv, page 85.]

46. — Adémar II. — 1280 — duquel on ne trouve autre chose. [Voir chapitre xxiv, p. 86.]

47. — Archambaud III — 1290 — qui fonda une vicairie dans notre église en l'honneur de saint Martial l'an 1314. [Voir chapitre xxiv, p. 86. Le sceau ogival de cet abbé se trouve sur plusieurs

pièces des archives de la Haute-Vienne de 1304 à 1312. Il représente un abbé, accosté de deux fleurs-de-lys et de deux quintefeuilles, avec la légende : *Sigillum Archembaldi, abbatis Solemniacensis.*

Le contre-sceau porte dans un quadrilobe, une crosse accostée de deux étoiles, entourée du mot : *Contrasigilum.* (*Bull. de la Société Archéologique*, tome xxxix, p. 418).

Il est surprenant que cette chronique ne mentionne pas le passage du pape Clément V à Solignac. Voici comment il est rapporté dans celle des Frères prêcheurs de Limoges : In sequenti vero tempore paschali, anno Domini m°cccvi°. in festo beati Georgii martiris (23 avril), quod fuit in sabbato, dominus Clemens Papa V cum octo cardinalibus venit Lemovicam et ad domum fratrum Predicatorum declinavit.............. In crastino vero in quo fuit dies dominica, littera dominicali B., idem Papa, visitato prius corpore sancti Martialis, et benedictione data populo congregato in platea sancti Geraldi, recessit apud Solempniacum, versus Burdegalam dirigens gressus suos. (*Bull. Société Archéologique du Limousin*, tome xl, p. 278.) D'après le *Registum Clementis papæ V*, publié par les Bénédictins du Montcassin, il y a deux bulles datées de Solignac, où Clément V se trouvait le 24 avril.]

48. — BERTRAND II — 1318 — dont on ne trouve que le temps de son régime.

. 49. — ARCHAMBAUD DE SAINT-AMAND IV, dit le jeune, — 1326 — ; sa piété l'a rendu très recommandable ; il augmenta le revenu du sacristain pour l'entretien du luminaire de l'église. Sa dévotion envers la Saint-Vierge lui fit faire célébrer quelques unes de ses fêtes plus solennellement qu'on avait de coutume, et ordonna qu'à son honneur on donnerait du vin tous les soirs aux religieux, depuis Noël jusqu'à la Purification. Il fit en outre de belles ordondances pour le vivre des religieux, qui témoignent assez de la frugalité que l'on y gardait en ces temps-là. Elles sont couchées à la fin du livre des obituaires de ce monastère. [Voir chapitre xxiv, p. 86.]

50. — GAUDEBERT dont on ne trouve que le nom et le lieu de sa sépulture dans le livre des obituaires, sans y marquer le temps de son régime. [Voir chapitre xxiv, p. 88.]

51. — BERTRAND d'ADÉMAR III. — 1360 — qui mourut l'an 1370. [Voir chapitre xxiv, page 86. Ceux qui parlent du passage du pape Urbain V à Solignac du temps de cet abbé, l'ont sans doute confondu avec celui du pape Clément V, en 1306.] Dans la même année fut élu par les religieux capitulairement assemblés :

52. — BERTRAND DE SAINT-AMAND IV — 1370 — prévôt de Brivezac. L'on ne sait s'il donna son consentement à cette élection, parce qui est dit plus bas, et que deux ans après on trouve le suivant. [Voir chapitre xxiv, p. 86.]

53. — GUI II était abbé en 1372, duquel on ne dit autre chose.

54. — BERTRAND V — 1388 — à qui Charles VI, roi de France donna un privilège par lequel il prend le monastère sous sa protection. [Voir chapitre xxiv, p. 87.]

55. — HUGUES II — 1393 — qui pourvut en l'an 1417, de l'office d'aumônier, un religieux de ce monastère.

56. — JEAN RAIMUNDY, — 1444 — qui pourvut d'une vicairie fondée à Brivezac par Bertrand de Saint-Amant qu'il appelle notre prévôt de Brivezac, ce qui donne à connaître qu'il mourut prévôt de Brivezac, n'ayant point voulu consentir à son élection de 1370.

57. — MARTIAL BONY, de la maison de La Vergne en Limousin, 1470. — De prieur de Nedde, il fut élu abbé. Pendant son administration, il fit faire les chaires du chœur, comme les armes qui y sont donnent à le connaître. Elles sont aussi dans quelques vitres de l'église : *De gueules à trois annelets d'argent.*

58. — HERCULE DE GAING, — 1480. — Nous colligeons le temps de son administration avec celle de ses trois successeurs de diverses chartes qui ont été faites sous leur autorité.

59. — ARCHAMBAUD V, — 1485, — qui fit quelques acquisitions.

60. — JEAN BOOZ. — 1494.

61. — BOSON JOUSSINELLI II, — 1498. [Voir chapitre xxiv, p. 88. — A la mort de cet abbé, une partie des moines de Solignac élut

François de Beausoleil, qui prit possession ; les autres nommèrent Aimeric de La Vergne, moine et sacristain du monastère. Jean Barton, évêque de Limoges, cassa ces élections. Guillaume Barton, qui suit, acheta les droits de François de Beausoleil, et lui fit une pension de 200 livres jusqu'à ce qu'il lui fit céder, par son neveu, la cure de Nicul.]

Abbés commendataires.

62. — GUILLAUME BARTON, de la maison des vicomtes de Montbas en Poitou, — 1517. Fut évêque de Lectoure, doyen de la cathédrale de Limoges et premier abbé commendataire de ce monastère, où ses armes sont en divers endroits : *d'azur au cerf d'or à la reposée, au chef échiqueté de gueules et d'or.* [Voir chapitre xxiv, p. 88.]

63. — JEAN BARTON de Montbas II, abbé commendataire.

64. — ROLLAND BARTON de Montbas, — 1542. — Celui-ci fut abbé régulier, quoiqu'il fut de la même maison que ses deux prédécesseurs. [Voir chapitre xxiv, p. 89.]

65. — ANTOINE BOUDOU, — 1578, — avec son successeur, fut l'abomination de la désolation dans le sanctuaire, étant confidentiaires de Messieurs de Châteauneuf et de Bourdeilles, calvinistes.

66. — PIERRE BELUT, — 1590. — De même étoffe que son prédécesseur ; natif de Pierrebuffierre, mit un sien neveu dans ce monastère, nommé Pierre Belut comme lui, pour lui succéder dans la belle qualité de confidentiaire, mais

67. — JEAN JAUBERT DE BARRAULT, évêque de Basas, et depuis archevêque d'Arles, ayant jeté un dévolu et prouvé la confidence, emporta l'abbaye l'an 1600. Ce digne prélat passa un concordat avec les religieux de Saint-Augustin de Limoges, l'an 1615, pour unir ce monastère à la congrégation de Saint-Maur, qu'il fit approuver par le roi Louis XIII, et homologuer en cour de Rome, et y introduisit la réforme l'an 1619, malgré toutes les oppositions des anciens qui vivaient dans le dernier dérèglement. Mourut à Paris l'an 1643 [Voir chapitre xxiv, p. 90 et chapitre xxxvii, p. 137], et lui succéda :

68. — GEORGES D'AUBUSSON DE LA FEUILLADE, — 1643, — depuis archevêque d'Embrun [Voir chapitre xxiv, p. 91], qui la laissa entre les mains de :

69. — ARTUS DE LIONNE, évêque de Gap — 1648 — [Voir chapitre xxiv, p. 91 et xliii, p. 149], auquel succéda son petit-fils :

70. — JULIUS-PAULUS DE LIONNE, fils de feu Monsieur de Lionne, secrétaire d'Etat — 1657 — [Voir chapitre xxiv, p. 92], et enfin :

71. — Pierre de Godefroy de Beauvilliers — 1665 — qui la possède aujourd'hui. [Voir chapitre xxiv, p. 92. — Voici le nom des religieux composant la communauté peu après la mort de dom Laurent Dumas : 29 octobre 1683. « R. P. dom Claude Bernard, prieur, dom Gilbert de La Porte, sous-prieur, dom Malachie Tremeau, dom Simon Poché, dom Marcellin Pinel, dom Michel Chastaing, dom Claude Blanchet, frère Pierre Charrière, frère Firmin Louys, frère Robert Liotard, frère Nicolas Leblois, frère Pierre Lougier et frère Antoine Michel, tous religieux et profès et composant la communauté dudit monastère. » (Archives de la Haute-Vienne, fonds de Solignac, n° provisoire 26.)]

Ici se termine le catalogue des abbés de Solignac dressé par les religieux bénédictins. On pourrait encore y ajouter quelques indications contenues dans celui des abbés Nadaud et Legros, qui est publié par l'abbé Roy de Pierrefitte dans son étude sur *l'Abbaye de Solignac.*

Voici la suite de ceux qui ont possédé cette abbaye jusqu'au moment où la Révolution est venue les en déposséder :

72. — Louis du Ban, nommé par brevet du roi en avril 1689, n'obtint ses bulles que le 8 août 1693, en même temps qu'il en obtint pour l'abbaye de Notre-Dame-du-Mont, de l'ordre de Cîteaux, au diocèse de Besançon. Il prit possession par procureur, à Solignac, le 25 janvier 1695, et, en 1697, il permuta pour l'abbaye de Pontières avec le suivant :

73. — Guillaume Bitault, prêtre du diocèse de Paris, docteur en théologie, fut nommé le 15 août 1697, obtint ses bulles le 20 novembre suivant, étant âgé de 44 ans, et prit possession par procureur le 27 janvier 1698. Dans le *Gallia Christiana nova,* qui termine ici sa liste, il est dit excellent abbé : *optimus abbas, a cujus laudibus abstinemus inviti.* Il mourut le 28 octobre 1724.

74. — Pierre-Adrien de Mouchy, du diocèse de Paris, clerc de la chapelle du roi, fut nommé en décembre 1724, étant âgé de 53 ans et prêtre depuis l'âge de 28 ans. Il fut préconisé dans le consistoire que tint le Pape le 26 juin 1727, obtint ses bulles le 30 juillet, prit possession par procureur le 21 septembre de la même année. Il mourut à Paris le 18 juillet 1750. Pendant qu'il était abbé, le clocher placé sur la coupole centrale de l'église fut incendié par la foudre, le 18 mai 1734, ainsi qu'on le voit dans la note ajoutée à la fin du manuscrit de Dom Dumas, (p. 167). Quelques auteurs ont confondu la ruine de ce clocher, avec la chute de celui qui était placé sur la porte occidentale, dont la cause fut toute différente. Il est parlé de ce dernier ci-après en 1783.

75. — N.... du Bourg, vicaire général de l'évêque de Cahors, fut nommé à l'abbaye de Solignac au mois d'août 1750, et à celle d'Orbais au diocèse de Soissons en mai 1751, époque où il se démit de celle de Solignac, puisque le suivant prit possession la même année.

76. — BENOIT-VICTOR GÉRARD, diacre, né d'une bonne famille du diocèse de Lyon, fut nommé abbé de Solignac en mai 1751, étant âgé de 23 ans, et obtint ses bulles le 19 juillet suivant. Il prit possession, par procureur, le 20 août de la même année 1751. Il était aussi prieur de Randon au diocèse de Lyon. Il mourut en 1785. Pendant qu'il était abbé, le grand clocher de l'église s'écroula. Le journal de l'époque rapporte cet événement en ces termes : « Samedi dernier, 29 mars [1783], environ sept heures et demie du matin, le côté sud-ouest du clocher de l'abbaye des Bénédictins de Solignac s'est écroulé dans l'étendue d'environ 20 pieds de large, sur 35 ou 40 d'élévation. Cette masse a entrainé dans sa chûte les vastes greniers de l'abbaye qui se trouvaient au-dessous ; et après avoir pénétré dans le célier, qu'elle a écrasé avec les tonneaux propres à recevoir la vendange, elle a enfoncé une voûte et a comblé une cave vide qui était au dessous. Le reste du clocher menace tellement de ruine qu'on n'a pas voulu permettre à aucun ouvrier d'y monter pour en constater l'état. Cet accident a attiré tous les habitans de Solignac et des environs, et tous s'empressent de donner du secours au religieux. Mais les Bénédictins ont arrêté le courage officieux de leurs vasseaux, en leur disant qu'ils préféraient de perdre totalement les deux cents setiers de bled, que cette chûte a mêlé aux décombres, plutôt que s'il arrivait le moindre mal à personne. L'activité des habitans de Solignac, et l'attention des Bénédictins pour veiller aux besoins de ces vigilens ouvriers font l'éloge des vassaux comme de ces bons seigneurs. On évalue à deux cent mille livres la perte et les frais que causeront la démolition et la reconstruction des bâtimens et du clocher. » (Feuille hebdomadaire de Limoges, 2 avril 1783.)

77. — ANTOINE-CLERIADUS-RENÉ DE PONS DE RENNEPONT, vicaire général de Nancy, est nommé par le roi le 9 octobre 1785. Ses bulles sont du 7 des ides de novembre 1785. Jean-Baptiste Imbert, vicaire de Saint-Michel-des-Lions de Limoges, prit possession en son nom, le 23 décembre 1785. A cette cérémonie étaient présents : Martial Mandavi, curé de Saint-Michel de Solignac ; Joseph-Marie Barrot, prieur ; dom Sylvestre Barthez, sous-prieur ; fr. G.-J. Garentet, cellérier ; fr. Citaud la Peyrouse, fr. P. Voisin, etc. (Archives de la Haute-Vienne. Insinuations ecclésiastiques. Registre n° 298, folio 1). Il mourut en 1787, âgé de 34 ans.

78. — ARMAND DE FOUCAULD, chanoine de l'église métropolitaine d'Arles et vicaire général, ayant été nommé par le roi, eut ses

bulles datées des calendes d'août 1787. Par procuration passée à Arles le 14 août 1787, il chargea M. Romanet de Mérignac, doyen de l'église de Limoges et vicaire général, de prendre possession en son nom. (Archives de la Haute-Vienne. Insinuations ecclésiastiques. Registre n° 299, folio 75, verso.) Il fut abbé de Solignac jusqu'au moment où la Révolution vint le déposséder.

Le 30 avril 1790, la municipalité de Solignac fit l'inventaire du mobilier et du trésor de l'abbaye. Cette pièce est publiée dans le *Bulletin de la Société archéologique du Limousin*, tome XXXIX, p. 610. La suivante fait connaître les derniers religieux de ce monastère :

Liste des religieux bénédictins composant la communauté
de Solignac.

1. — Dom Antoine Vergne, prieur, né à Ussel, le 18 novembre 1747, profès le 27 avril 1768.

2. — Dom Antoine Maurin, sous-prieur, né au Pont-en-Peyrat, le 18 mai 1750, profès le 18 janvier 1775.

3. — Dom Pierre Voisin, doyen, né à Limoges, le 22 novembre 1736, profès le 15 mai 1760.

4. — Dom François Boutineau, né à Limoges, le 19 juillet 1727, profès le 17 juillet 1743.

5. — Dom Pierre Bonnefont, cellérier, né à Ussel, le 15 juillet 1747, profès le 21 février 1766.

6. — Dom Guy-Joseph Gerentet, procureur, né à Saint-Rambert, le 29 septembre 1745, profès le 29 juin 1768.

7. — Dom Jean-Baptiste Beraud, dépositaire et sous-céllérier, né à Saint-Paulien, le 18 novembre 1748, profès le 17 juillet 1774.

8. — Dom Guillaume Tardif, né à Billom, le 23 mars 1761, profès le 26 avril 1782.

9. — Dom François-Félix Michel, né au Puy-en-Velay, le 4 octobre 1764, profès le 9 octobre 1785.

10. — Dom Léonard Blois, né à Saint-Julien près Brantolme (*sic*), le 21 janvier 1765, profès le 5 février 1786.

11. — Dom Guy La Pourraille, né à Nontron, le 11 mars 1765, profès le 13 mars 1786.

12. — Dom Pierre-Paul Cornet, né à Melle en Poitou, le 19 août 1763, profès le 3 avril 1786.

13. — Dom Jean-Baptiste Barny, né à Grandmont, le 8 août 1765, profès le 15 août 1786.

14. — Dom François Benoit, né à Montluçon, le 16 mars 1766, profès le 18 mars 1787.

Je soussigné, certifie que la liste cy-dessus est conforme à la vérité, et que les quatorze religieux y énoncés sont tous prêtres.

A Solignac, ce 30 décembre 1790.

F. Antoine Vergne, prieur.

(Archives de la Haute-Vienne.)

Le sceau de l'abbaye de Solignac que l'on trouve sur un acte de 1260 (1) est de forme ronde. On y voit, dans un double cercle perlé, un personnage couronné, le col découvert, revêtu d'une sorte de robe à larges manches qui descend presque jusqu'aux pieds, tenant de la main gauche un sceptre terminé par un fleuron, peut-être par une fleur-de-lys, et assis sur un siège dont la forme rappelle le fameux *fauteuil de Dagobert*. Les pieds de ce siège finissent en griffes, et les bras représentent des têtes d'animaux. A dextre, et agenouillé devant le roi, se tient un personnage de très petite taille, couvert d'une robe et les mains jointes. On ne distingue pas bien la tête qui paraît nimbée. C'est Dagobert concédant à saint Eloi les domaines où il fonda le monastère de Solignac.

Le type de ce sceau n'est pas antérieur au xiiie siècle, mais il peut être inspiré par un plus ancien. La légende est : † *Sigillum conventus Sancti Petri de Sollempniaco*.

Le contre-sceau porte deux clefs, avec le mot : *secretum* (2).

A la fin du xvie siècle et pendant le xviie, l'abbaye de Solignac avait un autre sceau, qui est à peu près la reproduction du contre-sceau précédent. Il représente deux clefs en sautoir, le panneton en haut tourné vers l'extérieur, posées sur une épée en pal, la pointe en haut. Les clefs et l'épée rappellent saint Pierre et saint Paul, les patrons de l'abbaye.

(1) Archives de la Haute-Vienne, fonds de Solignac, liasse 6037.
(2) De Bosredon, *Sigillographie de la Haute-Vienne*.

TABLE

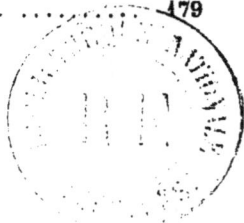

ERRATA

Page 80, ligne 34, au lieu de 1603 *lisez* 1063.
» 86, — 3, — Dome — Dame.
» 86, — 6, — Bernardus — Bertrandus.

www.ingramcontent.com/pod-product-compliance
Lightning Source LLC
Chambersburg PA
CBHW070414090426
42733CB00009B/1671